电力市场：理论与应用

Electricity Markets: Theories and Applications

[美] 杰里米·林（Jeremy Lin）
[阿根廷] 费尔南多·H. 马格纳戈（Fernando H. Mugnago） 著

电力规划设计总院 组译
凡鹏飞 李 嵘 李梓仟 孙 振 宋崇明
肖明煜 柴剑雪 武 赓 林凯骏 魏宏阳 译

机械工业出版社

本书是一本探讨经济学理论基本概念以及电力市场先进优化方法的实用教材。作为电力系统领域的专家，作者在书中分析了世界多地电力行业转型的主要驱动因素，讨论了电力系统运行及电力市场设计、结构和运行的基本原理。此外，本书还深入探讨了电力系统运行和电力市场设计的前沿性主题，包括分区与节点定价对比、市场绩效和市场力问题、输电定价机制以及智能电网和微电网环境下电力市场面临的新问题。本书还研究了电力市场环境下的输电规划问题，并提出了依靠大量现有电力系统经济数据解决问题的新方法。

本书适用于研究电力市场基础和前沿课题的从业者和专业人士，以及电力市场的爱好者。

北京市版权局著作权合同登记 图字：010-2021-6195 号。

图书在版编目（CIP）数据

电力市场：理论与应用/（美）杰里米·林（Jeremy Lin），（阿根廷）费尔南多·H. 马格纳戈（Fernando H. Magnago）著；凡鹏飞等译. —北京：机械工业出版社，2022.6（2025.5 重印）

书名原文：Electricity Markets: Theories and Applications

ISBN 978-7-111-70837-7

Ⅰ.①电… Ⅱ.①杰…②费…③凡… Ⅲ.①电力市场-研究 Ⅳ.①F407.61

中国版本图书馆 CIP 数据核字（2022）第 095505 号

机械工业出版社（北京市百万庄大街 22 号 邮政编码 100037）

策划编辑：翟天睿　　责任编辑：翟天睿

责任校对：郑　婕　贾立萍　　封面设计：马若濛

责任印制：单爱军

北京盛通数码印刷有限公司印刷

2025 年 5 月第 1 版第 6 次印刷

169mm×239mm · 16.5 印张 · 317 千字

标准书号：ISBN 978-7-111-70837-7

定价：118.00 元

电话服务	网络服务
客服电话：010-88361066	机　工　官　网：www.cmpbook.com
010-88379833	机　工　官　博：weibo.com/cmp1952
010-68326294	金　　书　　网：www.golden-book.com
封底无防伪标均为盗版	机工教育服务网：www.cmpedu.com

当前，随着新型电力系统建设持续深化，电力供需形势出现新的变化，电力市场建设面临全新形式，并被赋予新的要求和任务。电力市场建设涉及国民经济方方面面，是一项复杂而庞大的系统工程，从世界各国、各地区市场建设实践经验看，无一不在实践中“十年磨一剑”，持续丰富和完善电力市场设计。我国电力市场建设逐步迈入深水区，需要坚持系统思维，把握电力市场的物理规律和经济规律，紧扣“保障电力可靠供应”和“促进能源低碳转型”两个主题，积极应对新能源快速发展带来的新挑战，创新电力市场体系和机制设计，持续深化具有中国特色的多层次统一电力市场建设。

本书从介绍世界各主要电力市场的建设经验入手，全面梳理和阐释了经济学基本原理和电力系统运行基本物理规律，并在此基础上，重点分析了电力市场设计、结构和运行，以及电力市场的定价、模型和仿真等市场建设实践中需要重点关注的若干问题，非常适合作为电力市场基础理论学习的教材，并为我国电力市场建设提供了有益的启示，值得电力市场建设有关人员借鉴和参考。

北京电力交易中心总经理　史连军

电力市场是连接电磁学与经济学的跨领域学科，本书从多个领域的翔实基础理论出发，娓娓道来，以成本与博弈作为草蛇灰线，以最优潮流作为核心支柱，非常清晰地解答了电力市场将产生怎样的经济效益，以及市场主体如何开展竞争与博弈。通读本书，读者可以看到电磁学的有序与精致，以及市场行为的混沌和冲突，两者的反差恰恰构成了电力市场的特有美感。

南方电网能源发展研究院董事长
广州电力交易中心原董事长　张勉荣

由 Jeremy Lin 博士和 Fernando H. Magnago 博士合著、电力规划设计总院翻译的《电力市场：理论与应用》与读者见面了。本书对电力系统安全经济运行相关的机组组合、经济调度、安全运行等基本理论进行了系统阐述，对国际上美洲、欧洲、亚洲国家的电力体制改革和电力市场建设历程进行了全面回顾和总结，重点介绍了电力市场建设和运行相关的市场结构、交易类型、市场评估等，并结合新能源和智能电网的发展探讨了电力市场未来发展方向，内容翔实。本书既有理论分析，同时着重阐述电力市场的实际应用，在当前我国电力市场建设快速发展的形势下，对我国电力市场建设和运营具有重要的参考价值。

中国电力企业联合会规划发展部副主任　韩放

本书是电力市场领域一本很难得的基础性、综合性读物，从经济学原理、电力系统运行的角度出发，对电力市场的定义、构建、运行等方面深入浅出地进行了介绍，同时还能够讲清楚其中蕴含的数学模型与计算方法，对初涉电力市场的学生、从业者都具有很好的学习价值，值得一读。

清华大学能源互联网创新研究院副院长　陈启鑫

推荐序

当前，我国电力体制改革正不断深化，电力市场建设也在有序推进，市场运营经验不断积累，整体水平逐渐提高。越来越多的电力行业工作者认识到，加快电力市场建设是发挥市场优化配置资源作用、推动电力行业高质量发展的内在要求。随着新型电力系统的提出，电力市场也被赋予了更重要的使命。如何通过建设和运营电力市场，促进能源清洁低碳转型，支撑新型电力系统建设，成为一个必须回答的命题。今年初，国家发展改革委、国家能源局印发《关于加快建设全国统一电力市场体系的指导意见》（发改体改〔2022〕118号），提出加快形成统一开放、竞争有序、安全高效、治理完善的电力市场体系，对下一步电力市场建设提出了更高的要求。

电力规划设计总院是一所具有七十年发展历程的国家级高端咨询机构，以建设“能源智囊、国家智库”为发展愿景，主要面向政府部门、金融机构、能源及电力企业，开展产业政策、发展战略、发展规划、新技术研究等工作。近年来，我院政策与市场研究团队结合自身第三方机构定位，面向行业需要，着重拓展电力市场方面研究咨询工作，先后承担了全国电力体制改革后评估、南方（从广东起步）电力现货市场评估、浙江电力现货市场评估等评估项目，南方区域电力市场规划、广东电力市场规划等市场规划项目。同时，正在开展电力市场仿真实验室建设工作，筹划电力市场规划标准立项。

在实际工作中我们意识到，一方面，电力市场的专业性很强，各地亟需一批对市场理论有深刻认识且实践经验丰富的从业人员；另一方面，市面上有关电力市场的著作形形色色，但与当前我国电力市场建设实际较为贴切，能够帮助研究人员快速提升理论和应用水平的书较少。“他山之石，可以攻玉”，中国的问题需要用世界的眼光来看。国外电力市场改革已经走过了三十多年的历程，欧美主要发达国家成熟的电力市场建设经验，对我国电力市场体系构建具有重要参考价值。

有鉴于此，我院政策与市场研究团队在收集整理近十年欧美电力市场相关著作的基础上，精选引入 Jeremy Lin 博士和 Fernando H. Magnago 博士于 2017 年出版的 *Electricity Markets*：*Theories and Applications*（《电力市场：理论与应用》）一书。该书从电力物理系统和微观经济学的基本原理入手，逐步引出电力市场的基本要素和核心逻辑。书中对电力市场设计、结构、运行、定价、评估、规划等内容都做了非常透彻的阐述，对于我国推进省级电力市场以及全国统一电力市场体系建设具有一定的借鉴意义。希望此书为能源电力领域有关政府部门、相关企业、研究机构和个人提供有价值的参考。后续，我院政策与市场研究团队还将陆续发布系列智库产品，助力我国电力市场建设行稳致远。

电力规划设计总院党委书记、院长

2022 年 7 月

中文版序

《电力市场：理论与应用》英文版于 2017 年出版，至今已有五年时间。自出版以来，本书被全球多所院校当作“电力市场”课程的标准教材，作者本人教授类似课程时也使用该书作为教材。

随着越来越多国家逐步放开垄断行业并引入竞争，电力市场作为电力系统当中的一个专业领域，开始受到各方广泛关注。建立电力市场是一个既具有挑战性又十分复杂的过程。作者撰写本书的主要目标之一是简化并剖析电力市场建设背后的复杂性，使读者能够更好地了解电力市场组成及其相互作用。如今该书被翻译成中文出版，作者倍感荣幸。

中国是世界上最大的电力生产国之一。21 世纪第一个十年，中国发电年增长率为 12.0%，第二个十年为 6.3%，远高于世界 2.5% 的年增长率。2020 年，中国年发电量约 7.78 万亿千瓦时，约占世界发电量的 29%，位居世界第一。

目前中国电力市场建设尚处于初期。2015 年，《关于进一步深化电力体制改革的若干意见》（中发〔2015〕9 号）正式印发，拉开了中国新一轮电力体制改革的序幕。当前中国正在进行的能源转型面临着许多挑战，为了应对能源转型过程中的一系列挑战，需要针对这些话题进行深入探讨研究。这种情况下，本书中文版的问世或许会对中国能源转型提供有关帮助。

本书主要目的是基于电力工程、经济学和优化方法三个学科，介绍支撑电力市场的基本理论和概念。本书作为教材主要面向研究生一年级或高年级本科生，同时也适合希望研究电力市场基本和前沿课题的从业者和专业人士阅读。

在英文版中，本书重点强调了理解电力市场运作、结构、模型和绩效评价的重要性，主要目的是介绍电力市场相关基本概念，以及经济学和优化方法相关理论和概念。

本书英文版出版后受到广泛好评，读者普遍反映该书有很强的实用性。很欣慰看到本书英文版能够成为电力市场专业的标准教材。此外，根据反馈，本书对电力市场专业人士同样实用。本次中文翻译版的主要目标是为对电力市场改革感兴趣的学生和电力市场改革相关人士提供电力市场基础理论与实践经验。

学生及读者的背景不一定局限于上面提到的学科。电力工程和电信工程等许多工程学科领域中市场的出现，要求我们拓宽理论和概念的边界范围。掌握这些基本概念对于理解电力系统和电力市场复杂运行十分必要。和许多工程学科一样，本书采用一系列数学方程来刻画物理系统。在此基础上，作者试图使内容具备一定的数学复杂性，既能使学生和从业者接触到这些内容，又能将重要问题通过有意义的方式得以处理解决。

本书章节组织如下：第 1 章简要描述电力系统的性质和特点，涵盖美国和世界多地电力行业转型的基本驱动力。巨大的变化带来了挑战和复杂的问题，理解这些复杂问题需要电力工程原理、微观经济学理论和优化方法的基础和进阶知识。第 2 章论述电力系统的基本原理，第 3 章介绍相关微观经济学理论。第 4 ~6 章涵盖电力系统经济运行的关键部分，包括机组组合、经济调度和最优潮流。对电力系统运行方式有了扎实了解后，接下来将接触电力市场的基本要素，了解电力市场的设计和结构。第 7 章介绍电力市场的设计、结构和运行。第 8 章主要涵盖市场定价（如区域定价与节点电价）、市场建模和在行业中具有广泛应用的电力市场模拟。

随着电力市场出现，市场支配力及其缓解、市场绩效等问题自然相继产生。这些问题是经济理论和基于物理规律的电力系统结合的必然结果。第 9 章讨论用于评估电力市场的基本方法，尤其是检测和缓解市场力的方法。了解这些主题将有助于读者更好地理解电力市场运行出现的复杂问题。第 10 章讨论电力市场环境下的系统规划。电力市场环境下的电力系统拥有大量与电力系统相关的经济数据，基于这些新数据人们能够以新方式解决系统规划问题。

另一个新出现的问题是智能电网和微电网环境中电力市场将发挥什么样的作用。第 11 章将提供一些与新兴且重要的主题相关的定性论证。作为教材，虽然本书涵盖了几个与电力市场相关主题及其背后的基本理论，但对于讲师，在一个学期课程中涵盖本书所有内容是一项挑战，因此有必要选择对学生来说较为重要的章节。书中内容无法涵盖所有的相关参考资料和来源，感兴趣的读者可以通过每章后的“扩展阅读”部分给出的其他参考文献来探索更多内容。

感谢电力规划设计总院凡鹏飞博士带领的电力市场研究团队为本书中文翻译和推广付出的努力。凡鹏飞博士及其团队对中国电力市场建设的深刻理解，让人深感钦佩。

Jeremy Lin

2022 年 7 月

译者序

近年来，在“四个革命、一个合作”能源安全新战略指引下，我国坚定不移推进能源革命，全面深化能源体制改革，释放市场活力，推动能源高质量发展。我国电力市场建设稳步有序推进，多元竞争主体格局初步形成，市场化交易电量比重大幅提升，电力中长期市场、现货市场和辅助服务市场有机衔接的电力市场体系基本建立。2022 年 1 月印发的《关于加快建设全国统一电力市场体系的指导意见》，对适应碳达峰碳中和新要求、优化电力市场总体设计、推进适应能源结构转型的电力市场机制做出了明确部署。

随着碳达峰、碳中和目标提出，电力市场也被赋予了更重要的使命。如何构建促进清洁低碳转型和新型电力系统建设的新型电力市场体系，充分发挥电力市场在电力系统分配和流通环节的作用，成为政府、企业、研究机构、专家学者高度关注的问题。在工作中我们深刻认识到，中国电力市场建设要立足我国能源资源禀赋、经济社会发展等实际国情，更需要充分借鉴国际成熟电力市场建设经验，了解国外市场运行和机制设计的深层次机理，“知其然，知其所以然”“取其精华，去其糟粕”，推动有效市场和有为政府更好结合。

电力规划设计总院政策与市场团队长期从事电力市场研究咨询工作，重点聚焦我国电力市场建设，同时持续关注欧美发达国家成熟电力市场建设经验借鉴。在收集阅读国外众多电力市场经典著作过程中，*Electricity Markets：Theories and Applications* 一书引起我们重点关注。该书是一本探讨电力市场设计和先进优化方法的优秀教材，作者 Jeremy Lin 和 Fernando H. Magnago 拥有丰富的电力系统规划运营、电力市场理论和实践经验。我们认为，书中关于电力市场基本理论、经济学原理、优化方法以及国外电力市场经验的内容具有很强的理论和实践价值，对于我国推进省级电力现货市场以及全国统一电力市场设计和建设具有重要借鉴意义。为此，我们组织工作组开展本书的翻译工作，希望将本书引入国内，为我国电力市场建设提供指导帮助。

本书首先介绍电力系统相关基础、运行原理和经济学理论。第 1 章主要描述电力系统的性质和特点；第 2、3 章主要介绍电力系统的基本原理和电力市场相关的微观经济理论；第 4 ~ 6 章涉及电力系统经济运行的关键部分，包括电力系统机组组合、经济调度和最优潮流；第 7 章主要介绍电力市场的设计、结构和运行；第8章阐述电力市场定价相关知识，包括分区定价与节点定价，以及电力市场建模与模拟仿真；第9章介绍评估电力市场的基本方法，特别是检测和缓解市场力；第10章讨论电力市场环境下的输电规划问题；第11章介绍电力市场在智能电网和微电网环境下的作用。

在此感谢机械工业出版社对本书出版的大力支持。本书翻译组成员为翻译工作付出了很大努力，但因水平有限，译文内容有不当之处，敬请各位读者批评指正。译者联系方式：zqli@eppei.com。

译者

2022年7月

原书前言

本书将探讨电力市场出现的原因、电力市场的运行模式、判断电力市场是否运行良好的绩效指标等问题，主要介绍以电力工程、经济学和优化方法为基础的电力市场基础理论和概念。

本书适用于研究生一年级学生、本科四年级学生、研究电力市场基础和前沿课题的从业者和专业人士，以及电力市场的爱好者。工程学科（如电力工程和电信工程）市场的出现，对我们利用工程学科领域之外的理论和概念提出了挑战，充分理解这些基本概念可以帮助我们进一步加深对电力系统和电力市场复杂运行的理解。

许多工程学科普遍运用数学方程表示物理系统，本书也不例外。但作者试图将复杂数学方程应用其中，为学生和专业人士解决电力市场相关问题提供一个比较有意义的解决措施。

本书的第 1 章简要描述电力系统的性质和特点，涵盖世界多地电力行业转型的基本驱动因素。电力行业的巨大变化为我们带来了挑战和复杂的问题，理解这些复杂问题需要具备电力工程原理、微观经济理论以及优化方法的基础和高级知识，所以第 2 章介绍电力系统的基本原理，第 3 章介绍电力市场相关的微观经济理论。

第 4 ~6 章将介绍电力系统经济运行的关键部分，即机组组合、经济调度和最优潮流。读者在对电力系统运行原理有了深入了解后将接触电力市场的基本要素，了解电力市场的设计和结构。因此，第 7 章介绍电力市场的设计、结构和运行。

第 8 章介绍市场定价相关知识，如分区定价与节点定价、市场建模与电力市场仿真，这些内容在电力行业中有着广泛的应用。随着电力市场的出现，市场力及其缓解、市场绩效等问题自然出现，这些问题是经济理论和基于物理定律的电力系统相结合的必然结果。第 9 章将广泛论述评估电力市场的基本方法，特别是检测和缓解市场力。对上述内容有基本了解之后，读者才能够更好地理解电力市场运行中产生的更复杂的问题。

第 10 章讨论电力市场的关键问题之一，即电力市场体制下的输电规划问题，解释为什么会有新方法来解决同样的问题，因为拥有电力市场的电力系统具备大量与电力系统相关的经济数据可供使用，这些新数据让我们能够以新的方式解决同样的问题。第 11 章介绍另一个新出现的问题，即电力市场在智能电网和微电网环境下的作用，还提供了与这些新兴且重要的主题相关的定性论据。

本书涵盖了电力市场多个主题及其基础理论知识，而在一个学期的课程中讲授本书的所有章节是十分具有挑战性的。因此，需要根据实际情况选择相关的章节来讲授。本书所涵盖的材料、相关参考资料和来源并不绝对全面，感兴趣的读者可以通过阅读其他参考文献来探索更多内容，这些参考文献在每章的拓展阅读部分中列出。

作者谨向各组织、学术和研究机构的许多同事及其前学术顾问表示诚挚的感谢，特别感谢莱森特公司的 Herminio Pinto，以及阿根廷加塞普公司的 Diego Moitre 和 Juan Alemany，如果没有之前的讨论和研究工作，这本书是不可能完成的。作者还要感谢对第一份手稿提出宝贵意见和建议的审核专家，这些意见和建议有助于改进本书的最终内容。

本书谨献给世界各地热衷于探索电力市场复杂运行机理的你们！

Jeremy Lin
Fernando Hugo Magnago

作者简介

Jeremy Lin 博士，美国伊利诺伊大学厄巴纳-香槟分校动力与能源系统电机工程学硕士，美国德雷塞尔大学电力工程学博士，目前任职于 PJM 互连电网公司（美国电力系统运营商），是美国电气电子工程师学会（IEEE）资深会员。Jeremy Lin 博士拥有超过 18 年的电力系统规划、运营和电力市场方面的经验，对美国的电力行业改革和电力市场发展有着广泛的了解。除此之外，Jeremy Lin 博士在建模、仿真、电力市场改革分析、输电系统分析、潮流分析以及电力系统中的计算机技术应用方面也具有丰富的经验。Jeremy Lin 博士在顶级期刊和会议上发表了大量文章，目前正与许多国内外机构的研究人员开展各种合作研究工作。

Fernando H. Magnago 博士，阿根廷里奥夸尔托公立大学电气与电子工程系教授，负责与电力系统分析、优化和生产模拟相关的本科生、研究生课程和研究项目，在电力系统软件和设备的研发方面拥有超过 28 年的经验，设计并开发了与故障分析、状态估计和安全约束机组组合相关的分析技术和软件。Magnago 博士在电力系统领域出版了 3 本图书，发表了 22 篇期刊论文和 70 篇会议论文。

目　录

第1章 引言

作为本书开篇，本章将对世界多地电力行业的基本驱动因素和转型相关问题进行概述。随着电力行业正在发生巨变，一系列具有挑战性和复杂性的问题也相继出现。电力行业转型的关键之一在于电力市场的发展，这也正是本书的主题。电力系统运行的首要目标是保持高度可靠性，而在电力改革过程中，电力系统可靠性是通过市场机制实现的。理解电力市场，就需要基本了解和掌握先进的电力工程原理、微观经济理论和运筹学领域的优化方法。因此，本书前几章将会探讨上述几方面的基本原理。

1.1 电力系统

在现代社会，电是不可或缺的，它是经济社会发展、物质生活丰富的基础，其重要性毋庸置疑。那么，电是如何产生并输送的呢？

一般来说，电是从远离负荷中心的发电厂产生的，然后通过输电线路远距离传输，再分配给负荷用户，如工厂、办公室和家庭等。这一系列环节称为电力系统。人们今天所熟知的电力系统是100多年前发展起来的，它通常由发电、输电和配电系统组成。从发电到输电和配电，再到特定服务区域的负荷用户，整个业务链都属于单一实体，即电力公司。电力公司要么归国家政府所有和经营，要么是公用事业公司，由投资者所有并按照公司模式经营。电力行业是一个国家基础设施的重要组成部分。

过去20年里，世界各地电力行业都经历了巨大转型：从通常由各国政府或公共投资者（如投资者所有的电力公司）所垄断的传统体制，转变为暴露在电力市场竞争环境下的现代体制。电力行业转型之前，航空、公路运输和天然气等其他行业也已经进行了类似的转型。对于政府所有的电力公司，这种转型首先是以私有化形式进行，然后将私有化公司暴露在开放、竞争的市场环境中，如阿根廷电力行业转型。在投资者所有的电力公司（如美国）中，发电业务需要与同一公司的输配电业务分开。发电业务要么剥离给另外一家独立电力公司，要么完全作为原电力公司的独立子公司业务。这相当于对一家现有垂直一体化电力公司进行功能性拆分。

电力行业转型推动了电力市场的发展和建设。通过电力行业转型，发电业务拆分成一个独立、更具竞争力的系统环节，而输电和配电环节作为公用事业服务，在很大程度上仍然是一项受监管的垄断业务。由于发电与输配电环节的拆分，用户账单上的这些业务也需要分开标明价格。

通常在电力市场中，发电公司之间存在相互竞争的关系，各发电公司都希望获得向负荷用户供电的机会。对于输配电环节，人们普遍认为输电和配电业务属于自然垄断行为，所以电力系统的此类业务并不开放竞争。拥有自然垄断地位的电力公司具有显著的规模经济，考虑到可能的市场力风险，这类公司必须得到有效监管。

发电公司之间的竞争是电力行业转型的重点发展方向之一。分析发电公司之间的互动策略也成了一项重要课题。这些内容在后面章节会详细介绍。属于自然垄断环节的输配电系统仍然受到监管，因为如果多家公司同时开展输配电业务竞争，会降低系统运行效率。一种有效管理电网系统的方式是建立一个独立实体，无论是否拥有这些设施所有权，该实体都可对电网进行控制和操作。虽然这些实体名称可能不同，例如独立系统运营商（Independent System Operator，ISO）、输电系统运营商（Transmission System Operator，TSO）或区域输电组织（Regional Transmission Organization，RTO），但是它们的主要功能基本相同。这些实体以公平、最低成本和最高效的方式运行和管理电网系统，以便发电公司能够在公平环境中有效竞争。这种方式下，电网运营的首要目标是提高系统经济效益，从而实现全社会效益增加。这些系统运营商在所有权、非营利性或营利性、财务和资本结构以及治理方面可能会存在一些差异。

在电力市场中，电力被视为一种商品。此外，电力生产必须满足不断波动的负荷需求，因此需要有额外容量作为备用来满足发电计划外的停机及电力需求激增。从某种意义上说，电力的独特性给电力市场带来的挑战不同于其他已经解除管制的行业。一些特殊情况下，电力系统仍然需要某种形式的政府干预来确保充足电力供应。竞争性批发市场的运行仍然存在一些不完善之处，需要对其进行一些改革或干预。

1.2 美国电力行业重组

北美电力系统分为三大区域，即东部互连、西部互连和得克萨斯州电力可靠性委员会（Electricity Reliability Council of Texas，ERCOT）互连，如图 1-1 所示。每个区域独自运营电力系统，与其他区域互连较弱。整个电力系统（包括三个互连区）额定频率为 60Hz。

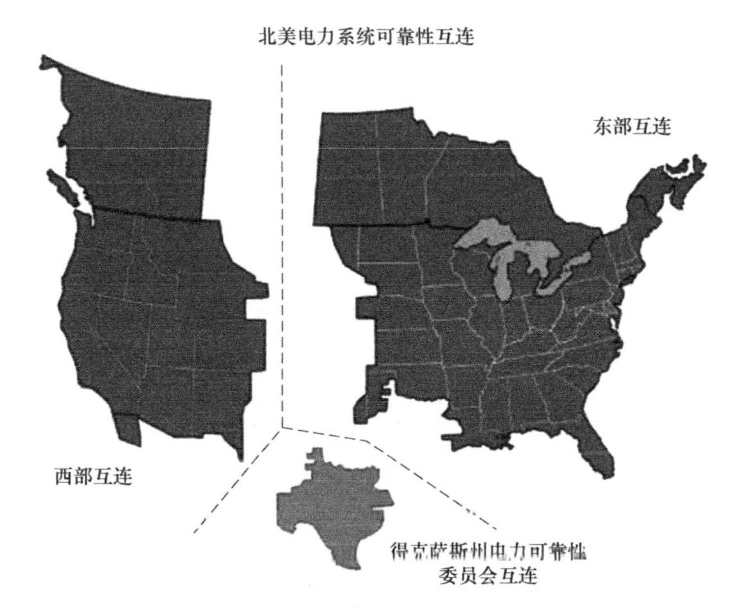

图1-1 北美电力系统

1.2.1 电力行业重组的关键驱动因素

人们普遍认为，电力行业重组的关键原因和驱动因素包括：

1）技术变革；

2）高昂的电力成本；

3）电力系统整体效率低下；

4）严苛的环境限制。

技术变革一直以来都是推动自然垄断行业启动竞争机制的重要驱动力。新技术使竞争者能够向电力消费者，特别是工业用户提供更经济的供电服务。大型工业用户被赋予绕过当地电力公司选择供应商的法律权利，这为电力行业重组提供了更多动力。

电力行业重组很大程度上是由高昂的电力成本负担所推动的。高电力成本给居民用户带来了困难，并阻碍了许多企业与该区外企业在“公平竞争环境”下进行竞争。例如，新英格兰是美国最早推行电力行业重组的地区之一，居高不下的电力成本使得该地区处于竞争劣势，从而推动了发电行业引入竞争。

电力行业重组的另一个关键驱动因素是环境保护，其目标是减少发电产生的大气污染物。更严格的空气排放标准和法规促进了燃气电厂的建设，通过建设燃气电厂可以实现减少排放、改善空气质量的目的。清洁发电机组也在逐步取代老旧、低效和污染严重的机组。在美国，环境保护法规，如《清洁空气法》和随后的联邦法规以及州空气质量法规的制定，从很大程度上推动了环境的改善。造成全球环境问题的主要污染物包括引起酸雨的二氧化硫（SO_2），产生烟雾的氮氧化物（NO_x），以及导致全球变暖关键因素之一的二氧化碳（CO_2）。

电力行业重组的主要目标是为发电公司之间的竞争创造一个公平可靠的市场，确保参与者平等接入电网。同时，电力行业重组也能降低电价和促进经济增长。电力批发市场建立之后，电力将被视为一种大宗商品，此时电价不再由监管机构制定，而是由市场规则和供需平衡决定。

1.2.2 联邦能源管理委员会第2000号令之前

美国大多数电力公司传统上都是由投资者所有的公用事业公司（Inverstor-Owned Utility，IOU）组建。有些公用事业公司归联邦政府所有，有些归市政当局和合作机构所有。垂直一体化的公用事业公司被授予在特许经营地区提供电力服务的专有权。为了得到这一垄断权，这些企业的几乎所有业务都要受到州公用事业委员会（Public Utility Commission，PUC）的监管。州公用事业委员会制定电力服务运营标准，授权公用事业公司投资建设电厂和架设输电线路等来履行其供电义务，并设定用户支付电费的费率。公用事业公司负责向其服务区域内的负荷用户供电。

美国国会于1978年通过的《公共事业管理政策法案》（Public Utility Regulatory Policies Act，PURPA）为电力批发市场重组奠定了基础。该法案规定，受监管的公用事业公司必须为符合一定规模、技术和环境标准的非公用事业电厂发电提供市场。许多州监管机构要求公用事业公司与小型、独立的PURPA发电公司签订长期购电合同，合同价格应参考公用事业公司成本节约情况。依据PURPA建造的发电厂代表着一种名为独立发电商（Independent Power Producer，IPP）的新型发电商的兴起。此外，根据国家规定的综合资源规划流程，监管机构要求公用事业公司将公共电厂发电成本与独立发电商发电成本进行比较，并选择成本最低的替代方案。这一监管模式促使美国独立发电行业趋于成熟。

此后，美国国会于1992年通过《能源政策法案》，推进了电力批发市场竞争。该法案对联邦能源管理委员会（Federal Energy Regulatory Commission，FERC）进行授权，使得他们可以要求公用事业公司向电力批发市场的第三方主体提供输电接入服务。这意味着非公用事业发电公司能够获得公平接入现有输电系统的权利，同时也加强了公用事业公司和独立发电商所拥有的发电机组之间的竞争。

随后，联邦能源管理委员会于1996年4月发布了第888号和第889号令，全部公用事业公司的输电线路向所有电力生产商公平开放，有效促进了电力批发和零售市场的重组。这些法令要求准确计算和公布可用输电容量（Available Transfer Capability，ATC），并实现开放接入实时信息系统（Open Access Same-Time Information System，OASIS），同时要求输电系统运营商向第三方开放输电系统，让他们能够公平使用输电设施。除了声明联邦政府对所有输电系统的管辖权外，联邦能源管理委员会第888号令还规定，电网公司向使用输电系统的竞争性主体收取的过网费标准应当与核定输电价格一致。大部分情况下，批发市场交易的输电价格由联邦能源管理委员会决定。

尽管大多数输电系统仍然由公用事业公司运营，一些地区开始逐步建立独立系统运营商（Independent System Operator，ISO），以更好地实现公平性和其他目标。联邦能源管理委员发布的两条关于输电系统的法令，直接影响了美国电力批发环节形成，这两条法令是联邦能源管理委员会第888-889号令和第2000号令。

1.2.3 联邦能源管理委员会第2000号令之后

尽管联邦能源管理委员会的法令推动了美国输电系统向更加开放公平的方向转型，但有证据表明，垂直一体化电力公司为接入其中的用户提供输电服务时仍然存在歧视，这很有可能会阻碍竞争性电力市场的形成，也意味着第888号和第889号令未能完全实现它们本应实现的目标，即提高开放电力市场的竞争力。

由于公开竞争受到阻碍，联邦能源管理委员会于1999年12月发布了影响深远的第2000号令，进一步呼吁在全国各地成立区域输电组织（Regional Trasmission Organization，RTO），推动和加快高效电力市场的发展。第2000号令要求联邦能源管理委员会管辖的电力公用事业公司在2000年10月15日之前提交一份关于建立拥有独立运行输电系统的区域输电组织的计划，不能按时提交计划的公用事业公司需要说明原因。

根据委员会的设想，区域输电组织可以建设和运营高效的电力市场，并管理和运营国家输电网。委员会认为建立区域输电组织的好处包括提高效率，改善阻塞管理，准确估计总输电容量（Total Transfer Capability，TTC）和可用输电容量（ATC），有效规划输电和发电建设项目，加强各州之间的协调，以及降低交易成本。所有这些好处都将有助于促进电力批发市场竞争和提高市场效率。区域输电组织的主要作用是在全国范围内提供公平合理的输电网络接入服务。因此，电力消费者有望为可靠服务支付尽可能低的价格。第2000号令的颁布是美国电力系统发展史上的一个历史性时刻。

1.2.4 区域输电组织

按照联邦能源管理委员会的要求，区域输电组织必须具备以下四个基础条件：

1）独立性；

2）范围和区域划定；

3）操作权限；

4）短期可靠性。

此外，还必须执行八项基本功能：

1）价格管理与设计；

2）阻塞管理；

3）并行路径潮流；

4）辅助服务；

5）OASIS 和 TTC/ATC；

6）市场监测；

7）规划和扩展；

8）区域间协调。

根据第 2000 号令，区域输电组织的组建是自愿的，且组建形式非常灵活。区域输电组织可以采取非营利性独立系统运营商或营利性输电公司模式，其重点放在特点和功能上。其中一个显著特点是区域输电组织必须服务于一个适当的地区，而该地区必须有足够的范围和区域配置，能够允许区域输电组织维持可靠性和有效履行职能。

一般来说，区域输电组织是一个自愿成立的实体，以确保发电公司进入区域电力传输系统时具有可比性和非歧视性。区域输电组织的管理方式使其与电力供应商的商业利益相互独立，而电力供应商可能也拥有该地区的输电设施。区域输电组织承担输电设施的运营控制，管理适用于所有市场参与者的全系统输电电价，并维持短期系统可靠性。

基于上述特点，联邦能源管理委员会提出了三个东部互连地区的区域输电组织，分别位于美国中西部、东北部和东南部。在东北部，委员会试图促进合并现有的三个独立系统运营商，即 PJM 电力市场、纽约独立系统运营商（New York ISO，NYISO）和新英格兰独立系统运营商（New-England ISO，ISO-NE），但是这些努力被终止，最终没有实现一体化的东北区域输电组织。就范围和区域划定特征而言，联邦能源管理委员会没有为区域输电组织划定地理边界，而是由输电设施所有者考虑规模和范围上区域的充分性来进行适当的合并。到目前为止，联邦能源委员会批准的输电组织包括中部独立系统运营商（Midcontinent ISO，MISO）、PJM 电力市场、西南电力库（Southwest Power

Pool，SPP）、加利福尼亚州独立系统运营商（California ISO，CAISO）、纽约独立系统运营商（NYISO）和新英格兰独立系统运营商（ISO-NE）。得克萨斯州电力可靠性委员会（Electric Reliability Council of Texas，ERCOT）独立系统运营商管理的输电网仅位于得克萨斯州，与美国其他地区没有同步互连。得克萨斯州电力可靠性委员会范围内发生的电能传输不受委员会的管辖。截至2015年11月，美国和加拿大的RTO/ISO的区域边界图如图1-2所示。

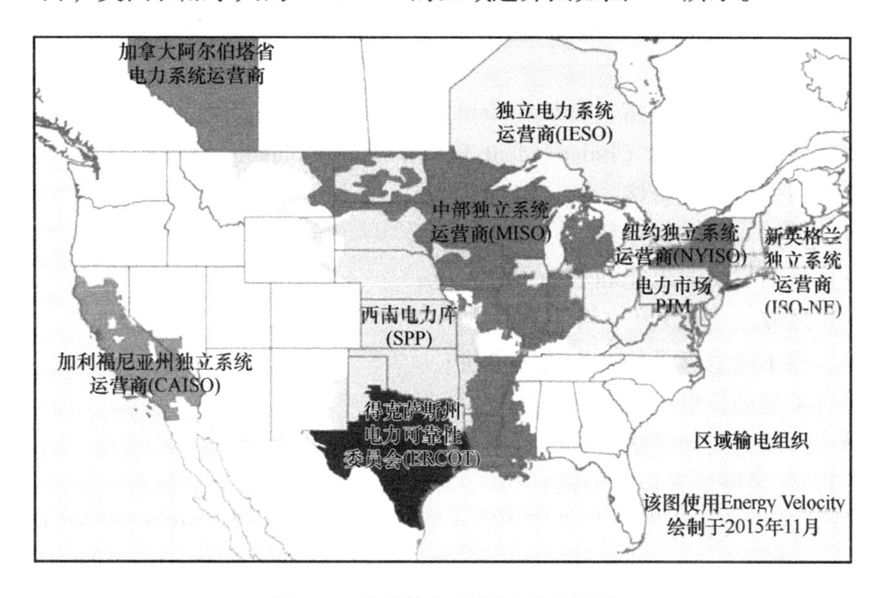

图1-2 北美输电组织区域边界图

来源：http://www.ferc.gov/industries/electric/indus-act/rto.asp. Public domain.

1.2.5 后区域输电组织

联邦能源管理委员会于2002年7月发布了关于拟定标准市场设计规则的通知（Notice of Proposed Rulemaking on Standard Market Design，SMD NOPR），认可了一种结合PJM和NYISO市场中许多最佳实践的市场设计，如节点边际电价（Locational Marginal Pricing，LMP）和阻塞收益权（Congestion Revenue Rights，CRR）。节点边际电价方案目前用于PJM、NYISO、ISO-NE和MISO电力市场。阻塞收益权在PJM中也称为金融输电权（Financial Transmission Rights，FTR），在NYISO中称为输电阻塞合同（Transmission Congestion Contract，TCC）。在电价、资源规划和需求管理等问题上，标准市场设计规则对区域电力市场的影响远超过此前的区域输电组织政策（第2000号令）。

联邦能源管理委员会发布了关于拟定标准市场设计规则的通知，为新兴电力市场建立了统一的市场结构和规则。目前，任何必须跨两个区域输电组织买卖电力的市场参与者必须遵守两种不同的电价、规则和协议。美国各地不一致的规则导致市场效率低下，用户成本增加。委员会认为如果标准市场设计规则得到应用，那么电力无论在哪里交易，都需要遵守一致的市场规则，且应由公平独立的实体管理。委员会相信该设计可以降低用户成本，消除残余歧视，通过市场力缓解措施和市场监督措施降低潜在的市场操纵风险，并通过明确的输电政策和电网扩建规划政策激励对电力基础设施（即输电、发电和需求侧资源）的投资。联邦能源管理委员会对标准市场设计规则提出了以下的主要建议和要求：

1）独立输电供应商（Independent Transmission Provider，ITP）；

2）独立输电公司（Independent Transmission Company，ITC）；

3）单一的输电价格；

4）长期双边合同市场；

5）日前、实时电能和辅助服务市场；

6）区域输电规划；

7）用于阻塞管理的节点边际电价；

8）可交易输电权的阻塞收益权；

9）市场力监测和缓解；

10）区域资源充足性要求；

11）国家发挥作用；

12）管理。

然而，联邦能源管理委员会于2005年7月19日发布了一项法令，终止了标准市场设计。这在一定程度上是因为人们对联邦的越权提出了大量意见，包括电价、需求预测、资源规划和需求侧管理等各种问题。

接下来将介绍拉丁美洲、欧洲和亚洲一些国家的电力行业重组。

1.3 拉丁美洲电力行业重组

拉丁美洲的电力行业在20世纪90年代经历了巨大变革。该地区主要发展了三个电力市场，即中美洲市场、安第斯市场和南锥体共同市场。南锥体共同市场是该地区最大的电力市场，包括智利、阿根廷和巴西。以下简要说明这些市场的电力行业重组，其中墨西哥电力市场是最近才发展起来的。

1.3.1 智利

智利被誉为电力行业改革的先驱。20世纪80年代重组之前，智利的电力行业属于垂直一体化结构，由中央计划和严格管制。此后，智利通过放松管制和私有化，以市场为导向取代了集中规划和运营。这种电力结构改革的目标是为提高经济效益和吸引私有资本投资创造条件。

智利能源部对电力部门拥有管辖权，负责有关能源部门发展的计划、政策和标准。此外，它还为水电站、输电线路和配电区域授予特许权。国家能源委员会（Comisión Nacional de Energía，CNE）是能源部下属技术机构，负责研究价格、费率、技术标准，根据适用的法规制定电价，并制定电力基础设施工作计划。

电力批发市场为发电系统开放竞争提供平台，是智利电力行业重组的一部分。输配电业务由于具有垄断属性，目前仍处于管制状态。输电系统向所有合法的市场参与者开放，电网成本由社会分摊；配电系统则在一些激励措施基础上受到监管。

这种市场环境下，大用户将暴露在不受监管的市场价格中，而较小的用户则受到价格保护，不受电力批发市场价格波动的影响。智利引入了在集中发电调度下发电企业相互竞争的联合发电模式。该市场采用两部制定价方案，即电能量定价和容量定价。电能量定价机制中，电能短期边际成本为节点定价的一部分，同时考虑发电和输电约束。容量定价是向发电企业支付容量费用，让其在每年高峰需求期（5~9月）提供容量支撑，容量费用取决于可获得性、开始时间和达到满负荷发电的时间。此价格由监管机构根据典型燃气轮机固定成本每六个月确定一次。

电能量市场中，金融（非实物）双边合同是允许存在的。这相当于市场主体有资格参与美国电力市场的虚拟投标。发电由经济负荷调度中心（Centro de Despacho Económico de Carga，CDEC）集中调度。经济调度建立在小时级边际成本的基础上，边际成本基于火力发电机组可变成本确定。火力发电机组可变成本会被审计，水力发电机组调度将以CDEC估算的水成本作为参考。发电企业之间的交易基于边际成本。目前该市场已进入第二阶段改革，即在私有环境下进行公共购电协议（Power Purchase Agreement，PPA）拍卖。

1.3.2 阿根廷

20世纪90年代初，作为经济改革的一部分，阿根廷开始对其电力部门进行改革。长期以来，阿根廷国有电力公司效率低下是促使能源领域重大转型的主要驱动因素之一。20世纪90年代早期的《电力和天然气法案》为新的监管框架奠定了基础。此后，阿根廷国有电力公司在水平和垂直两方面都被分离，并被私有化，电力和天然气批发市场也因此得到发展。电力行业由一个权威的监管机构管理，即国家电力监管机构（Ente Nacional Regulador de la Electricdad，ENRE）。

私营公司可以参与开放竞争的发电市场，而电力系统输配电环节仍为受监管的垄断企业。阿根廷电力行业重组的主要目标是降低电价、提高服务质量、扩大消费者选择和提高经济运行效率。由于20世纪90年代末在发电市场和输电领域的投资，阿根廷电力市场成了全球竞争最激烈的市场之一。阿根廷模式也因此成为衡量全球电力行业重组成功与否的基准。

为促进电力批发市场发展，一家独立系统运营商（ISO），即人们熟知的电力批发市场管理公司（Compañía Administradora del Mercado Mayorista Eléctrico S. A.，CAMMESA）应运而生。CAMMESA既是市场运营商又是市场管理者，为每一个市场参与者提供开放的市场准入和输电系统，并建立市场规则。它的主要职责是协调市场交割，制定批发价格，以及管理主要输电系统，即阿根廷互联系统（Sistema Argentino De Interconexión，SADI）的经济交易。

阿根廷电力市场由远期（合约）市场和现货市场组成。远期市场中，发电企业和配电商或大用户可以自由谈判和签订电力合同，确定未来交付的价格和数量。在实时情况下，如果签订了合同的发电公司可以发电，则合同中相应的电力用户在出现电力短缺时将获得优先权。现货市场中，每个系统节点电价根据每小时短期边际成本设定。节点电价也反映了由发电/负荷和输电阻塞产生的边际损失以及本地（区域）定价。该市场不具有诸如金融输电权一样的输电权利产品，辅助服务既受监管又有市场自由性。例如，发电企业有义务提供频率调节（一次和二次），同时又可以互相交易此类义务。为了提供电压支持，每个市场参与者必须有足够的无功功率，偏离标准运行水平时将受到处罚。黑启动服务基于监管价格进行支付。输电公司不允许进行能源交易。

1.3.3 巴西

巴西电力行业重组遵循了与其他拉丁美洲国家类似的模式。重组之前电力公司归国家所有，这保证了一定的回报率，但也导致了系统中的过度投资和低效率。电力公司拥有所有业务部门，即发电、输电、配电和零售。1999年的金融危机导致了部门债务拖欠和投资短缺。巴西于1996年开始进行电力部门改革，主要目标是：①通过持续扩张确保电力供给；②保持和提高市场效率；③提供更好的服务，制定更具竞争力的价格；④为消费者提供更多选择；⑤通过不产生新债务和资产私有化来减少政府债务。

巴西在电力行业重组后制定了新规则，目的是在发电和零售行业引入竞争。然而输电和配电由于具有垄断性，仍受开放准入条款的监管。电力行业重组后，电力批发市场得以建立，同时组建了一个独立的系统运营商，即全国电力调度中心（Operador Nacional do Sistema Eléctrico，ONS）以促进竞争。此外，还成立了一个监管机构，即国家能源局（Agência Nacional de Energia Eléctrica，ANEEL），大部分配电设施被私有化。输配电环节受到收入上限和标准竞争的制约，竞争环境下的发电企业和零售商投资回报取决于他们在稳定市场规则下管理风险的能力。

电力批发市场下，发电和输电资源都由系统运营商以最低成本集中分配。没有市场规则或机制允许发电企业和负荷根据价格自由在市场投标。水力发电机组调度基于其预期机会成本，这种机会成本是通过对水电站运行和来水不确定性进行精确建模，运用多级随机优化方法计算出来的。集中调度中，不考虑双边合同或其他商业协议。

电力批发市场出清价格用短期边际成本表示，该成本由随机调度模型的拉格朗日乘子计算得出。任何基于短期边际成本的电力市场都无法避免资金缺失问题。由于资金短缺问题，某些发电企业无法从电力市场获得足够收入来维持其业务生存能力。短期现货价格造成发电企业收入不足，从而将导致无法为新一代发电企业提供足够的激励。由于巴西电力系统以水电为主，所以电力市场价格通常不稳定或非常低。系统中存在过剩电能时，边际成本（现货价格）降低；干旱时期，市场边际成本升高。

为鼓励新一代发电企业进入市场，巴西引入了一项基于强制性双边合约的计划。首先，对所有负荷进行购电协议（PPA）全覆盖。其次，金融性远期合同也必须由实际发电容量来决定，例如来自水电站的实际电能。这种新合同作为一种强制性机制，旨在确保潜在负荷增长下的可靠电力供应，以及促进新发电企业的进入。为了提升行业长期效率，这些购电协议通过竞争性拍卖方式进行。

1.3.4 墨西哥

越来越多的国家有兴趣放开电力行业，享受行业重组可能带来的经济利益，墨西哥目前正在进行的行业重组就是一个很好的例子。

新《电力行业法》（Ley de la Industria Eléctrica）于2014年8月12日生效，允许私营部门自由参与发电和售电环节，而电网仍将处于国有机构运营控制之下。新《电力行业法》下，墨西哥将创建一个新的电力批发市场，由国家能源控制中心（Centro Nacional de Control de Energía，CENACE）运营，此中心目前是联邦电力委员会（Comisión Federal de Electricidad，CFE）的一个部门。国家能源控制中心还将成为整个电网的独立系统运营商。墨西哥能源部（Secretaría de Energía de México，SENER）和能源监管委员会（Comisión Reguladora de Energía，CRE）将对电力批发市场进行监管和监督。

根据新法律，墨西哥能源部起草了一份关于电力市场指导方针的监管文件草案《电力市场基础》（Bases del Mercado Eléctrico），并于2015年2月提交给联邦监管改进委员会（Federal Commission for Regulatory Improvement，COFEMER）。联邦监管改进委员会需要对新法规进行成本/效益分析。该指导方针确立了电力批发市场设计和运行原则，其中包括拍卖规则。所有规定在委员会确认之前都要接受公众评论。经过委员会的审查和决定后，墨西哥能源部将发布最终指导方针，这将成为发展和运营电力市场的详细计划。

指导方针主要包括市场的阶段性目标、系统可靠性、市场运作、运营计划、长期市场、市场监测、信用和账单。最终的指导方针将成为电力批发市场运作的主要协议。这些协议包括：

1）“市场实践手册”，描述电力批发市场的指导原则、管理程序、运营以及规划；

2）“操作指南”，包括与市场实践手册不同的文件中包含的公式和程序；

3）“操作标准和程序”，包括在软件设计或日常操作中实施市场规则组成要素所需的规范、技术说明和操作标准，这些协议统称为“市场运作条款”。“指南”和“市场运作条款”共同构成“市场规则”，相当于美国电力市场中独立系统运营商/区域输电组织发布的价格。

市场规则管辖的电力批发市场包括：①日前及实时电能量市场和辅助服务市场；②容量市场；③清洁能源证书市场；④中期能源拍卖；⑤长期容量、清洁能源和清洁能源证书拍卖；⑥金融输电权拍卖。

墨西哥电力批发市场机制的主要特点是分阶段组建各部分市场模块。例如，电能量和辅助服务市场分两个阶段实施。第一阶段包括日前市场和实时市场，以及进出口交易，但不包括需求竞价和虚拟投标。第一阶段市场于 2015 年 9 月进行测试，并于 2015 年 12 月 31 日全面运营。第二阶段包括小时前市场、可控资源需求竞价以及由市场监管单位验证报价的虚拟投标。第二阶段的测试和运行都在 2018 年进行。容量市场也分为两个阶段（第一阶段于 2015 年 11 月投入运营，第二阶段于 2016 年 11 月投入运营）。

墨西哥电力批发市场大体特征如下：国家能源控制中心在收到卖方和买方的投标之后确定整个系统的经济调度，然后对每个系统节点计算市场价格（相当于 LMP），其中包括系统电能量价格、阻塞价格和增量损失价格。部分辅助服务如调频备用、旋转备用、运行备用等将通过市场竞争提供，无功功率、黑启动将受到能源监管委员会的监管。

1.4 欧洲电力行业重组

欧盟覆盖了欧洲的大部分地区，是 28 个欧洲国家（2016 年 6 月 23 日英国公投退出欧盟后，现在是 27 个国家）之间独特的经济和政治伙伴关系。根据欧洲指令 96/92/EC 以及后来被指令 2003/54/EC 所取代的规定，欧盟国家电力行业改革涉及发售电环节与受管制输配电环节的解耦。曾经处于垄断地位的国有电力公司被拆分为独立的发电和输电/配电公司。电力行业引入竞争的同时，输电业务仍受到监管。电力行业重组的主要目标是建立一个可行且有竞争力的电力批发市场以确定电价、保障系统安全，并确保资源的有效利用。

第一批（20世纪90年代）实现行业重组的欧洲地区是英格兰、威尔士和挪威。此后，几乎所有欧洲国家都逐渐放开电力行业，发展本国电力市场。

欧盟指令进一步提倡逐步开放国家电力市场，为内部市场（发电、输电和配电）制定共同规则，接入非歧视性的第三方输电网，分配基于市场的非歧视性跨境容量。这些指令还鼓励提高可再生能源发电占比，并增加温室气体排放限额补贴。

欧洲电力市场是各个国家电力市场的集合。一些国家（如西班牙和德国）已经有了成熟的国家市场，而其他国家正试图逐步开放类似的市场。典型国家电力市场中，日前电力市场在不考虑任何电网相关约束条件下，通过匹配供应和需求报价进行市场出清。这种日前市场出清通常在电力交易所完成。实时阶段，负责各自运营区域的输电系统运营商（TSO）会根据日前市场结果制定发电计划。如果出现阻塞，则系统运营商会对发电机组进行再调度，以避免系统过负荷。系统运营商同时还运营平衡市场（又名实时市场），市场价格在实时阶段确定，这些价格构成了补偿发电企业上调出力和下调出力的基准。欧洲电力市场的市场运行和系统运行模式与美国不同。美国模式中，日前/实时市场的市场出清和系统运营商的功能全部由一个单一实体完成，市场运营商的职能是促进卖方、买方和贸易商之间的电力交易。在欧洲国家，这种电力交易环节通常由电力交易所安排，市场运营目标是维持供需平衡和发现市场价格，电力系统的可靠运行由独立电网运营商（Independent Network Operator，INO）或输电系统运营商负责。

电力交易所通常运营包括日前市场和日内市场在内的现货市场，市场出清机制基于竞拍方式形成。日前拍卖市场中，提前一天进行次日的电力交付。电力卖方、买方和交易商以电子方式提交订单，通过比较供需，形成第二天每小时的市场价格。日内市场可用于满足短期电力需求或出售短期过剩容量，交易产品包括每小时产品和灵活性产品。电力交易所负责公布本地区的电价，同时在电力交易所允许交易天然气、煤炭、二氧化碳排放限额及其衍生品。在一些国家，输电容量的分配在电力交易所中通过隐性方式进行，以实现阻塞管理。

欧盟电力市场的电力交易所包括 EPEX Spot（法国、德国、奥地利和瑞士）、APX（英国、荷兰和比利时）、Nord Pool Spot（北欧和波罗的海地区）、OMIE（伊比利亚半岛）、Omel（西班牙）、IPEX（意大利）和 PXE（中欧）。这些电力交易所在市场设计、监管框架和电力行业背景方面因国而异。

欧盟致力于推动欧盟国家电力市场一体化。2014年，21个欧洲国家的电力市场通过市场耦合连接起来。市场耦合是一种整合市场的机制，只要这些市场之间有足够的输电容量，就允许两个或两个以上的电力批发市场区域（通常对应于一个国家领土）整合为一个市场区域。市场耦合机制下，不同地区之间的每日跨境输电容量不会在市场各方之间单独出售（明确拍卖），而是通过边界两侧的电力交易所的电力交易隐性出售（因此称为隐性拍卖）。电力交易所的买方和卖方可以通过另一个电力交易所匹配他们提交的报价，就像在一个单一的市场区域一样，而不需要单独获得在两个（或更多）市场区域之间输电所需的相应输电容量。

此举旨在通过更好地控制跨境电力流动，消除欧洲各国之间的价格差异。市场主体可以在当地的交易所竞标电能，然后根据与邻国市场价格差异自动分配跨境容量。人们认为，市场耦合会导致价格趋同，从而促进更多的竞争。欧盟还计划将这种市场耦合扩大到整个欧盟国家的日内市场和平衡市场。

一旦市场出清并公布价格，输电系统运营商就会根据市场确定的发电计划来运行电力系统。对于各国电力市场来说，这一步是由本国自己输电系统运营商完成。除了德国，每个国家都有一个对应的运营商，而德国由四个输电系统运营商负责不同的区域网络。欧洲输电系统运营商是独立于其他电力市场参与者运行的实体，主要负责高压电网的大量电力传输。运营商根据非歧视性和透明的规则向电力市场参与者（即发电公司、贸易商、供应商、配电商和直接连接的用户）提供电网接入。为了确保可靠供应，系统运营商同时承担安全运行和系统维护。在许多国家，输电系统运营商还负责电网基础设施发展（系统规划）。例如，Swissgrid 是瑞士的输电系统运营商，Réseau de Transport d'Electricité（RTE）是法国的输电系统运营商。

对于整个欧洲输电系统来说，所有输电系统运营商组成了一个更大的泛欧实体，称为欧洲输电系统运营商网络（European Network of Transmission System Operator for Electricity，ENTSO-E）。欧洲输电系统运营商网络于2009 年由欧盟内部能源市场的第三套内部能源市场立法方案设立并授予法律授权，旨在进一步开放欧盟的天然气和电力市场。然而，欧盟内部电力市场的发电所有权仍然集中在西班牙的 Endesa、比利时的 Electrabel、瑞典的 Vattenfall、意大利的 ENEL、德国的 E. ON 和 RWE 以及法国的 EDF。未来，欧盟国家的市场设计可能不得不改变，以适应可再生能源占比增加和电力供应脱碳的双重目标。

接下来将介绍英国、北欧和法国电力市场的发展和现状。

1.4.1 英国

英国由四个部分组成，即英格兰、威尔士、苏格兰和北爱尔兰。直到 1990 年为止，英格兰和威尔士电力供应行业都归政府所有。中央电力局（Central Electricity Generating Board，CEGB）作为垂直一体化的垄断企业，拥有并经营发电和输电业务，并向 12 个地区区域委员会出售电力。区域实体负责向最终用户分配和销售电力。在苏格兰，有两个垂直一体化的委员会，即苏格兰电力委员会及苏格兰和南方委员会。在北爱尔兰，北爱尔兰电力（Northern Ireland Electricity，NIE）公司拥有并运营一个独立的输配电网络系统。

CEGB 是一家基于服务成本模式的国有电力公司。然而，由于资本成本过高、本土煤炭成本高、资产回报率低，该电力公司于 1990 年进行了重组和私有化。人们认为，与国家控制相比，私有制和利益驱动可以提供更好的激励。英格兰和威尔士的电力行业重组也成为世界各地电力部门改革的典范。

最初，重组包括将 CEGB 拆分为一家独立的单一输电公司（国家电网）和三家发电公司（国家电力公司、发电公司和核能公司），同时建立了电力库，开放了发电市场允许自由进入和竞争。英国电力批发市场被称为电力库，其市场设计如下：系统运营商提前 24 小时预测每 30 分钟的需求，发电企业向电力库提交自己的报价。然后，按照统一价格拍卖规则，报价从最低到最高排序，按满足每 30 分钟预测需求所需的最高出价确定总价。此外，如果发电供应刚好满足需求，则中标者将获得一笔可观的容量费用。批发买家必须从电力库购买电力需求并按电力库价格进行支付，包括容量费用和辅助服务费用。在电力库之外，任何有意愿的电力买家和卖家都可以签订双边合同。事实上，在电力库市场设计中，双边合同覆盖了 90% 以上的用电量。

1990 年起，只有峰值负荷超过 1MW 的客户可以选择供应商，但 1994 年起，峰值负荷超过 100kW 的客户都可以选择供应商。1999 年起，负荷侧剩余部分（峰值负荷低于 100kW）也开放了竞争。自私有化以来，截至 2013 年年底，英国已有 30 多家主要发电企业在运营。

私有化之后，输电公司（国家电网）归 12 家私有化地区电力公司所有，并于 1995 年在证券交易所上市。英国国家电网拥有并运营着英格兰和威尔士的高压输电系统，该系统将发电企业与配电商及一些大用户连接起来。英国输电系统通过英吉利海峡下的法国互连网络连接到欧洲本土。自 2011 年以来，它还实现了与荷兰在北海海底互连互通。

英国政府对电力库安排仍有一些担忧，包括发电市场高度集中、批发买家购买电力时对电力库信任度较低，以及合约市场价格信号问题。综合考虑多种因素，英国政府于 1997 年决定放弃电力批发市场设计，包括 1990 年实施的电力库。2001 年 3 月，新电力交易制度（New Electricity Trading Arrangement，NETA）在英格兰和威尔士实施，以新的电力交易规定取代以前的电力库。这些规定是基于发电企业之间的双边交易，供应商、贸易商和用户通过开放式电力交易所（Power Exchanges，PX）在买方和卖方的出价之间进行匹配。它们旨在提高效率，为市场参与者提供更多选择，同时保持安全可靠电力系统运行。该系统包括远期和期货市场、平衡机制以及结算过程。平衡市场中，如果系统预测需求高于电力交易中买方需求报价，则系统运营商会招揽更多的发电企业报价，如果预测需求低于需求报价，则会减少发电。

尽管苏格兰、北爱尔兰、英格兰和威尔士的电力行业是通过输电线路相互连接的，但 2005 年 3 月前所有三个电网系统都是独立运营的。自 2005 年 4 月以来，根据2004年能源法案引入的英国电力交易及输电协议（British Electricity Trading and Transmission Arrangements，BETTA），英格兰、威尔士和苏格兰的电力系统被整合。根据这一协议，国家电网运营着包括苏格兰输电系统在内的单一英国输电网络。

北爱尔兰电力供应行业自1993年以来一直属于私人所有，北爱尔兰电力（NIE）公司负责该地区电力采购、输电、配电和供应，发电方面由拥有四个主要发电站的三家私营公司提供。2001年12月，北爱尔兰电网与苏格兰电网之间的连接正式启动。为了便于两个电网之间电力传输，北爱尔兰电网和爱尔兰电网在1996年重新建立互连。2007年11月1日，两个电网完全整合，北爱尔兰系统运营商（System Operator for Northern Ireland，SONI）和爱尔兰的Eirgrid成立了一个联合机构，即单一电力市场运营商（Single Electricity Market Operator，SEMO），以监管新的单一市场。2012年7月，爱尔兰和威尔士之间的联络线路开始正式运行。

1989年，一个新的监管机构，即电力监管办公室（Office of Electricity Regulation，Offer）成立了，用来监管英国的电力企业。2000年，该办公室与天然气监管办公室（Office of Gas Regulation，Ofgas）合并，形成新的天然气和电力市场办公室（Office of Gas and Electricity Market，Ofgem）。Ofgem是一个独立的国家监管机构，负责监管天然气和电力行业。该办公室的主要作用是在促进竞争的同时，保护英国现有和未来的电力和天然气消费者的利益。这个监管机构的作用类似于美国的联邦能源管理委员会（FERC）。

1.4.2 北欧国家

挪威是北欧国家中第一个解除电力市场管制的国家。1990年能源法案构成了其他北欧国家放松管制的基础。1991年，挪威议会解除对电能量交易市场管制的决定开始生效。两年后，Statnett的全资子公司Statnett Marked AS成为一家独立公司，目标是在运营电力市场方面提供中立和公正的服务。第一个营业年度的总发电量为18.4TW·h，价值15.5亿挪威克朗。1995年，北欧综合电力市场合同的新框架提交给挪威议会，该框架与挪威水资源和能源管理局颁发的北欧电力跨境交易许可证一起为北欧电力现货交易奠定了基础。一年后，挪威和瑞典成立了联合电力交易所，更名为北欧电力交易所（Nord Pool ASA）。

芬兰于1998年开始加入北欧电力交易所。一年后，在芬兰和瑞典推出了独立的平衡调节市场Elbas。同年7月1日，Elspot区域交易开始运行。2000年，随着丹麦开始参与该交易所的交易，北欧电力市场实现了完全一体化。2002年，北欧电力现货市场活动由一家独立公司，即北欧电力现货交易所（Nord Pool Spot AS）组织。丹麦东部于2004年加入Elbas市场。

2005年，北欧电力现货交易所在德国开放了Kontek竞标区，从地理位置上看，该竞标区可以连接 Vattenfall 欧洲输电控制区。第二年，北欧电力现货交易所在德国推出了 Elbas 实时平衡市场。丹麦西部于 2007 年加入 Elbas 市场，新的 Elspot 交易系统 SESAM 也投入运行。2008 年是该公司历史上营业额和市场份额最高的一年。2009 年，挪威加入了 Elbas 日内交易市场。欧洲市场耦合公司于同年 11 月重新推出了丹麦-德国市场耦合。北欧电力现货交易所在 Elspot 实施了负价格下限。

2010 年，北欧电力现货交易所和 NASDAQ OMX 商品公司运营英国市场 N2EX。北欧电力现货交易所在爱沙尼亚开设了一个竞标区，并为立陶宛的一个新市场提供了技术解决方案。2012 年交易所在立陶宛开设了竞标区，2013 年 Elspot 在拉脱维亚开设了竞标区。

2011 年，Elbas 市场被荷兰 APX 和比利时 Belpex 市场授权作为两个国家各自的日内市场。日内市场 Elbas 于 2013 年引入拉脱维亚和立陶宛。2014 年，北欧电力现货交易所获得了英国市场的独家所有权。欧洲西北地区的电力市场是相连的。2015 年，北欧电力现货交易所被确定为以下 10 个欧洲电力市场的指定电力市场运营商，即奥地利、丹麦、爱沙尼亚、芬兰、法国、英国、拉脱维亚、立陶宛、荷兰和瑞典。2016 年，北欧电力现货交易所更名为北欧电力交易所。北欧电力交易所成为保加利亚和德国的指定电力市场运营商。北欧电力交易所与保加利亚独立能源交易所（Independent Bulgarian Energy Exchange，IBEX）合作，于2016 年1 月19 日开放保加利亚日前电力市场，该市场将在后续阶段扩大为日内市场。北欧电力交易所还与克罗地亚电力交易所（Croatian Power Exchange，CROPEX）合作，于2016 年2 月10 日启动了克罗地亚的日前电力市场。新的 CROPEX 日前市场作为欧盟范围内多区域耦合（Multiregional Coupling，MRC）的一部分进行运作。

1.4.3 法国

法国电力市场是国家级电力市场的范例之一。在法国，输电系统归法国输电系统运营商 Réseau de Transport d'Électricité（RTE）所有并运营。RTE 还运营一个平衡机制和跨境容量分配机制。平衡机制中，RTE 能够实时保证供需平衡，以及充足的运行储备，解决电网阻塞问题。由于法国与英国、西班牙、比利时、德国、瑞士和意大利有输电联系，所以它是欧洲电网和电力市场的重点国家之一。法国发电结构以核电为主，其次是水电和煤电。此外，法国由于电价较低，故也向邻国出口电力。

法国电力市场自 1999 年开始逐步开放，部分电力用户有资格参与市场。2007 年 7 月，所有电力用户都参与整个市场。电力供应由法国电力公司（Électricité de France，EDF）主导，该公司主要由法国政府所有。EDF 发电约占法国总发电量的 75% ~80%，其余电力供应来自其他供应商，因此法国发电市场是高度集中的。电力批发市场中，电力交易通过双边合同和电力交易所完成，包括电力和天然气行业在内的能源行业都由一个独立的监管机构监管，即成立于2000年的能源监管委员会（Commission de Régulation de l'Enérgie，CRE）。

1.5 亚洲电力行业重组

亚洲电力市场中，韩国电力市场发展完善、引人注目，新加坡电力市场发展状况颇好，日本和中国也在计划建立此类电力市场。

1.5.1 韩国

1999年，韩国政府制定了电力行业重组的《基本规划》。基本计划包括三个阶段的实施：①基于成本的电力库（Cost-Based Pool，CBP）（2000—2002年）；②双向竞价库（Two-Way Bidding Pool，TWBP）（2003—2008年）；③零售竞争（2009年以来）。除了设计实施CBP市场的基本方案，韩国政府还设计了市场的操作系统，并引入了资源调度与承诺（Resource Scheduling and Commitment，RSC）。代表性机构韩国电力交易所（Korea Power Exchange，KPX）成立于2000年，模拟CBP市场开始运行。2000年年底，韩国政府颁布了修订后的《电力企业法》（Electricity Business Act，EBA），实施电力行业重组。

2001年4月，韩国电力监管委员会（Korean Electricity Regulatory Commission，KOREC）成立，该委员会隶属于韩国商业、工业和能源部（Ministry of Commerce，Industry and Energy，MOCIE）（现为韩国贸易、工业和能源部）。韩国电力监管委员会的主要职责包括：为电力公司创造一个公平竞争的环境，为电力行业制定标准和规则，监督电力公司遵守规则，解决市场参与者（发电公司和消费者）之间的纠纷，监督和调查市场参与者的反竞争行为，对违反市场规则的行为采取纠正措施，通过电力行业重组引入竞争，以及审查与电力用户权利相关的问题。

2001年，电力市场规则和详细的指导方针通过了MOCIE的批准。2001年4月2日，韩国电力交易所获批成立，电力批发市场正式开放。该市场旨在尽量降低市场初期的重组风险，以及激励更多的竞争，其特征如下：

第一，根据EBA第31条，所有电力交易商都有义务参与电力市场（库）。但是，与韩国电力公司（Korea Electricity Power Corporation，KEPCO）签订电力购买协议（PPA）的发电公司可以依据EBA第8条成为例外。这些公司可以在不通过库的情况下向韩国电力公司提供电力。该法案还批准了市场参与者规避风险的差价合约（Contracts for Differences，CfD）。

第二，韩国电力市场自开通以来，根据不同发电类型实施不同的交易结算，以稳定市场价格。初始市场有两个子市场，即基荷市场和非基荷市场。这两个子市场之间存在本质区别，核电和燃煤发电机组等发电机通常可以归为基荷发电机组，它们固定成本高，可变成本低；燃气、燃油等发电机组可以归为非基荷发电机组，其固定成本低，但可变成本高。基荷发电机组由于受燃料价格和外汇汇率等外部因素影响较小，可以维持稳定的价格，而非基荷发电机组则更容易受到这些变数影响。2000 年实施的两级定价体系中，基荷发电厂占总容量的81%，非基荷发电厂占其余的19%。这种情况下，基于统一定价系统的定价，例如系统边际电价（System Marginal Price，SMP）可能会对电力批发市场产生负面影响，因为如果由受外部因素影响的非基荷发电机组来确定市场价格，那么价格可能会大幅波动。这也会影响发电公司（韩国电力公司和其他电力公司）的盈利能力。

2007 年，在取消基荷边际电价（Baseload Marginal Price，BLMP）制度的基础上，引入了新的受管制的基荷市场价格制度。同年，基荷发电厂容量价格降至非基荷发电厂水平。2008 年，受监管的基荷市场规则再次进行修订，两级定价体系（基荷和非基荷）改进为单一系统边际电价。但是，通过对实际属于韩国电力公司的发电企业（韩国电力公司拥有超过50%的市场份额）采用系统边际电价系数，技术层面上仍然维持着两级定价体系。2012 年，为进一步稳定市场价格，集中调度的民营企业燃煤发电机组也纳入了目标机组。2013 年，柔性价格上限规则建立，将上限价格作为容量价格的参考价格，结算价格基于市场价格和上限价之间较低值进行调整。

第三，发电公司被要求按照韩国电力交易所的调度指令提供辅助服务。按照市场规则，计划内发电公司必须提供自动发电控制（Automatic Generation Control，AGC）、无调速器、合理备用裕度、无功电源、黑启动，以及其他市场运行初期不享受补偿的辅助服务。2002 年 5 月编制了实用的辅助服务结算方案，2006 年 9 月通过调整无调速状态和自动发电控制的补偿，制定了实际结算标准。这些标准通过对提供辅助服务的发电公司进行合理补偿，实现维持电力系统稳定运行的目的。

第四，抽水蓄能发电机组的运行方式对系统和市场运行都有重要影响。如果抽水蓄能发电机组的运行可以得到稳步改善，那么市场运行成本将实现最小化，系统运行也将更加稳定。因此，2011 年和 2012 年的电力市场规则对抽水蓄能发电机的定价调度（Price Setting Scheduling，PSE）规则和结算方法进行了修订。新规则考虑了抽水蓄能发电机的发电容量和抽水需求，并鼓励抽水蓄能发电机优化机组运行，其目标是使系统运行成本最小化，强化市场价格信号，提高市场效率。

电力市场的交易支付包括容量支付（Capacity Payments，CP）、计划电能交易支付（Scheduled-Energy-Trading Payments，SEP）和上下调整费用。计划电能交易支付是针对基于定价调度配额的发电量进行的结算。上调结算费用是基于定价调度的结算量与实际结算量之间的差异，其中，定价调度不考虑网络或发电机组约束，而实际结算量则基于电力系统安全运行。上下调整结算由两部分组成：一是定价调度中没有分配，但考虑电力系统约束而产生的发电量（Constrained-On，CON）；二是定价调度中已经分配，但考虑电力系统约束少发的发电量（Constrained-Off，COFF）。容量支付以发电企业在交易日前一天公布的发电机组可用性为基础，价格反映了发电机组的投资成本和固定运行成本。参考容量价格每年确定一次，确定方法为选择一个标准电厂并计算适用于该标准电厂的容量价格。

韩国电力市场运行包括发电成本评估、系统需求预测、招标、建立定价调度、确定系统边际电价、建立发电计划、实时发电（包括 CON 和 COFF）、计量、结算。韩国电力市场作为一个基于成本的电力库，其主要特点是发电公司只提交电量信息而不提交报价。因此为了确定市场价格，必须计算可变成本曲线。由于在实时阶段难以准确地识别可变成本，因此需要通过评估各电厂的可变成本因素，提前一个月确定实际的可变成本。

在交易日前一天，韩国电力交易所按小时预测第二天电力需求，交易日前一天上午 10 点投标截止。与其他允许同时进行供应量和价格申报的电力市场不同，基于成本的电力库中，投标人只能对其机组每小时的可用性进行投标。定价调度由需求预测、每台发电机的成本和发电机的可用性信息共同确定，以便以最低成本满足系统需求。在这个阶段只考虑发电机的技术特性而忽略其他约束，如输电约束、供热约束、燃料约束等。然后，根据定价调度，按小时边际成本确定系统边际电价。最终的系统边际电价在交易日前一天下午 3 点公布。实时运行计划是在考虑输电和燃料等多个系统约束和供需平衡的基础上，按照成本最小化原则确定的。交易日当天，根据实时系统条件进行发电。此后实时测量每个发电机的发电量，并按每小时的市场价格结算。

1.6 首要目标——可靠性

电力系统运行最重要的目的是以可靠和最低成本方式为终端用户提供电力。这个任务说起来容易做起来难，因为电力系统有许多构成部分，它们之间有着错综复杂的关联和依赖关系。有时这些构成部分之间的相互依赖程度非常高，以至于单个系统元件故障可能导致整个系统故障。例如，单个元件故障可能触发多个元件故障，从而导致级联故障；系统某些部分停电称为电力不足；由于整个电力系统故障或崩溃而引起的电力损失称为停电。电力系统运行应尽可能避免停电，同时也要考虑采取相应措施的成本。

单个系统元件出现故障时，必须要在故障触发连锁反应之前，尽快将此故障元件从系统中移除或隔离出来，其目标是维护系统其余部分的完整性。移除这个故障元件所需时间大概是几秒钟，使用精密继电器的自动拆卸机制就可以完成。第一次隔离后，继电器将尝试在几秒钟后重新连接系统的其余部分。如果故障元件在经过一些尝试后仍然不能正确地重新连接，那么它将断开连接，直到找到问题根本原因并通过其他方法解决。

不幸的是，系统中任何元件，包括输电线路支路、同步发电机、变压器或其他系统设备，都可能因为各种原因在任何时候发生故障。系统可靠性有两方面含义，即安全性和充裕性。电力系统安全性是指系统抵抗因某些系统部件故障而产生的各种扰动的能力。受到扰动后，系统必须恢复到稳态。只有这样，电力系统才是可靠且安全的。

电力系统可靠运行还需要另一个条件，即发电资源充分可用。这种情况被称为资源充裕性或简称为充裕性，它是电力系统可靠运行的先决条件。可用发电资源不足情况下，维持系统可靠运行是极具挑战性的。对于资源不足的系统，轮流限电或停电不可避免。当然发电资源也可以是来自邻近系统的可靠输入电源，但一般来说，外部输入电源的可靠性低于系统拥有和可调度的发电资源。从另一个角度来看，对于发电资源充足的系统，管理系统会容易得多，系统可靠运行也更容易实现。

很多时候，输电网络状况并没有得到充分重视。事实上，拥有足够的发电资源是一个必要不充分条件，因为充足的资源必须辅之以健全的电网结构。如果电网结构不坚固，那么即使有足够的资源，也无法可靠地把电输送到终端用户。薄弱的网络结构会造成输电阻塞，这将阻碍低成本电能到达所有终端用户，从而导致系统可靠性有时可能会处于不稳定的状态。

发电资源可用性不断变化，以及在某种程度上电网结构可用性不断变化，会使电力系统运行任务变得更加具有挑战性。这将是一个持续的考验，电力系统运营商需做好准备克服这些挑战，从而以可靠且成本最低的方式向消费者提供电力。

那么要花多少钱才能实现系统绝对可靠运行并避免停电呢？一方面，这个问题没有简单的答案，它将在很大程度上取决于社会愿意为实现这个目标花费多少。另一方面，真的值得花大量的钱去实现100%的系统可靠性吗？下一节将讨论如何通过市场机制实现这个目标。

1.6.1　基于电力市场机制的可靠性

电力市场如何帮助电力系统实现可靠运行的目标？这个问题的答案取决于市场在特定体系中的结构。同样，电力系统运行的最终目标是以可靠方式为终端用户提供电力。但供应这种电力的成本或经济效益是怎样的呢？一个更好的目标应该是电力系统以最经济方式可靠运行。怎样才能做到这一点？

传统垂直一体化结构中，电力系统运行决策由每个拥有完整供应链的个体电力公司做出。电力市场结构下，发电系统的竞争则变得更加开放。其基本理论是，发电系统处于竞争环境下，有助于提高经济效益，从而降低发电成本。然而在考虑电力市场结构的情况下，电力系统运行的复杂性也随之增加。从字面上讲，电力市场的功能是向发电机/负荷征求报价和确定中标价格，并确定哪一组发电机提供服务，因此必须安排特定的市场阶段。同时市场价格也需要确定，这将成为确定发电企业收支的基础。市场运行的关键是确定发电计划，传统电力公司为其自身运行区域内的发电机确定发电计划，电力市场也为其自身系统确定类似的发电计划，那么两者的关键区别在于如何确定这组发电计划。公用事业环境中，它由自己决策过程决定，没有太多的竞争压力。而市场环境中，它由市场机理决定。在这两种设置中都使用了一些优化算法来确定发电计划，称为最优发电计划或最优计划。

一旦发电计划最终确定，下一步是电力系统运营商在特定市场阶段根据定制的发电计划来运行系统。如果竞争压力和市场机理最终使发电成本更接近于边际发电成本，那么才能说这个系统由于电力市场的竞争性实现了经济上的短期有效。事实上，电力市场只考虑发电机组成本或经济性，而系统运行则负责保障系统可靠性。一些电力市场，至少是美国的电力市场，在寻找最优调度和确定市场价格时，会考虑电网阻塞并建立模型。欧洲大多数电力交易所不考虑电网阻塞问题，而是将问题留给输电系统运营商处理。

1.7 进一步讨论

对许多国家来说，电力系统重组和电力市场发展仍在进行中。那些取得重大进展的国家正面临新的挑战。这些进展并非没有挫折，有时国民经济状况等外部因素会对电力市场成功运行产生重大影响。一方面，许多国家从试验和错误中吸取了教训并不断前进。回顾过去，没有几个国家最初就能走上正确的行业重组之路。另一方面，还有一些国家正在认真考虑重组电力产业，发展电力市场。对这些国家来说，已经有许多可以吸取的教训，通过避免前人所犯的错误，可以更好地运行电力市场。

以自由市场理论为基础，开放发电系统参与竞争，必然会提高发电系统的经济效率。然而，任何重大活动都对应有相当大的成本，比如建立电力市场，就需要确保获得的收益超过所付出的成本。

另一个有趣的问题是：电力市场能否维持自身的运行？换句话说，电力市场是否能够总是有足够数量的发电机可用来维持电力系统可靠性？如果没有，那么是否会有其他的选择？

章节问题

1.1 美国运行的电力市场并不覆盖整个国家。该国的一些地区没有运行电力市场。是什么原因促使这些地区不走发展电力市场的道路？这些驱动因素的基础是否与法律、经济、技术或其他问题有关？

1.2 对国有电力公司而言，国家电力公司的私有化是发电系统开放竞争的第一步，这将最终形成成熟的电力市场。这个条件对于成功的电力行业重组是绝对必要的吗？

1.3 如何衡量电力行业的重组活动是否达到既定目的？

1.4 美国或欧洲等更先进的电力市场所面临的新挑战是什么？陈述一个挑战并描述可能的解决方案。

拓展阅读

1. Hunt S. *Making Competition Work in Electricity*. New York: John Wiley & Sons; 2002.
2. *The Electric Industry in Transition*. Public Utilities Reports, Inc. and the New York State Energy Research and Development Authority; 1994.
3. Plummer JL, Troppmann S. *Competition in Electricity: New Markets and New Structures*. Public Utilities Reports and QED Research; 1990.
4. Lambert JD. *Creating Competitive Power Markets: the PJM Model*. PennWell; 2001.
5. United States Federal Energy Regulatory Commission (FERC) Orders.

第2章 电力系统

本章的目的是向读者更为详细地介绍电力系统及其组成部分的基础知识。大型电力系统组成部分包括发电机、负荷、输电线路、变压器、无功补偿装置、网络模型和配电系统。假定读者对电能管理、基本电路理论、基尔霍夫定律（电流和电压定律）和三相交流电路有一定的基础知识，并对复数运算和代数运算、分块矩阵等知识有一定的熟悉度。本章扩展内容相当于本科阶段电力工程专业 1 ~2 个学期的课程。

2.1 电力系统基本组成

一般来说，电力系统由发电、输电、配电和用电等部分组成。其中，发电站通过旋转电机（同步发电机）和其他类型的发电机，将机械能或其他形式的能量转化为电能。用电负荷则通过感应电动机、电灯和电热器等元件，将电能转换为机械能或其他多种能量利用形式。发电站与电力用户之间通过直流（DC）或三相交流（AC）系统实现电能的传输。

电力系统的主要功能是在对环境影响最小的情况下经济地产生电能，并以最高的效率和可靠性将电能通过长距离输电线路和配电网络进行传输，最终电能在交流系统中以相对固定的电压和频率输送给终端用户。

电力系统是电力工程的子学科。由于电力系统由电气、机械、电子和控制硬件组成，故电力工程师需要具备广泛的技术知识以对系统进行整体规划、设计和操作。此外，电力工程师还应具备一定的社会与环境意识。

一个物理电力系统实际上由更多的部件组成，主要包括：

1）同步发电机：将机械或其他类型的能量转化为电能；

2）变压器：可同频对交流电压进行升压或降压；

3）断路器：可在正常运行状态或异常（故障）状态（正常电流或过电流）下打开或关闭一个或多个元件与其他系统元件的连接；

4）隔离开关：可断开系统元件；

5）互感器：包括电压互感器和电流互感器；

6）电感器：可限制故障时的过电流值；

7）电涌保护器：保护元件免受雷电或开关过电压的影响。

一般情况下，发电机产生电能后立即由升压变压器提高电压，通过高压输电线路、中低压输电线路传输，在到达负荷之前，由降压变压器降低电压并流经配电系统，最终被终端用户使用。

2.2 发电

发电机的基本功能是将机械或其他形式的能量转换成电力或电能。发电机大致可分为旋转电机和非旋转电机两类，旋转电机通过涡轮机驱动发电机轴实现机械能向电能的转换，非旋转电机则是将太阳能等形式的能源直接转化为电能。全球各区域主电网的电力主要是由带涡轮机的旋转电机提供的。

旋转电机一般以涡轮机的驱动方式命名，一般包括蒸汽轮机、燃气轮机、水轮机和风力机等类型。蒸汽轮机主要由煤、天然气、石油、地热源等燃料产生的蒸汽加以驱动，以煤炭为燃料的蒸汽轮机通常被称为燃煤蒸汽涡轮发电机。与其他化石燃料蒸汽发电机相比，地热发电机的效率相对较低。

核电站一般使用核燃料产生蒸汽，蒸汽进一步驱动蒸汽轮机发电。根据所使用的燃料材料、元件布置和慢化剂材料的不同，核反应堆分为多个种类，包括压水反应堆（Pressurized Water Reactor，PWR）、沸水反应堆（Boiling Water Reactor，BWR）、加压重水反应堆（Pressurized Heavy Water Reactor，PHWR）、基础和改进型气冷反应堆（Basic and Advanced Gas-cooled Reactor，MAGNOX and AGR）以及快中子增殖反应堆（Fast Breeder Reactor，FBR）。

燃气轮机中，天然气与压缩空气的混合气体在燃烧室中燃烧，产生高温、高压气体，气体推动燃气轮机以驱动发电机发电。单循环燃气轮机产生的废气会直接排放到空气中，而联合循环燃气轮机产生的废气则会通过余热回收蒸汽发生器（Heat Recovery Steam Generator，HRSG）再生蒸汽来驱动涡轮机，因此联合循环燃气发电机比单循环燃气发电机具有更高的效率。单循环燃气轮机和联合循环燃气轮机的原理图分别如图 2-1 和图 2-2 所示。

水电站利用水的落差来驱动水轮机，水轮机将水位差产生的势能转化为机械能，水轮机进一步将这种机械能转化为电能。水轮机可以在几分钟内起动并接入电网。水电站通常建设在大坝中，除发电外，水电站大坝还有防洪、灌溉、公共供水、航运和水产养殖等其他作用。

与化石燃料发电站和核电站相比，水电站能够在短时间内更高效地为高峰

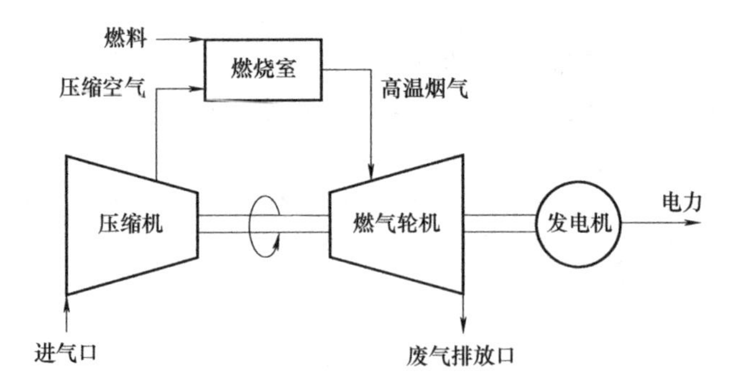

图 2-1 单循环燃气轮机发电机示意图

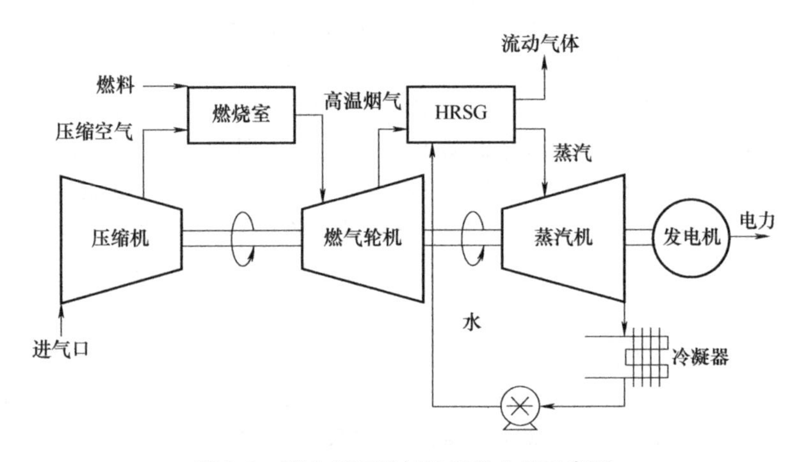

图 2-2 联合循环燃气轮机发电机示意图

用电需求提供电力供应，其中抽水蓄能是实现该目标的方式之一。抽水蓄能电站在午夜等电能需求低谷时段将已经流经水轮机的水抽回位于水电站上部的蓄水池进行储备，而在电能需求高峰的重负荷时段，蓄水池放水进行发电。因此，抽水蓄能电站在一天中的不同时段既充当发电机又充当电力负荷。

风力发电机利用自然环境中的风能驱动叶片转动，叶片旋转驱动发电机轴进行发电。风电场的发电量在很大程度上取决于该地区的风能资源情况。目前风电在世界多个国家和地区都实现了较快速的增长。

非旋转电机中，太阳能发电机具有一定的独特性，它不需要旋转电机就可以将太阳能直接转化为电能。以光伏发电为代表的太阳能发电在全球范围内也保持着显著的增长态势。

除以上类型外，发电机还包括潮汐发电、生物质发电、垃圾焚烧发电等类型，此类发电机通过潮汐落差势能或燃烧生物质、垃圾产生的能量驱动涡轮机发电。

2.3 电力系统负荷

电力系统负荷是电力系统的另一个主要组成部分，电力系统规划者正是以为电力负荷提供可靠的供电服务为目标进行电力系统规划。电力负荷有时也用电力需求表示。相比于非高峰的电力需求，系统规划者更关心的是如何满足高峰时刻的电力需求。电力用户一般分为三大类，即工业用户、商业用户和居民用户。系统可靠性和电能质量也是电能供应的关键要求。对于照明、感应电动机、家用电器、空调、暖气、电子设备等不同类型的负荷，也需要不同级别的电能质量。例如，大型计算机系统功率需求一般为200~500kVA，而空调负荷的功率需求则是25~75kVA。系统操作员必须同时兼顾着电力系统有功和无功平衡、电压和频率的稳定性、谐波以及电力供应的连续性等多重因素。一般情况下，发电机组规模和输电网络电压水平随着负荷的增加同步提升，而负荷的增长在很大程度上取决于一个国家或地区的经济状况。

电力系统负荷有以下几大特点：

第一，电能必须在用电需求产生的同时输送给电力用户，电能不像天然气和水可以大规模储存，用户有多少的用电需求，就需要发多少电力，而且电能供应者对用户的负荷需求几乎没有控制能力。事实上在电力系统中，电力用户打开一个负荷开关产生的突发需求需要由发电机立即提供等量的电能。因此，电力系统的装机容量至少应等于在酷热的夏日或严寒的冬日可能出现的最大电力需求，而这些发电能力在这一年中其他的大部分时间段处于闲置状态，这种现象也给电力系统带来了一些特殊的问题。电力系统控制工程师也需要在规定的电压和频率范围内时刻保持发用电的负荷平衡。

第二，电力用户的用电需求时刻在发生着变化。电力用户的需求极其不稳定，一天内不同时段、一周内不同日期、一年内不同季节，电力需求都有着不同特点，该特点给电力稳定供应带来一定的困难，因此满足日益变化的电力需求是极具挑战性的。此外，电力系统运营商还必须对一些突发事件有一定的预判，如世界杯足球赛、某个异常炎热的夏日等事件都可能会导致电力需求的激增。

第三，工业用户是许多工业化国家的电能消费主体。此类电力负荷中最重要的电气设备是感应电动机。电力工程师通过将历史负荷趋势分析和未来负荷发展预测相结合，预估未来的发电需求，提出电源建设的规划建议，并根据各类负荷情况确定系统最经济的运行状态。此种电源规划通常在传统公用设施背景下展开。而在市场化环境下，发电机组的投资建设是由市场主体决定的，市场主体基于市场经济信号建造各种类型的发电机，而电力系统规划者的主要职责是确保在未来任何给定的时间内都能够有足够的发电能力。

电力需求的最大值、最小值及其出现的时间一般受三个因素影响。最常见的因素是天气，天气的变化会对光照强度、光照时间以及气温带来影响。持续时间最短、影响最大的因素是特殊事件，由于照明、收音机、电视、水泵、烹饪等电器的大规模使用，特殊事件的发生可能会导致电力负荷的急速下降或上升。影响最大的因素是工业需求和消费的显著变化，与之相比，商业、居民用户的需求对电力负荷的影响要小得多。以上影响因素的性质、幅度和时间通常都是不可预测的。

负荷曲线或需求曲线是显示负荷随时间变化的图表。日负荷曲线表示一天中各时段的负荷变化情况，年负荷曲线则表示一年中各月份的负荷变化情况。典型的日负荷曲线和周负荷曲线分别如图 2-3 和图 2-4 所示。为了保证电力系统运行的经济性，需要对全天各时段的负荷进行预测。负荷曲线的作用是：①反映负荷变化规律；②计算用户用电量；③预测日负荷或年负荷；④根据日负荷曲线对发电机进行调度。

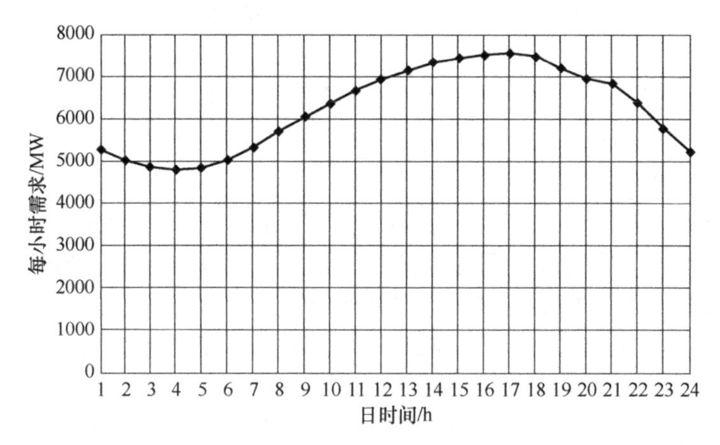

图 2-3　日负荷曲线

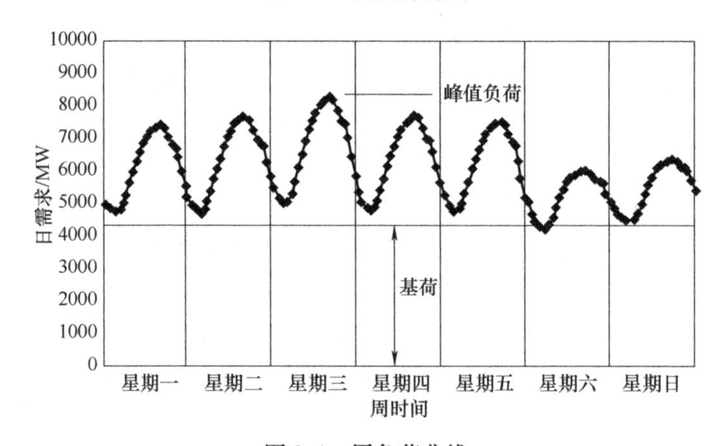

图 2-4　周负荷曲线

为了满足高峰需求，特殊情况下需要在几个小时内额外起动一组发电机，然而它的效率较低，运行成本也较高。具有快速起动能力的发电机组可以满足此类要求，燃气发电机就属于这一类机组。正如负荷在一天中的每个小时都不同，每天的高峰负荷也在一年中有所不同。负荷的年度变化趋势在设备检修计划安排中非常重要，特别是大型发电机的计划检修。在高峰负荷期间，需要尽可能多的设备都在线可用，以满足系统需求。电力工程师在确定设备起停状态时必须兼顾到系统的稳定性。

在负荷曲线中，不随时间变化的负荷部分称为基荷，基荷以上的部分称为峰值负荷或峰值负荷与中间负荷的组合。核电站和其他类型的蒸汽发电机在满负荷运行时具有最高的输出效率，能够较好地满足基荷。燃气发电机具有快速起动能力，更适合满足峰值负荷。负荷曲线下的面积是系统在给定持续时间内所需的总能量。

2.4 输电线路

输电线路网络是电力系统的主要神经系统。输电线路在网络中的关键功能是通过变压器将发电站连接到负荷中心，从而实现电力传输。传输线可分为三大类：

1）输电系统（通常为345kV或以上）；

2）次级输电系统（35～345kV）；

3）配电网（35kV及以下）。

架空输电线路主要由导线、绝缘子、支撑结构（塔）和屏蔽线（地线）组成。电力系统中的所有传输线都具有电阻、电感、电容和电导的电学特性。

高压输电的优点包括减少输电损耗、降低导线成本及具备远距离输电能力。然而对于高压电力传输，输电塔的高度、绝缘子个数、输电元件的绝缘要求同步提升，因此输电线路、组件和变电站的建设成本也相应增加。一般来说，高电压可分为以下几个等级：

1）高压（1～220kV）；

2）超高压（330～500kV）；

3）特电压（750kV及以上）。

电力系统的电压等级，特别是各母线的电压等级，对于系统的可靠运行也是非常重要的。典型电力系统的电压分布如图2-5所示。一般情况下，终端位置电压不应低于用电设备额定电压的95%，输电线路的压降不应超过10%。因此，供电侧的电压应高于用电设备额定电压的5%。

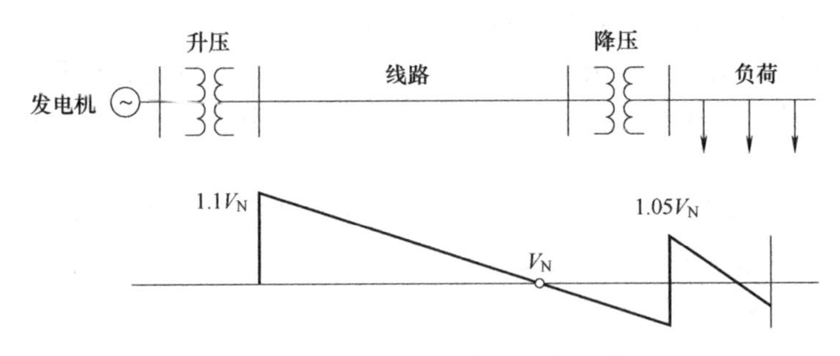

图 2-5　典型电力系统的电压分布

2.4.1　输电线路的结构和类型

当前已经有多种类型的输电线投入实际应用，各类型传输线难以区分好坏，需要根据电气、机械、环境及经济等多重因素进行输电线路的设计和选择。一条架空输电线路由以下元件组成：

（1）导线　铝具有成本低、重量轻、资源丰富等优点，已成为架空输电线路最常用的导线金属，其中最常见的类型是钢芯铝绞线（Aluminum Conductor Steel-Reinforced，ACSR）。绞合导线容易制造和处理，具有较高的灵活性，而钢绞线同时还具有较高的强度重量比。超高压线路通常采用分裂导线设计，在此设计中，三相中的每一相都由两条、三条或四条单独的导线组成。分裂导线表面有较低的电场强度来控制电晕，并且具有较小的串联电抗。

（2）绝缘子　绝缘子的功能是将带电的导线与地面（杆塔）隔离。35～750kV 以上输电线路采用悬挂式绝缘子，一般是由多个盘形绝缘子组成绝缘子串，绝缘子的材料可采用陶瓷、玻璃或其他复合聚合物。线路电压等级越高，绝缘子串的盘形绝缘子个数也会随之增加。

（3）杆塔　根据结构和材料的不同，杆塔可分为格构式钢塔、钢管塔、木电杆和混凝土电杆等类型。杆塔可采用垂直、三角形和水平等多种布局方式。

（4）屏蔽线（接地线）　屏蔽线的作用是防止输电线路遭受直接雷击。通过选择适量的屏蔽线并进行合理布局，可以使几乎所有的雷击都落在屏蔽线上，进而保护输电线。屏蔽线与线路的夹角一般约为 20°～30°。屏蔽线同时也起到杆塔接地的作用，由于杆塔的基础电阻很小，因此屏蔽线还能够为杆塔提供额外的阻抗值。

2.4.2　输电线路的电气参数

电力系统输电线路一般用四个参数表示各自的电气特性：

1）串联电阻，会产生线路损耗 I^2R；

2）串联阻抗，包括电阻和电感，会带来线路上的串联电压降；

3）并联电容，会引起线路充电电流；

4）并联电导，会产生导体之间或导体与地之间由于泄漏电流造成的线路损耗 V^2G。通常架空线路的并联电导可忽略不计。

对输电线路基本参数电阻 R、电导 G、电感 L 和电容 C 的进一步解释如下。

（1）输电线路的电阻　传输线的串联电阻受其导线的电阻率 ρ、内绞线的螺旋度、温度和趋肤效应的影响。对于绞合导线，交替的股线层通过相反方向螺旋将股线固定在一起，因为绞线必须长于线路的实际长度才能使其螺旋缠绕。所以采用绞合导线的输电线路实际电阻可能会比相同长度的普通输电线路电阻大1%～2%。另外，趋肤效应会使得导线的有效截面积减小，当系统频率处于60(50)Hz时，线路有效电阻比其直流值高几个百分点。具体地说，在直流系统中，电流在导线截面上是均匀分布的，可用公式 $R=\rho l/A$（式中 l 为导体长度，A 为导体截面积）有效计算线路的电阻值。然而，对于交流，电流分布是不均匀的。随着频率的增加，实心圆柱导线中的电流趋向于向导线外表面聚集，导线中心处的电流密度较小，这种现象被称为趋肤效应。趋肤效应可用导线尺寸、频率和导线材料相对电阻形成的公式来表示。

（2）输电线路的电导　电导主要会产生导线之间或导线与地面之间的功率损耗。对于输电线路，一般是绝缘子处的漏电流和电晕会造成功率损耗。漏电流的大小取决于绝缘子上的污垢、盐分和其他污染物的数量，以及气象因素和水分等。当导线表面的电场强度过高导致空气发生电离反应，并具备一定的导电能力时，就会产生电晕。电晕引起的有功功率损耗称为电晕损耗，其大小取决于天气条件和导线表面的不规则程度。与导线的线路损耗 I^2R 相比，绝缘子漏电流、电晕产生的损耗通常很小，因此在电力系统的研究中，由于电导在并联导纳中只占很小的一部分，所以该参数通常会被忽略不计。

（3）输电线路的电感　输电线路的电感可分为自感和互感两部分。其中自感又可分为内部电感和外部电感。具有恒定磁导率 μ 磁路的电感可以通过磁场强度、磁通密度、磁链以及每安培磁链的电感系数来确定。输电线路的串联电感取决于导线的磁链，其内部导线的电感仅与每单位长度导线中的电流有关，而与导线的半径大小无关。输电线路的每根导线都要单独计算电感。

（4）输电线路的电容　输电线路的电容特性是由于线路之间的电势差产生的。导线之间电容的大小可用导线尺寸、导线间距、距离地面的高度以及电压大小来计算。导线相对于某个点的电容可定义为 $C=q/v$（式中 q 为导线上的瞬时电荷，v 为导线到参考点的电压降）。对于单相输电线，不同导线之间会造成一些不均匀的电荷分布，但这种失真对电容计算的影响可以忽略不计。而由于线路接地造成的失真电容一般会带来更大的影响。对于大多数输电线路，线路距离地面的高度会比导线之间的距离更大，在此标准下接地对电容的影响也可以忽略不计。三相输电线的电容值通常需要通过每根导线与中性点的电容值来计算，并需要计算各导线与中性点的电压差。

2.4.3 输电线路的网络模型

电力系统分析需要对输电线路建立数学模型来计算电压、电流和线路潮流，该模型需要包含每相线路的串联电阻、串联电感及并联电容等参数。这些参数会分布在整条线路上，对于线路上某个点的电压和电流值的计算可参考图 2-6 所示的方法。

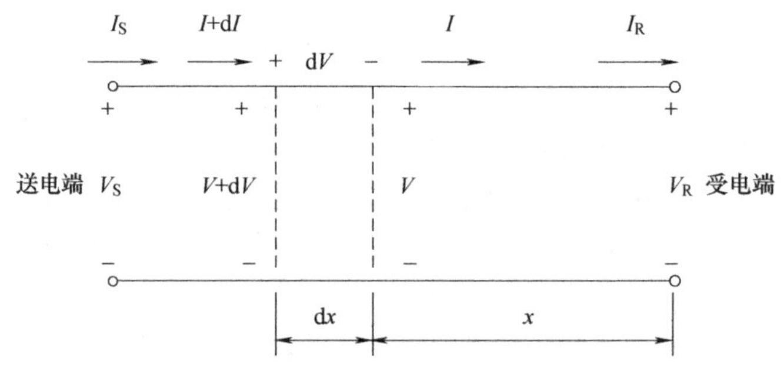

图 2-6 单相输电线路

距离受电端 x 米，由电流 I 和串联阻抗产生的电压降 dV 表示为

$$\mathrm{d}V = Iz\mathrm{d}x \text{ 或} \frac{\mathrm{d}V}{\mathrm{d}x} = Iz \tag{2-1}$$

以及

$$\mathrm{d}I = Vy\mathrm{d}x \text{ 或} \frac{\mathrm{d}I}{\mathrm{d}x} = Vy \tag{2-2}$$

式中，串联阻抗 $z = r + \mathrm{j}\omega L(\Omega/\mathrm{m})$；并联导纳 $y = \mathrm{j}\omega C(\mathrm{S/m})$；$r$ 为串联电阻（Ω），ω 为电压和电流的角频率（rad/s）；L 为串联电感（H/m）；C 为线路到中性点的并联电容（F/m）。并且有

$$\frac{\mathrm{d}^2V}{\mathrm{d}x^2} = yzV \text{ 和} \frac{\mathrm{d}^2I}{\mathrm{d}x^2} = yzI \tag{2-3}$$

单相线路的 π 形等效电路如图 2-7 所示。令 $V_x = 0 = V_R$，$I_x = 0 = I_R$，则电流和电压的计算公式为

$$V(x) = \frac{1}{2}(V_R + I_R R_c)\mathrm{e}^{\gamma x} + \frac{1}{2}(V_R - I_R Z_c)\mathrm{e}^{-\gamma x} \tag{2-4}$$

$$I(x) = \frac{1}{2}(\frac{V_R}{Z_c} + I_R)\mathrm{e}^{\gamma x} - \frac{1}{2}(\frac{V_R}{Z_c} - I_R)\mathrm{e}^{-\gamma x} \tag{2-5}$$

式中，$Z_c = \sqrt{z/y}$表示线路的特性阻抗，$\gamma = \sqrt{zy}$表示线路的传播常数。

对于1m长的输电线路，Z和Y通过式（2-6）计算

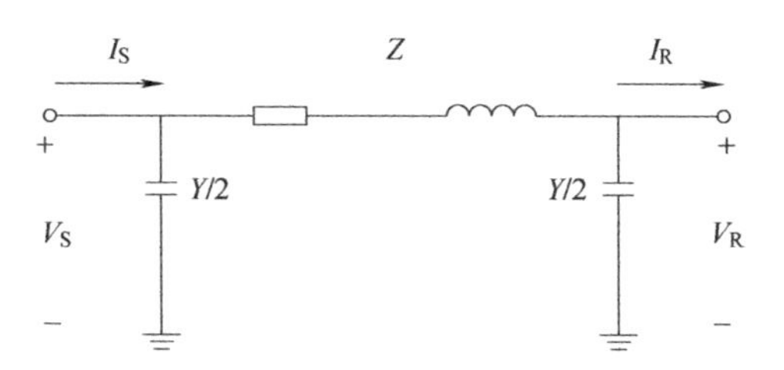

图2-7 单相线路的π形等效电路

$$Z = Z_c \sinh(\gamma l) \text{和} Y = \frac{2}{Z_c} \tanh\left(\frac{\gamma l}{2}\right) \tag{2-6}$$

对于长度超过250km的输电线路，可用式（2-6）进行计算。而对于80～250km的输电线路，Z和Y可简化计算如下：

$$Z = zl \text{和} Y = yl \tag{2-7}$$

而对于80km以内的输电线路，Z依然可用式（2-7）计算，而Y值远小于Z值，电容和对地电阻可忽略不计，因此线路可被认为是一条简单的、集总的、恒定的阻抗，即

$$Z = R + jX_L = zl = rl + jxl \tag{2-8}$$

式中，Z为每相线路的总串联阻抗（Ω）；z为一根导线单位长度的串联阻抗（Ω）；X_L为一根导线的总感应电抗（Ω）；r为一根导线单位长度的串联电阻（Ω）；x为一根导线单位长度的感应电抗（Ω）；l为线路的总长度（m）。

从送电端送入的电流I_S与受电端电流I_R是相等的。图2-8展示了与电感负载相连的短传输线的矢量（或相量）图，从图中可以看出

$$V_S = V_R + I_R Z \text{和} I_S = I_R = 0V_R + I_R \tag{2-9}$$

或是

$$V_R = V_S - ZI_S \text{和} I_R = I_S = 0V_S + I_S \tag{2-10}$$

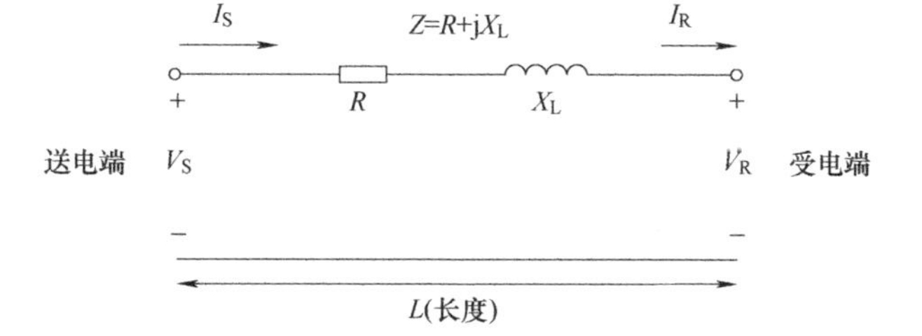

图2-8 短距离输电线路电流示意图

通过该图可以确定广义电路常数或$ABCD$参数，即

$$\begin{bmatrix} V_S \\ I_S \end{bmatrix} = \begin{bmatrix} A & B \\ C & D \end{bmatrix} \begin{bmatrix} V_R \\ I_R \end{bmatrix} \tag{2-11}$$

并且 $AD-BC=1$，其中 $A=1$，$B=Z$，$C=0$，$D=1$，则有

$$\begin{bmatrix} V_S \\ I_S \end{bmatrix} = \begin{bmatrix} 1 & Z \\ 0 & 1 \end{bmatrix} \begin{bmatrix} V_R \\ I_R \end{bmatrix} \tag{2-12}$$

以及

$$\begin{bmatrix} V_R \\ I_R \end{bmatrix} = \begin{bmatrix} 1 & Z \\ 0 & 1 \end{bmatrix}^{-1} \begin{bmatrix} V_S \\ I_S \end{bmatrix} = \begin{bmatrix} 1 & -Z \\ 0 & 1 \end{bmatrix} \begin{bmatrix} V_S \\ I_S \end{bmatrix} \tag{2-13}$$

2.5 变压器

电力变压器是电力系统的重要组成部分，它能以较高的效率和较低的串联压降实现经济的电力传输。电力变压器为发电机、输电线路、配电设施以及用电装置将交流电压和电流转换成不同的电压等级。

电力系统中变压器的作用是使发电机的端电压升至输电系统的电压，并在输电线路的末端将电压降至用户或变电站电压。提高电压的原因是为了减少输电系统内的 I^2R 损耗。目前，电力变压器效率接近 100%，额定功率可达到或超过 1300MVA。三相输电系统输电线上的传输功率为

$$P=\sqrt{3}V_{ll}I_l\cos\theta \tag{2-14}$$

式中，V_{ll}为线路间电压；I_l 为线路电流；θ 为送电端和受电端之间的电压相角差。若功率因数和传输功率不变，则 I_l 与 V_{ll}成反比，提高 V_{ll}将降低 I_l，因此考虑输电损耗及减少首末端压降值，需要提高输电电压以实现长距离的电力输送。

电力变压器由绕组（一次和二次或低压和高压线圈）、铁心、套管（高压和低压套管）和冷却系统（自冷、强制风冷和强制油冷）构成。变压器的铭牌值包括额定电压（一次和二次）（kV）、额定电流（A）、额定伏安（MVA）和阻抗（%）。变压器的基本参数包括磁通量、磁通密度、磁场强度、磁链和磁导率（μ）。电力变压器的功率损耗有两个组成部分，即铁损和铜损。铁损还包括涡流损耗和磁滞损耗，这两种损耗都是有功功率损耗。

三相变压器中，六个绕组都在一个电箱中的一个铁心上。三相变压器通常是铁心式变压器或壳式变压器。三相变压器的额定值是线电压和三相功率。三相变压器具有成本低、占地面积小、重量轻等优点，具有 Yy、Dd 和 Yd 或 Dy 等多种联结形式。

自耦变压器是指一个绕组同时具有一次和二次功能的变压器。自耦变压器越来越多地被用来连接不同电压下运行的两条高压输电线路。对于自耦变压

器，绕组是电耦合和磁耦合的。自耦变压器的优点包括：①相同输出的铜线较少；②相同输出的效率更高；③电压调节能力更强；④相同输出的体积更小。

2.6　同步发电机

同步发电机在电力工业中得到了普遍应用，可向用户提供三相或单相的电力。同步发电机分为两种：第一种是低速（水驱动）型发电机，具有凸极转子、直径大、轴向长度小等特点；第二种是以汽轮机为驱动力的汽轮发电机（鼓形转子），它在运行过程中具有隐极转子、直径相对较小、轴向长度长、转速较高的特点。

同步发电机有两个主要部分，即定子（固定部分）和转子（旋转部分）。定子本质上是一个中空的圆柱体，称为电枢，电枢绕组的线圈缠绕在纵向的凹槽中，这些电枢绕组承载着提供给电力负荷或系统的电流。转子是发电机的另一部分，它被安装在传动轴上，并在定子的中空部分旋转。转子上的绕组称为磁场绕组，磁场由直流电流产生。直流电流在磁场绕组中产生极高的磁动势（Magnetomotive Force，MMF），与电枢绕组中电流产生的磁动势相结合，在电枢绕组的线圈中产生电压，并在定子和转子之间提供电磁力矩。

励磁电流由可调节的直流电源（如自励直流发电机），或者通过电子整流产生。在转子中，磁场绕组的分布方式是为了在气隙中产生近乎正弦的磁通密度分布。开槽定子铁心由优质钢板叠片组成，为转子磁场绕组产生的磁通提供低磁阻磁路。对于三相发电机，定子有三组绕组，标记为 a、b 和 c，绕组围绕定子内表面各呈 120°夹角分布，每个绕组提供三相负荷所需的一相电压。

进行电力系统分析时，需要搭建发电机的等效电路。此电路是通过建立定子绕组端电压与定子和转子电流之间的关系来构建的。对于线圈 a，应用法拉第定律可知

$$V_a = V_{ar} + V_f \tag{2-15}$$

式中，$V_{ar} = 3\omega_s L_s I_{max}\sin(\omega_s t)$ 为电枢感应电压；$V_f = \omega_s L_s I_r \sin(\omega_s t + \gamma)$ 为磁场励磁电压（空载条件下定子绕组上的感应电压）。V_{ar}体现了定子电流磁动势产生的效果。由此，同步发电机的等效电路可以表示为如图 2-9 所示。

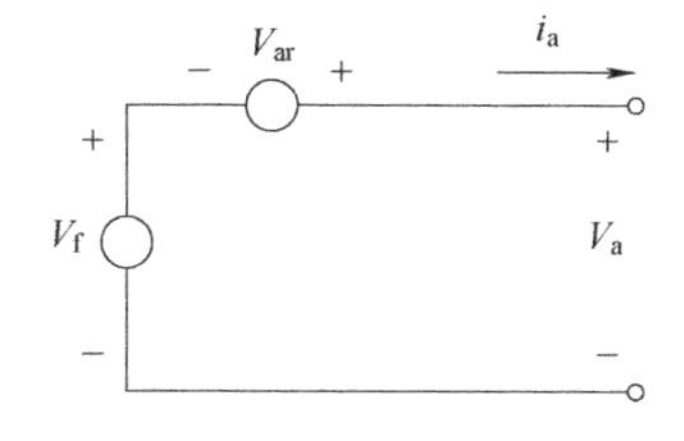

图 2-9　使用 V_f 和 V_{ar}的 a 相电路模型

2.7 网络分析

电力系统在正常、平衡的三相稳态条件下成功运行需要满足以下条件：

1）发电量等于需求（负荷）与损耗之和；

2）节点电压大小保持在额定值附近；

3）发电机在规定的有功和无功范围内运行；

4）输电线路和变压器不过负荷。

研究电力系统潮流（又称负荷潮流）的主要目的是预估电压、有功和无功潮流以及网损等关键参数。进行潮流研究是为了明确以下情况：

1）电网支路中的有功和无功潮流分布；

2）节点电压；

3）改造线路和新建线路对系统负荷的影响；

4）发电和输电线路暂时损耗对系统负荷的影响；

5）系统最佳运行条件和负荷扰动；

6）系统损耗优化；

7）变压器的最佳额定和抽头范围；

8）导线尺寸和系统电压变化带来的改善。

传统的节点或回路分析不适用于潮流研究，因为负荷的输入数据通常是以功率而不是阻抗的形式给出的，并且发电机被认为是电源，而不是电压源或电流源。所以事实上，潮流问题需要用一组非线性代数方程表示，通常需要使用计算机软件程序对该问题进行求解。

2.7.1 阻抗图

对平衡三相电力系统的分析一般都会简化为对其中某一单相电路进行研究，设定一条中性线即可用单相回路来表示三相系统，这是因为针对某一相电路所计算出的各类电气参数与另外两相是完全相同的（相移 ±120°）。用符号来表示网络元件的电路图称为单线图或阻抗图，而在计算中，各类元件符号需要被替换为等效电路。阻抗图中各元件的参数可以用欧姆单位表示，也可以用标幺值表示。对于这类等效阻抗图，通常需要明确以下几条事项：

1）用节点序号区分各母线（即输电网络的节点），节点的电阻值可忽略不计；

2）假设变压器的磁化电流可以忽略不计，并用串联阻抗表示变压器；

3）输电线路用直线和短线表示，它们可以表示为串联的电阻和感抗；

4）发电机中性点直接接地或者通过阻抗或电阻接地，以限制故障条件下的接地电流，同步发电机符号可以用阻抗和电压源代替。

值得注意的是，在三相平衡的情况下，中性点不会有电流流过，中性点阻抗不会对系统产生影响，因此阻抗图通常不包括发电机接地电路的阻抗。图2-10所示为单线图的示例，以及相应的每相等效阻抗图。

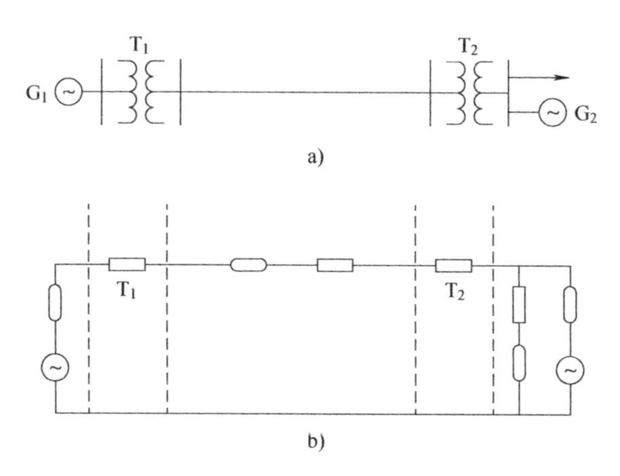

图2-10 a）单线图 b）每相等效阻抗图

2.7.2 节点导纳矩阵

图2-11a所示为一个简单电力系统的单线图。如果系统阻抗已知，则可以得到该系统的等效阻抗图。然而，为便于节点方程的编写，一般使用系统的导纳（Y）参数。图2-11b所示为给定单线图的导纳图，这些导纳参数分别为对应阻抗的倒数。

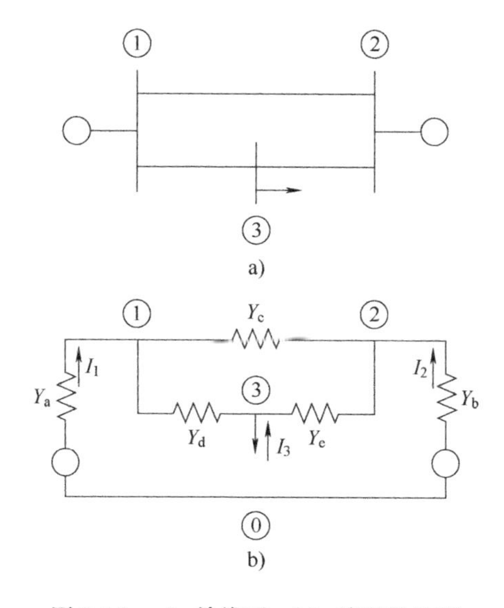

图2-11 a）单线图 b）关联导纳图

系统的节点方程如下所示。由于一个节点的注入电流与其输出电流相等，因此节点 1 的节点表达式为

$$I_1 = (V_1 - V_2)Y_c + (V_1 - V_3)Y_d \tag{2-16}$$

式中，I_1 为从节点 1 处的发电机注入节点 1 的电流。对于节点 2 和节点 3，类似的表达式可以写为

$$I_2 = (V_2 - V_1)Y_c + (V_2 - V_3)Y_e \tag{2-17}$$

$$I_3 = (V_3 - V_1)Y_d + (V_3 - V_2)Y_e \tag{2-18}$$

这是三个独立的方程，有三个未知数。如果 I_1、I_2 和 I_3 已知或可以计算，则可求解得到 V_1、V_2 和 V_3 的值，同样的，已知电压即可以确定所有支路的电流值。这一结论意味着求解任何电路所需的节点方程数比电路中的节点数少一个。将上述式子改写为

$$\begin{aligned} I_1 &= (Y_c + Y_d)V_1 + (-Y_c)V_2 + (-Y_d)V_3 \\ I_2 &= (-Y_c)V_1 + (Y_c + Y_e)V_2 + (-Y_e)V_3 \\ I_3 &= (-Y_d)V_1 + (-Y_e)V_2 + (Y_d + Y_e)V_3 \end{aligned} \tag{2-19}$$

这些方程式可以写成以下形式：

$$\begin{aligned} I_1 &= Y_{11}V_1 + Y_{12}V_2 + Y_{13}V_3 \\ I_2 &= Y_{21}V_1 + Y_{22}V_2 + Y_{23}V_3 \\ I_3 &= Y_{31}V_1 + Y_{32}V_2 + Y_{33}V_3 \end{aligned} \tag{2-20}$$

式中，Y_{11}、Y_{22}和 Y_{33}是每个节点的自导纳，等于除连接到该节点的发电机和负荷之外的所有导纳的总和。Y_{12}、Y_{13}、Y_{21}、Y_{23}、Y_{31}和 Y_{32}是互导纳，等于直接连接到由其下标标识的节点导纳之和的负数。以矩阵形式写成

$$\begin{bmatrix} I_1 \\ I_2 \\ I_3 \end{bmatrix} = \begin{bmatrix} Y_{11} & Y_{12} & Y_{13} \\ Y_{21} & Y_{22} & Y_{23} \\ Y_{31} & Y_{32} & Y_{33} \end{bmatrix} \begin{bmatrix} V_1 \\ V_2 \\ V_3 \end{bmatrix} \tag{2-21}$$

式（2-21）中由自导纳和互导纳组成的矩阵称为节点导纳矩阵。

2.7.3 潮流分析

基于图 2-12 所示传输线模型的终端电压大小、相角和阻抗，就可以计算各终端之间的有功和无功的功率潮流。

每个终端的相电压为

$$\begin{aligned} V_S &= V_1\angle\theta_1\text{（端子 1）} \\ V_R &= V_2\angle\theta_2\text{（端子 2）} \end{aligned} \tag{2-22}$$

串联阻抗 Z 也可以表示为导纳 Y

$$\frac{1}{Z_{12}} = Y_{12} = g - \mathrm{j}b \tag{2-23}$$

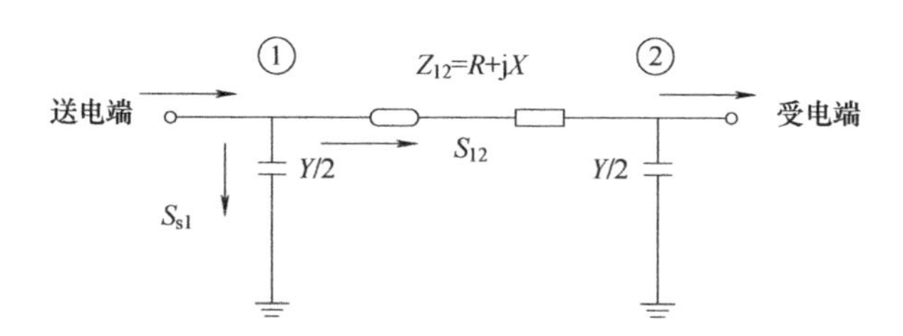

图 2-12 输电线路单线图等效电路

从端子 1 流向端子 2 的复功率是端子 1 的分流支路与连接端子 1、2 的串联支路中的潮流之和。分流支路中的复功率流为

$$S_{S1} = V_1 \underline{/\theta_1}[(Y/2)(V_1 \underline{/\theta_1})]^* = V_1^2(Y/2)^* \tag{2-24}$$

由于输电线的电导可以忽略不计，S_{S1} 仅有无功功率，因此串联支路的复潮流为

$$S_{12} = V_1 \underline{/\theta_1}[(V_1 \underline{/\theta_1}) - V_2 \underline{/\theta_2})Y_{12}]^* \tag{2-25}$$

或

$$S_{12}^* = V_1 \underline{/-\theta_1}[(V_1 \underline{/\theta_1} - V_2 \underline{/\theta_2})(g - \mathrm{j}b)] \tag{2-26}$$

$$\begin{aligned} S_{12}^* = &[V_1^2 g - V_1 V_2 g\cos(\theta_2 - \theta_1) - V_1 V_2 b\sin(\theta_2 - \theta_1)] \\ &+ \mathrm{j}[-V_1^2 b + V_1 V_2 b\cos(\theta_2 - \theta_1) - V_1 V_2 g\sin(\theta_2 - \theta_1)] \end{aligned} \tag{2-27}$$

进而

$$\begin{aligned} P_{12} &= V_1^2 g - V_1 V_2 g\cos(\theta_2 - \theta_1) - V_1 V_2 b\sin(\theta_2 - \theta_1) \\ Q_{12} &= V_1^2 b - V_1 V_2 b\cos(\theta_2 - \theta_1) + V_1 V_2 g\sin(\theta_2 - \theta_1) \end{aligned} \tag{2-28}$$

当 θ_1 与 θ_2 的相角差较小时，有

$$\begin{aligned} \cos(\theta_2 - \theta_1) &\approx 1.0 \\ \sin(\theta_2 - \theta_1) &\approx (\theta_2 - \theta_1) \end{aligned} \tag{2-29}$$

又由于输电线路的串联感抗通常远大于串联电阻，也就是 b 远大于 g，可得

$$\begin{aligned} P_{12} &= V_1 V_2 b(\theta_1 - \theta_2) \\ Q_{12} &= V_1 b(V_1 - V_2) \end{aligned} \tag{2-30}$$

这里可以得出两个重要结论：一是输电线路上的有功功率 P 潮流由终端电压的相角差决定，二是无功功率 Q 潮流由终端电压的幅值差决定。

在潮流研究中，节点的分类也很重要，主要有以下三种类型节点：

（1）负荷节点　这些节点上不存在发电机组。负荷所需的有功和无功功率是已知的，也被称为 PQ 节点。

（2）电压控制节点　这些节点是已知电压大小和实际发电功率的发电节

点。在某些情况下，如果在发电节点上已知的是无功功率而不是电压大小，则该节点可被视为负荷节点。电压控制节点也称为 *PV* 节点。

（3）平衡节点　该节点具有规定的电压大小和角度，所有其他节点电压角都以该节点为参考。平衡节点的功能是向系统提供电力或从系统受入电力，使得系统产生和消耗的总电力（包括系统损耗）保持平衡。

节点电压的计算需要注入电流的值，如果某些其他参数已知，则可以计算注入电流。节点 i 的复功率 S 为

$$S = P_i + \mathrm{j}Q_i = V_i I_i^*$$

$$S^* = P_i - \mathrm{j}Q_i = I_i V_i^* \tag{2-31}$$

然后

$$I_i = \frac{P_i - \mathrm{j}Q_i}{V_i^*} \tag{2-32}$$

潮流分析的目的是确定以上三类节点的所有未知参数。简单起见，将参数的已知、未知情况列在表 2-1 中，其中需要通过潮流分析计算的参数用 x 表示，一旦完成了潮流分析（假设潮流计算在合理的偏差范围内收敛），就可得到整个电力系统各节点的四大参数。潮流功率可选用的迭代方法包括 Gauss-Seidel 法、Newton 法、Newton-Raphson 法（完全或快速解耦）、三相正反向法、直流潮流法等，在以上方法中，参数 V 和 Q 都是忽略不计的。

表 2-1　三类节点的已知、未知情况

节点类型	V	δ	P	Q
负荷节点	x	x	已知	已知
电压控制节点	已知	x	已知	x
平衡节点	已知	已知	x	x

2.7.4　潮流控制

潮流分析结果表明，为了保证系统中各节点的电压水平以及有功功率和无功功率保持在特定值，有必要进行潮流控制。以下方法常用于系统潮流控制中。

（1）发电机的原动机和励磁控制　假设所讨论的发电机是大型电力系统的一部分，系统每个节点都可看作是一个无限大的节点，那么发电机节点的电压不会因发电机运行条件的变化而变化。

从图 2-13 所示的发电机等效图中，可以得到以下方程：

$$P = \frac{V_{\mathrm{s}} E_{\mathrm{f}}}{X_{\mathrm{d}}} \sin\delta$$

$$Q=\frac{V_s}{X_d}(E_f\cos\delta-V_s) \tag{2-33}$$

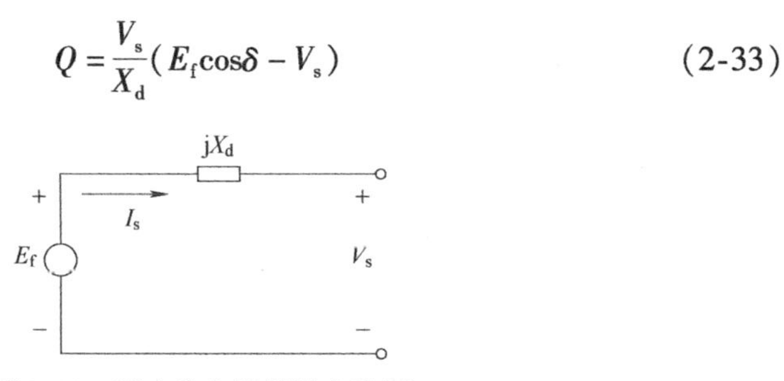

图 2-13 同步发电机等效电路图

从这组方程可以看出，如果 V_s 和 E_f 保持不变（X_d 也是恒定的），则有功功率输出取决于电压相角 δ。在稳态运行时，只有通过增加实际机械功率输入才能增加有功功率输出。由此，δ 取决于机械功率输入。

该方程还表明，如果 V_s 和 E_f 保持不变，则 Q 会受到 δ 变化或机械功率输入变化的影响。然而，δ 的正常工作范围一般不超过 15°，在此范围内，余弦项相对不变，而正弦项变化较大。因此，有功功率 P 的输出直接取决于机械功率的输入。

图 2-14 所示为向系统提供无功功率发电机的相量图。如果有功功率输出保持不变，而转子上的直流励磁是变化的，则会出现一个有趣的现象：由于有功功率输出是恒定的，所以 I_s 向 V_s 的投影同样保持恒定，因此如果随着转子直流励磁与 E_f 的大小发生了改变，则 I_s 的大小、相角 θ 和 δ 也会改变。发电机的无功功率输出似乎是通过调节转子直流励磁来控制的。通过控制系统中每个发电站的有功和无功发电量，就可以对系统中的潮流流动情况进行控制。

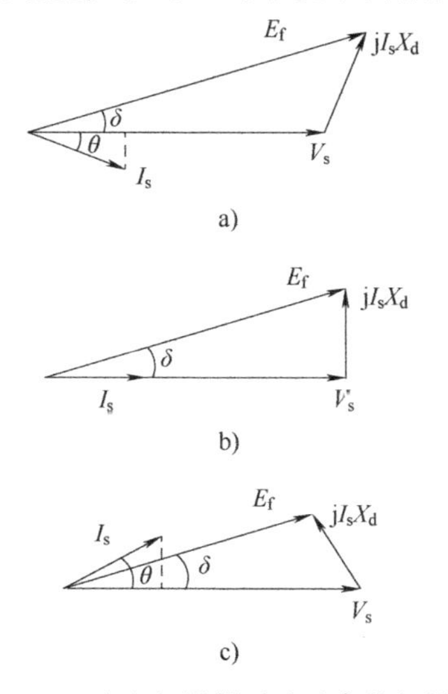

图 2-14 发电机提供无功功率的相量图

a）过励磁 b）同相 c）欠励磁

（2）并联电容、电抗的切换　复功率中只有有功功率会送到负荷侧，进而被使用。然而，电力系统中多数的负荷都是感性的，因此需要产生无功功率来供应这些感性负荷。事实上，在提供相同有功功率的情况下，对需要无功功率的负荷需要提供更多的电流，而这也意味着在输电线和配电线上会产生更高的压降，从而会带来更多的线路损耗。

解决这一问题的一种方法是在感性负荷所在的位置产生无功功率。由于电容器会消耗无功功率，所以在负荷节点安装电容器组就可以产生这种效果。在负荷侧增加适当大小的电容器组，即可不需要通过输电线路向感性负荷提供无功功率，换句话说，对于感性负荷，需要自己配套建设电容器以满足无功功率需求。

（3）抽头式调压变压器的控制　从传输线的一端到另一端的有功功率和无功功率由下列公式计算：

$$
\begin{aligned}
P_{12} &= V_1 V_2 b(\theta_1 - \theta_2) \\
Q_{12} &= V_1 b(V_1 - V_2)
\end{aligned}
\tag{2-34}
$$

用标幺值表示相同的项得到

$$
\begin{aligned}
P_{12} &= b(\theta_1 - \theta_2) \\
Q_{12} &= b(V_1 - V_2)
\end{aligned}
\tag{2-35}
$$

这些方程清晰地表明，有功和无功潮流的控制变量分别是电压相角和电压幅值，这些变量可以通过使用抽头式有负荷（Tap Changing Under Load，TCUL）变压器或调压变压器来控制。这种变压器通过改变变压器线圈上抽头的位置来改变其中一个线圈中使用的匝数，从而控制变压器的电压比。此操作可使电压在 ±10% 范围内发生微小变化。调节变压器不会带来电压等级水平的变化，只是对电压进行细微的调整。使用这些类型的变压器，可以调整电压的幅值和相角，从而进一步控制有功无功潮流。抽头式变压器和电压幅值调节变压器可用于控制输电线路上的母线电压和无功潮流，相角调节变压器可用于控制母线电压相角和有功潮流。

章节问题

2.1　如图 2-15 所示的系统，已知系统标幺值数据如下：$Z_a = j0.5$，$Z_b = j0.25$，$Z_c = j1.2$，$Z_d = j1.5$，$Z_e = j0.25$。求该系统的节点导纳矩阵。

2.2　已知图 2-16 所示的等效电路图中，节点 1 和节点 2 的电压标幺值分别为 $V_1 = 1\angle 0°$，$V_2 = 0.75\angle -9°$。求节点 1 和节点 2 的复功率 S_1、S_2。

2.3　同步发电机的运行参数为 $E_f = 1500\angle 0\text{V}$，$V_{ts} = 1400\angle -80\text{V}$，$X_d = j2.0\Omega$（见图 2-17）。计算该发电机的输出三相功率，以及与之连接的负荷功率，单位为 Ω。

2.4　对于给定的电力系统（见图 2-18），$V_1 = 1.03\angle 0°$（节点 1 电压），$|V_2| = 1.02$（节点 2 电压幅值），$P_2 = 0.24$（节点 2 功率注入），节点 3 的负荷为（0.23 + j0.19）p.u.，

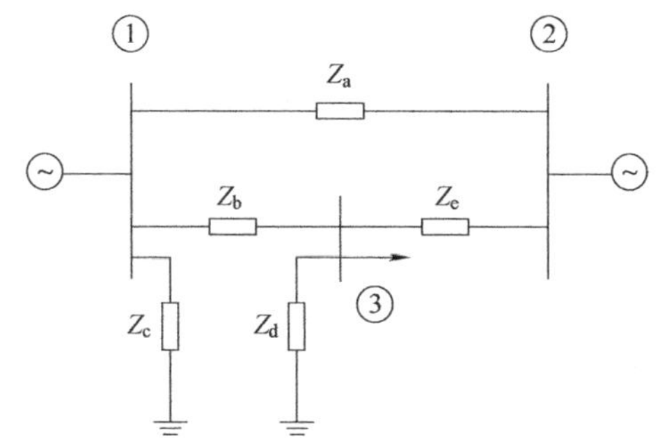

图2-15　习题2.1电力系统

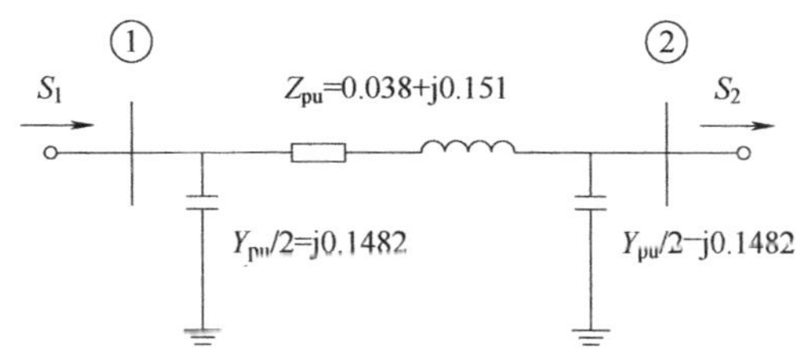

图2-16　习题2.2等效电路图

节点4的负荷为（0.42+j0.13）p.u.。使用潮流分析软件计算系统剩余所有缺失的参数，可为分析做必要的假设。

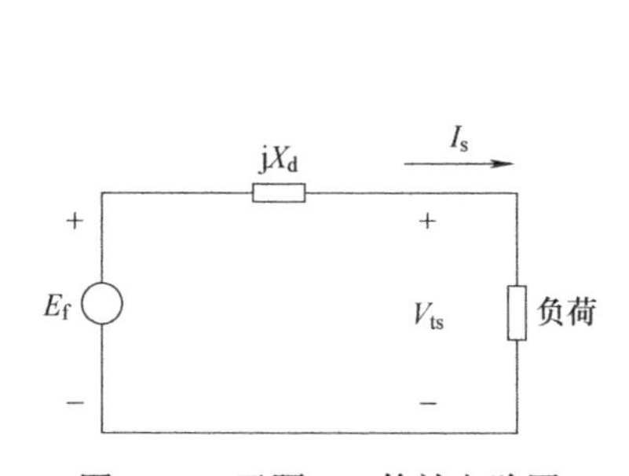

图2-17　习题2.3等效电路图

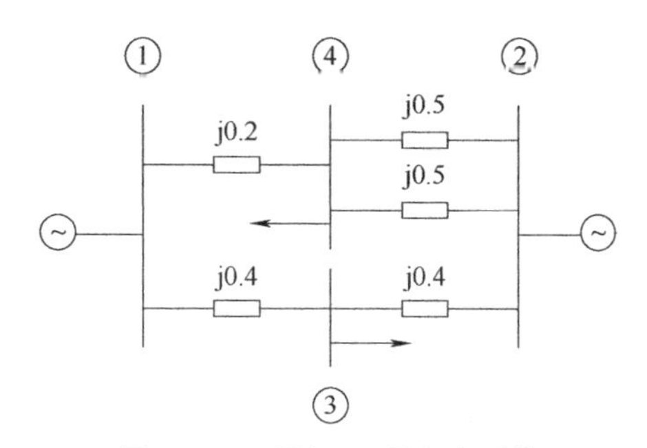

图2-18　习题2.4的电力系统

2.5　在给定的系统中（见图2-19），一台同步发电机连接到两个峰值均为400A的负荷。电力系统在稳定运行时，负荷1突然从发电机断开，断开瞬间汽轮发电机组会发生什么？为防止该情况对发电机和整个系统造成负面影响，可采取哪些可行的控制措施？是否存在汽轮发电机组失去负荷2的可能？

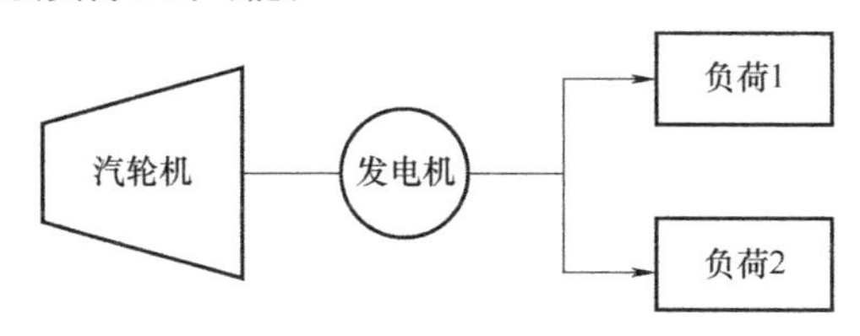

图2-19　习题2.5的电力系统

2.6 找出过去某地区或某国部分地区的重大停电事故的案例。写一篇关于这次事件的简短总结。你从中学到了什么？

拓展阅读

1. Weedy BM, Cory BJ, Jenkins N, Ekanayake JB, Strbac G. *Electric Power Systems*, 5th edition. UK: John Wiley & Sons; 2012.
2. Shultz RD, Smith RA. *Introduction to Electric Power Engineering*. John Wiley & Sons; 1987.
3. McPherson G, Laramore RD. *An Introduction to Electrical Machines and Transformers*. John Wiley & Sons; 1990.
4. Toro VD. *Electric Power Systems*. Prentice-Hall; 1992.
5. Grainger JJ, Stevenson Jr. WD. *Power System Analysis*. Hightstown, NJ: McGraw Hill; 1994.
6. Saadat H. *Power System Analysis*. Hightstown, NJ: McGraw-Hill; 1999.

第3章 微观经济学理论

本章涵盖的内容可以在许多有关微观经济学的教科书中找到。本章将介绍微观经济学的基本理论和概念，帮助读者理解这些概念间的联系及它们在整个电力行业，尤其是电力市场中的应用。具有经济学背景的读者可以跳过本章，也可以通过浏览本章内容有所收获。本章的目标人群主要是那些希望了解与电力市场基础、现状和运行相关经济学理论的读者。直接适用于电力行业和电力市场的经济学分支是微观经济学，包括市场、博弈论及管制经济学等内容。

经济学中习惯使用 P 表示市场价格，Q 表示数量。p 表示企业设定价格或消费者支付价格，q 表示企业生产产品数量或消费者购买产品数量。本章也将沿用此类惯用符号，便于读者熟悉其他经济学参考文献中使用的类似符号。在电力工程中，习惯上用 P 表示有功功率，用 Q 表示无功功率。尽管符号相似，但概念却大不相同。希望在两个不同领域中采用相同的符号不会对各领域中的基本概念造成混淆。

3.1 简介

微观经济学是经济学的一个分支，主要研究市场或经济中消费者与企业的各自行为和行为间的相互作用。因此，一个或多个市场的研究是微观经济学的中心主题。那么，什么是市场？本章将提供一些关于市场的介绍性描述和关键概念。在本章的后续内容中，将对市场进行更深层次的理论阐述。

市场是买卖双方的集合，他们通过某种互动（例如交易或交换）来确定一种或多种产品的价格。在电力市场中，买方是电力消费者或此类消费者的代表，卖方是发电企业，交易产品是电力。市场中的电力价格通常为中立的第三方（例如电力交易所或独立的市场运营商）确定的市场出清价格，这些中立的第三方开展市场出清的权威性和能力需要在市场出清规则中得以确立。

在任何市场上都有买方和卖方，买方的职能是购买商品和服务，卖方的职能是出售买方购买的商品和服务。一个或多个市场的良好运作对任何行业的发展都是至关重要的。市场可能是竞争性（或完全竞争性）的，也可能是非竞争性的，竞争性的强弱正是用来判断电力市场是否运作良好的重要标准之一。完全竞争性市场可以定义为买方和卖方都足够多的市场，因此任一买方或卖方都不能单独地对市场价格产生显著影响。一般来说，不具有竞争性的市场可能会带来不利的后果。本章后面将更深入地介绍这些概念。

市场的关键功能之一是确定市场价格。在电力市场中，市场价格就是电力价格。买方根据实际或预期的市场价格做出购买商品和服务的购买决策，卖方也将以相同价格出售商品和服务，因此市场价格的确定至关重要。这一事实对于电力市场也同样适用。市场价格是由市场供求平衡确定的价格，在电力市场中，电力供求的平衡或交叉决定了电力市场的价格。许多商品的市场价格会随时间波动，有时会迅速变化，对于在竞争激烈的市场上交易的商品或产品尤其如此。有时，电力市场中的市场价格会出现类似的表现。在随后的章节中将介绍用于确定电力市场中此类电价的计算方法。

市场定义是微观经济学中的另一个重要概念，根据市场定义中必须包含的地理边界和产品范围来定义市场边界。在电力市场中，地理边界（通过电力边界及连接定义）和不同的电力产品构成了市场定义。以美国电力市场为例，美国电力市场通常具有明显的地理边界，整个市场由一个电网包围，该电网可能与该市场边界以外的其他电网互连。虽然可能存在跨越这些边界的区域间交易，但每个不同电力市场的市场运营商主要负责运营自己的市场。就产品范围而言，在电力市场上有许多与电力相关的产品正在交易，包括电能量、辅助服务（调节服务、运营储备等）和容量。无功功率平衡、黑启动和电压调整服务也可以作为具有交易潜力的市场产品。

供求关系是任何市场机制的基础，这种关系由供求曲线表示。供给曲线显示了生产者愿意且能够出售的商品数量与每一数量水平的相关价格之间的关系。供给曲线呈现向上倾斜的趋势。例如，如果产品价格较高，那么公司或生产者愿意生产和销售更多的产品。同样的，较高的价格也可能吸引其他公司进入市场。

典型的供给曲线如图 3-1 所示。如果市场上只有一个生产者，则该生产者的供给曲线将代表整个市场的总供给曲线。如果生产者不止一个，则所有生产者供给曲线加和形成整个市场的总供给曲线。从数学上讲，可以将供给曲线描述为以价格为自变量的函数

$$Q_S = Q_S(P) \tag{3-1}$$

从图 3-1 中可以看出，如果市场价格为 P_1，那么一家公司愿意出售 Q_1 数量的商品。沿着供给曲线的移动代表了供应量对价格变化的响应。生产者的供给曲线可以向左或向右移动，这取决于该生产者生产成本的增减。同样的现象

也适用于总供给曲线。

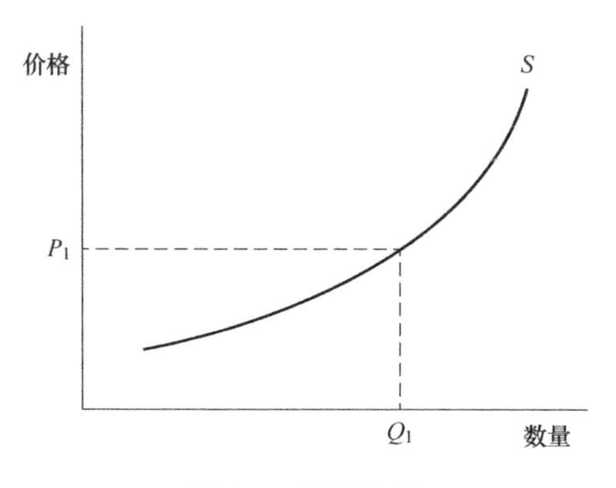

图 3-1　供给曲线

同样地，需求曲线显示了消费者愿意并能够购买的商品数量与他们愿意支付的各个数量水平对应价格之间的关系。需求曲线呈现出向下倾斜的趋势。

例如，如果某一产品（服务）的价格较低，则消费者愿意购买的数量就更多。较低的价格可能会鼓励消费者购买和消费更多数量的产品，还可能鼓励其他消费者开始购买这个产品（服务）。

图 3-2 中以图形方式绘制了典型的需求曲线。如果市场上只有一个消费者，则该消费者的需求曲线将代表整个市场的总需求曲线。如果有一个以上的消费者（常见情况），那么所有消费者需求曲线加和形成整个市场的总需求曲线。在数学上，可以将需求曲线表示为以价格为自变量的函数

$$Q_{\mathrm{D}} = Q_{\mathrm{D}}(P) \tag{3-2}$$

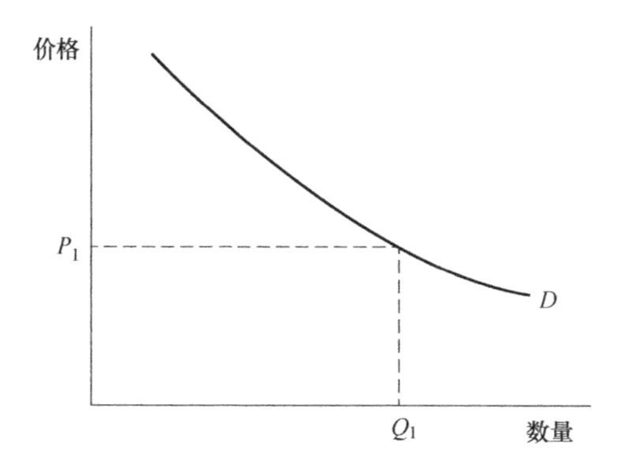

图 3-2　需求曲线

在微观经济学中，除了该交易商品本身，还有另外两类商品会影响供求曲线，即替代商品和补充商品。如果一种商品的价格上涨导致另一种产品的需求量增加，则两种商品互为替代商品。相反，如果一种商品的价格上涨导致另一

种商品的需求量减少，则两种商品互为补充商品。

市场是生产者（卖方）和消费者（买方）会面并进行交易的地方。当供给曲线和需求曲线相交时，市场就会存在。因此，如果供给曲线和需求曲线永不相交，则不存在市场。供求曲线的交点如图 3-3 所示。

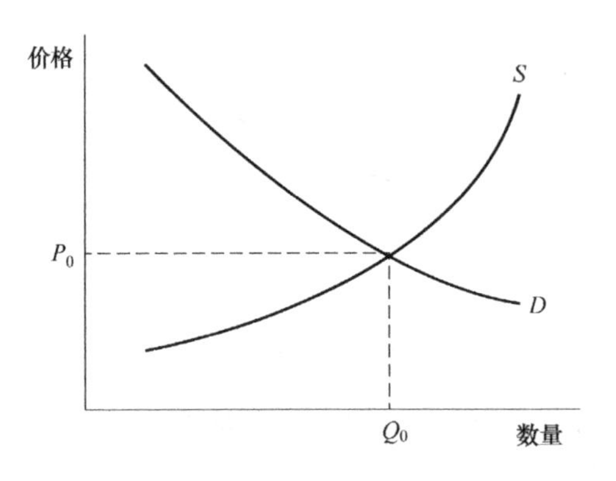

图 3-3　供求曲线

与供求曲线的交点相对应的产品价格和数量分别称为均衡价格和均衡数量，均衡价格也称为市场结算价格。供求曲线的概念及其在市场均衡时的交点是基于以下假设产生的，即所考虑的市场是相对竞争的。在大多数市场中，由于各种原因，供求曲线都可能随时间变化。随着新的供求曲线出现，新的均衡价格和数量也会出现。因此，均衡价格和均衡数量表现出动态变化的特征。

供求弹性与供求曲线相关，也是一个很重要的概念。供求弹性表示供给或需求对另一个变量变化的敏感性。例如，如果价格改变，则消费者将改变他们的需求量。价格上涨百分之一时，商品需求量的变化（通常以百分比的形式计量）称为需求价格弹性。需求的价格弹性通常为负，这意味着商品价格上涨时，需求数量下降。需求的价格弹性应在需求曲线上的特定点进行测量，在需求曲线上的不同点处价格弹性的值也不相同。有些产品会显示出无限的弹性需求或完全无弹性的需求。类似地，供给价格弹性是当价格上涨百分之一时供应数量的变化（通常以百分比的形式计量）。供给的价格弹性通常是正的，因为当价格上涨时生产者会生产更多的产出。供需双方的价格弹性都可能随时间变化。需求或供给的价格弹性可以写成

$$\epsilon_{p}=\frac{\Delta Q/Q}{\Delta P/P} \tag{3-3}$$

3.2　消费者行为理论

消费者行为理论解释的是，收入有限的消费者如何根据自己的偏好决定购

买哪种商品和服务。该理论的关键在于效用函数的概念，效用函数描述了人们从消费某些产品中可以获得的满意或幸福程度。虽然从产品的消费量来客观地衡量一个人的满意度或幸福感是十分困难的，但是效用函数仍然是一个理解消费者需求函数的有效且基本的概念。

与效用函数有关的另一个关键概念是，当边际收益等于边际成本时，消费者满意度（效用）将实现最大化。边际收益是指通过消费一件商品的额外（边际）单位而获得的收益。在电力市场中，边际收益是消费者通过消耗一单位额外的电力而获得的收益。与之类似，边际效用衡量的是从消费一个额外单位的商品获得的额外满意度。边际成本是指生产（对于生产者）或购买（对于消费者）一个额外单位商品的成本。在电力市场中，边际成本是指生产或购买一个额外单位（kW 或 MW）电力的成本。

虽然消费者在消费更多商品时会获得更多的效用，但效用的增长并不是无限的。换句话说，随着更多特定商品的消费，单位商品消费带来的效用可能会下降。这是因为额外商品对消费者的效用将越来越小，这个概念被称为边际效用递减法则。更正式地讲，边际效用递减法则规定，当一个人增加某种商品的消费而又保持其他商品的消费不变时，该人每多消费一个单位该商品，产生的边际效用就会下降。例如，对于尚不拥有汽车的人，拥有第一辆汽车会大大增加实用性（满意度）。但是，假定该人拥有多辆汽车，拥有每辆额外的汽车将不会像拥有第一辆或第二辆汽车那样带来足够多的满意度。实际上，拥有多于一辆汽车可能会增加可观的开支（负担），从而使消费者的效用出现降低。

3.2.1　个体和市场需求

需求理论建立在消费者通过消费商品和产品实现效用最大化的假设基础上。该理论解释了对特定商品的需求行为，例如，对商品的需求取决于其价格、其他商品的价格以及消费者的收入。

通常，商品价格出现下降时，消费者会消费更多产品。了解个人需求曲线的本质很重要，个人需求曲线显示单个消费者将购买的商品数量与该商品价格之间的关系，其有两个重要属性。第一，当沿着曲线移动时，消费者的效用水平将随之变化。商品的价格越低，消费量越高，其效用水平就越高。另一方面，随着商品价格的上涨，消费者的需求将减少，消费者的效用水平也随着下降。其次，在需求曲线的每个点上，消费者都通过满足以下条件实现效用最大化，即一种产品对另一种产品的边际替代率等于两种产品的价格比。

市场上通常定义两种商品，即正常商品和劣等商品。如果随着收入增长，消费者对商品的购买量也增加，则该商品称为正常商品。因此，正常商品的需求收入弹性为正。对于劣质商品，随着收入的增加，消费者对它们的需求会减少，这种商品的需求收入弹性为负。

市场需求表征的是，随着商品价格的变化，消费者总体上愿意购买多少商品。市场需求曲线显示了市场中所有消费者将购买的商品数量之和与其价格之间的关系，它可以根据特定市场中所有消费者的个人需求曲线的加和得出。市场需求曲线是每个消费者需求的横向加和结果，是一条向下倾斜的曲线，如图 3-4所示。D_1 代表消费者 1 的需求曲线，D_2 代表消费者 2 的需求曲线。两个消费者的需求曲线的总和是市场需求曲线，用 D 表示。关于市场需求曲线，有两点需要注意：第一，随着更多的消费者进入市场并消费更多的相同商品，市场需求曲线将向右移动。第二，影响许多客户个人需求的因素也会影响市场需求曲线。

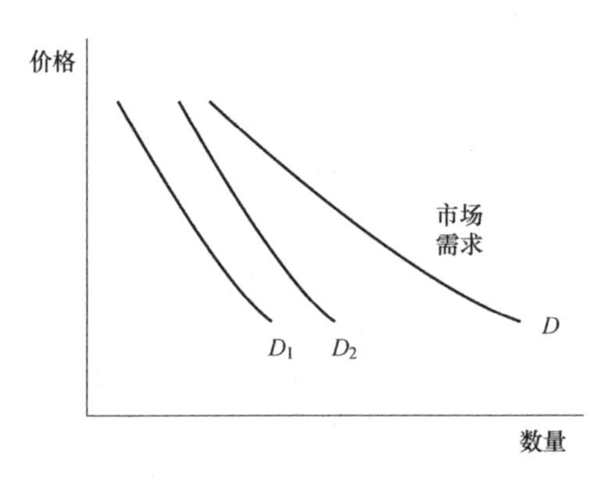

图 3-4　个体和市场需求曲线

上文中介绍了需求曲线和需求价格弹性的概念。如果需求价格弹性的绝对值小于 1，则该需求是无弹性的。相反，如果需求价格弹性的绝对值大于 1，则需求是有弹性的。等弹性需求意味着需求的价格弹性在整个需求曲线上都是恒定的。

3.2.2　消费者剩余

单个消费者的消费者剩余是指消费者愿意为某种商品支付的最大金额（称为保留价）与该消费者实际支付的金额之差。换句话说，消费者剩余是产品消费的总收益减去购买产品的总成本。因此，总消费者剩余用所有购买特定商品的消费者的总剩余消费量加以度量。

消费者剩余可根据需求曲线计算。回想一下，需求曲线显示了消费者对不同价格的产品数量的支付意愿之间的关系。因此，市场中的消费者总剩余是市场需求曲线与价格线之间的区域，如图 3-5 所示。

消费者剩余是衡量社会福利水平的经典工具。如果 $x(p)$ 是某种商品的需求量，它是以价格作为自变量的函数，那么，从 $p^0 \sim p^1$ 的价格变动相关的消费者剩余为

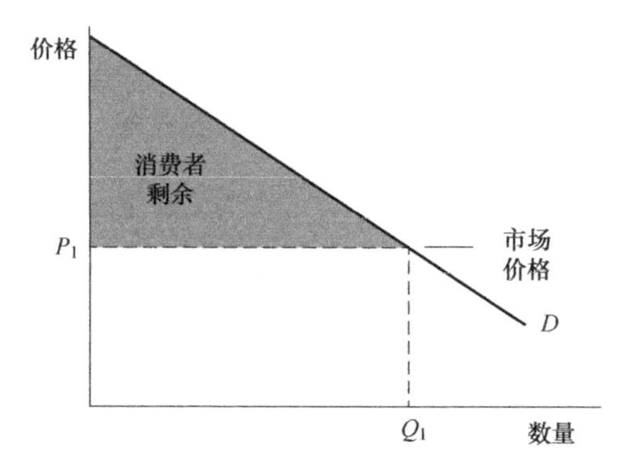

图3-5 消费者剩余

$$\mathrm{CS} = \int_{p^0}^{p^1} x(t)\,\mathrm{d}t \tag{3-4}$$

它是需求曲线左侧位于 $p^0 \sim p^1$ 之间的区域。根据不同效用函数对消费者偏好的表示，消费者剩余可能是福利变化的合理近似值，也可能是其精确值。

3.3 企业理论

企业理论描述了企业如何做出生产决策，以使得其成本最小化、利润最大化。企业面临的根本问题是应该生产多少商品，在回答这个问题之前，先分析一个公司的目标，可以合理地假设一个公司的目标是使其利润最大化。

3.3.1 利润最大化假设

尽管并非总是如此，但可以合理地假设市场中每个公司的目标都是使其利润最大化。可以把这个目标写成

$$\max \pi(q) = R(q) - c(q) \tag{3-5}$$

式中，$R(q)$ 为收益函数；$c(q)$ 为成本函数；$\pi(q)$ 为利润函数，它们的自变量都是数量 q。为了利润最大化，公司选择使其收入和成本之间的差异为最大的产出水平。利润最大化的一阶最优条件为

$$\frac{\partial \pi(q)}{\partial q} = R'(q) - c'(q) = 0$$

$$R'(q) = c'(q) \tag{3-6}$$

式中，$R'(q)$ 为边际收益；$c'(q)$ 为边际成本。因此，当公司的边际收入等于边际成本时，其利润最大化。这是企业理论中最重要的概念之一。

3.3.2 生产成本

成本的各种定义是为了理解本章后续部分与市场相关的重要话题。经济学

家通常关注经济成本，即在生产过程中利用资源的成本，包括机会成本。机会成本用来阐释机会的价值，描述的是由于没有将公司的资源用于最佳用途而损失的利益。在考虑经济成本时，不应该包括沉没成本，沉没成本指的是已经产生且无法收回的支出。

生产的总成本（或总经济成本）有两个组成部分，即固定成本和可变成本。固定成本是指不随产出水平变化而变化的成本，例如，用于厂房的支出不会随制造企业的商品产出量而变化。可变成本是随产出变化而变化的成本，例如，雇员的工资和薪金取决于产出水平，因此它们是可变成本。

此外，理解边际成本和平均成本的概念也很重要。边际成本用来衡量由于额外生产一单位产品而导致的成本增加，边际成本告诉人们增加一个单位的产量需要增加多少成本，也称为增量成本。平均总成本（简称为平均成本）是公司的总成本与其产出水平的比值，它告诉人们单位生产量带来的成本。平均成本有两个组成部分，即平均固定成本和平均可变成本。短期和长期的成本也不同，例如，短期内固定的成本可能不会在较长的时间范围内固定。实际上，从长远来看，所有投入成本都是可变的。

当企业花费两倍的原成本，而产出超过其原产出的两倍时，企业就享受了规模经济。另一方面，当企业花费两倍的原成本，但产出不到原产出的两倍时，企业将面临规模不经济的问题。

通常，在给定生产技术和投入成本的情况下，企业使用各种投入的组合来实现产出。企业的投入-产出关系如图 3-6a 所示。根据这种关系，图 3-6b 中也显示了该产品的边际产量和平均产量曲线。

从图中可以看出，只要产出增加，边际成本即为正；而当产出减少时，边际成本则为负。边际成本在最大总产量时与图形的水平轴相交。当产出因需要更多投入而开始下降时，边际成本变为负数。当边际成本大于平均成本时，平均成本在增加。当边际成本小于平均成本时，平均成本在下降。当平均成本最大时，边际成本和平均成本相等。

企业在实现成本最小化的过程中选择最佳投入组合，公司的成本取决于其产出率以及投入品的价格，公司的成本会随着时间而变化。

到目前为止，已经知道企业生产产品要付出投入成本，成本函数可以表征企业生产一定水平的产出要花费的成本。在数学上，成本函数（生产成本）可以是线性、二次或三次形式。从这些成本函数中，可以计算出相关的边际成本函数。例如，线性成本函数可以写成

$$c(q)=\beta q \tag{3-7}$$

式中，β 为常数。同样，二次成本函数可以表示为

$$c(q)=\beta q+\gamma q^2 \tag{3-8}$$

式中，β 和 γ 都是常数。这些成本函数的边际成本函数也可以表示为

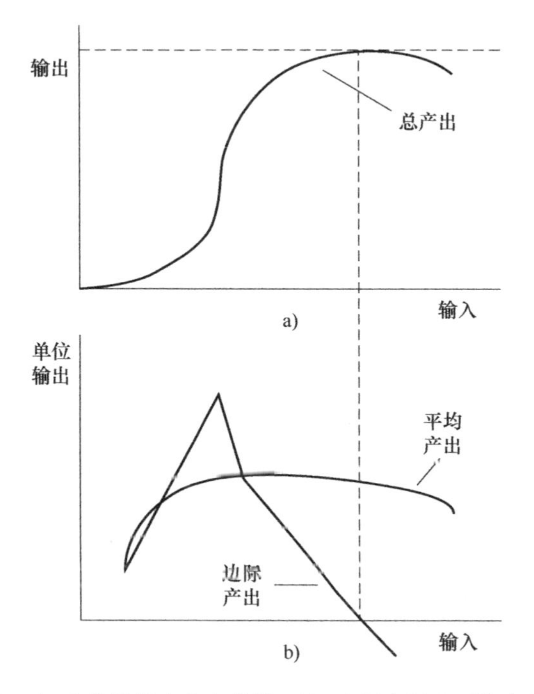

图 3-6　a）企业的投入产出曲线　b）边际产量和平均产量曲线

$$c'(q)=\beta \quad \text{（对于线性成本函数）}$$

$$c'(q)=\beta+2\gamma q \quad \text{（对于二次成本函数）} \tag{3-9}$$

一般情况下，成本函数的度量是存在很大困难的，造成这种困难的原因也比较多。

3.3.3　竞争企业的需求与边际收益

在竞争激烈的市场中，每家公司都是价格接受者，具体原因参见 3.4 节。区分市场需求曲线和单个企业的需求曲线是很重要的。由于企业是一个价格接受者，所以一个单独的竞争企业的需求曲线 d 是一条水平线。公司决定的是在给定的价格下有多少产量 q。

图 3-7b 显示了所有消费者将以每种可能的价格购买多少商品。它是向下倾斜的，因为价格更低时消费者将购买更多的商品。从图 3-7a 可以看出，企业面临的需求是水平的，因为企业的销售不会影响市场价格。同样，市场价格是由市场中所有企业和消费者的相互作用决定，而不是由单个企业的产出决定的。当一个企业面临水平需求曲线时，它可以在不降低价格的情况下出售额外的单位产品。因此，当一家公司出售额外的单位产品时，公司的总收入将随着该产出创造的额外收入而增加。所以，按市场价格计算，该公司的边际收入将保持不变，公司的平均收入将与边际收入相同。

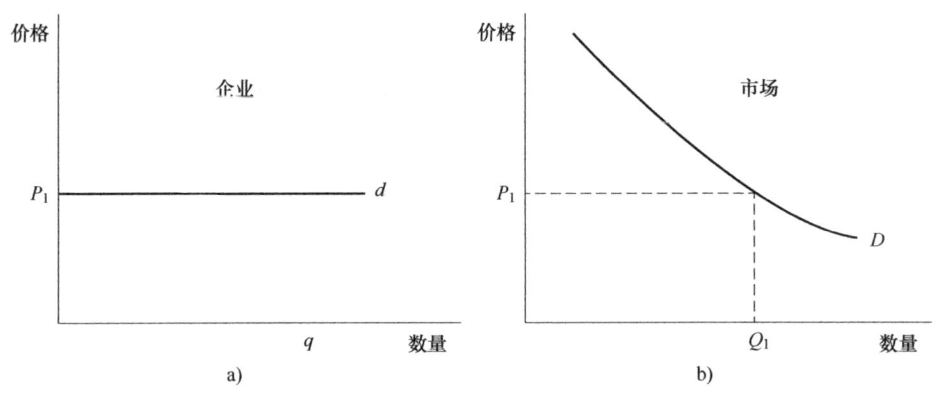

图 3-7　a）企业面临的需求曲线　b）市场需求曲线

这对电力市场来说是一个重要事实。为了使电力市场具有竞争性，市场规模应足够大，这样任何企业的产量决策对市场价格几乎都没有影响。影响市场价格的能力也是决定一个企业是否具有市场力的关键因素，后面的章节中将更广泛地讨论市场力的话题。

因此，在竞争市场中，单个企业面临的需求曲线既是其平均收益曲线，也是边际收益曲线。沿着这一需求曲线，边际收入、平均收入和市场价格都是相同的。

$$R'(q) = \text{市场价格} \tag{3-10}$$

前面讲过，当一个企业的边际收益等于其边际成本时，其利润是最大化的。在这里，可以注意到边际收益等于一个公司所对应需求曲线上的市场价格。因此，在完全竞争的市场中，企业会选择边际成本等于市场价格时的产出。

$$c'(q) = R'(q) = \text{市场价格} \tag{3-11}$$

在这种情况下，竞争性企业将市场价格视为固定价格。

3.3.4　短期内选择产出

在短期内，资本虽然是固定的，但可以改变可变产出，以支持利润最大化。利润最大化产量图如图 3-8 所示。

在图中，企业利润在 A 点实现最大化，企业面临的需求曲线与企业的边际成本曲线相交（市场价格），这就是边际收益等于边际成本的点，q^* 代表企业利润最大化的产出。在 q_0 时，边际收益也等于边际成本，然而，由于 q_0 右侧的边际成本低于边际收益，企业可以通过生产超过 q_0 产量的产品来增加利润。因此，利润最大化条件可以更精确地表述为在边际成本曲线上升时，边际收益等于边际成本的点上可实现利润最大化。无论市场是否完全竞争，企业利润最大化的产出决策都是成立的。因此，边际生产成本的概念对企业的经济决策具有重要意义。

短期市场供给曲线显示了每种可能的价格下，行业在短期内的产量。行业

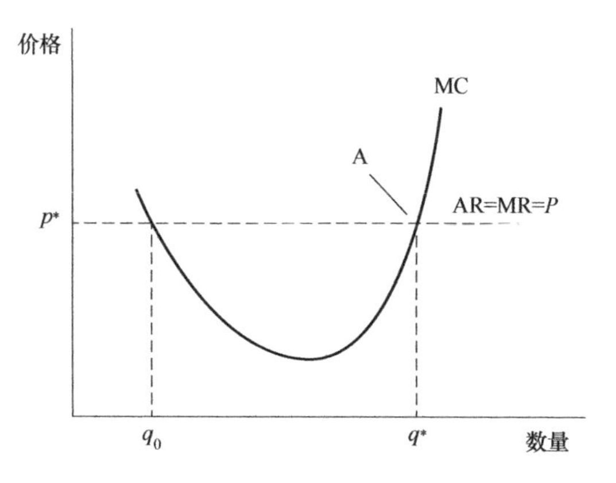

图 3-8　短期内公司利润最大化

产出是该行业所有企业提供的产出数量的总和。因此，将各企业的供给曲线相加，即可得到市场供给曲线，如图 3-9 所示。

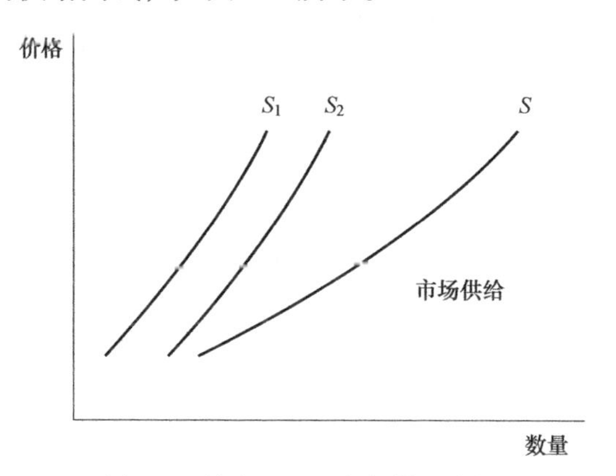

图 3-9　单个企业和市场供给曲线

3.3.5　生产者剩余

企业的生产者剩余是市场价格与单位边际成本之间的差额。如图 3-10 所示，生产者剩余由从零产出到利润最大化的产出过程中企业水平需求曲线下方和边际成本曲线上方的区域确定。另外，生产者剩余可以定义为企业收入与其总可变成本之间的差额。与市场的消费者剩余类似，市场的生产者剩余也可以由市场供给曲线来计算。回想一下，供给曲线显示的是生产者的边际成本与以不同价格供应一定数量产品之间的关系。因此，总生产者剩余可以通过所有企业的生产者剩余相加得到。

3.3.6　社会福利

社会福利是市场或行业的消费者剩余与生产者剩余之和。它也是衡量竞争

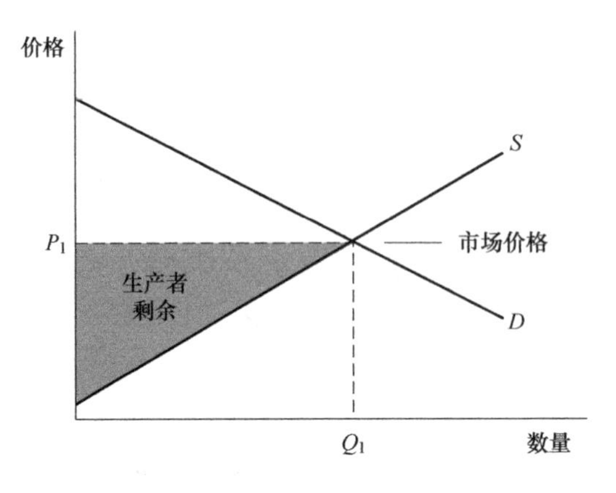

图 3-10　生产者剩余

市场福利效益的一个尺度。经济学家主要关注政策或市场规则的变化对福利的影响。福利效应包括消费者和/或生产者的收益或损失。市场的经济有效是指市场总的消费者剩余和生产者剩余的最大化，实现市场的经济有效是竞争性市场的目标。消费者和生产者剩余的任何净损失都被称为无谓损失，经济效率的降低量就等于无谓损失。

假设一个市场只有一个消费者和一个公司。与给定产出水平相关的消费者剩余记为 $\mathrm{CS}(q)=u(q)-pq$，同样，该公司赚取的生产者剩余记为 $\mathrm{PS}(q)=pq-c(q)$。那么，总剩余（社会福利）的最大化就是

$$\max \mathrm{CS}(q)+\mathrm{PS}(q)=[u(q)-pq]+[pq-c(q)] \tag{3-12}$$

或者等同于

$$\max u(q)-c(q) \tag{3-13}$$

这相当于说社会福利是通过市场中产出的竞争均衡实现最大化的。市场的社会福利如图 3-11 所示。

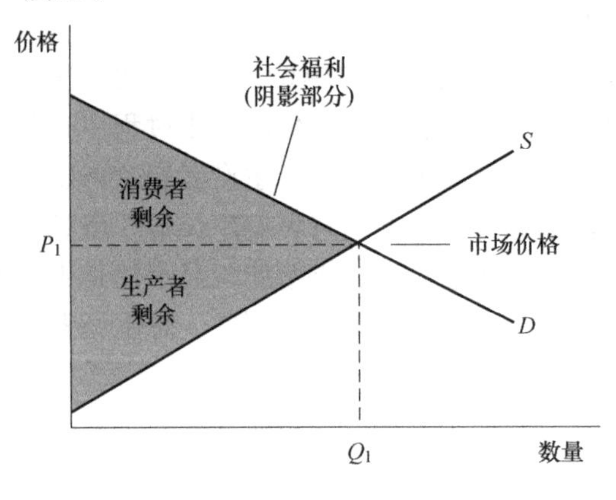

图 3-11　社会福利

3.4　市场理论

前面的章节中简要介绍了市场的特征。可以了解到，在任何市场中，企业都会对价格和产出水平做出决策以实现利润最大化。在许多市场中，相互竞争的公司至少具有一定程度的市场力。这些公司对价格有一定的控制能力，并且可以收取超过其边际成本的价格来获利。本节将更详细地分析不同类型的市场结构以及这些市场中公司之间的竞争情况。

之前已经解释了消费者和企业的行为，展示了他们在市场具有固定价格且价格无法受个体控制时的最佳决策。本节将探讨当消费者和企业在不同的市场环境中相遇的决策结果。将通过代理人（消费者和企业）在不同市场结构中的行动来考虑单个市场或一组密切相关市场中对于均衡价格和数量的确定。这种均衡分析称为部分均衡分析，因为该分析侧重于单个市场或一组密切相关的市场，隐含的假设是所考虑的市场变化不会影响其他商品的价格，从而破坏其他市场的均衡。一般均衡理论则可以用于对所有市场进行同时分析。

本节的重点是对公司的市场行为进行建模。将探讨企业在销售产品或商品时的价格决策，或者消费者愿意支付多少价格的决策。在某些情况下，价格接受行为是最优行为的一个很好的近似，而在其他情况下，价格设定行为可能是一种模式。下面将从一个理想化的完全竞争案例开始分析。然后，将研究代理商具有一定市场力的市场，这种市场包括完全垄断、垄断竞争、卖方寡头垄断和垄断等结构。

前面已经说过，在市场环境中确定价格是市场最重要的目标之一。在自由市场环境中，市场价格在组织经济活动方面发挥着三个作用：①传递有关生产和消费的信息；②提供正确的激励措施；③决定收入和产品的分配。首先从完全竞争开始介绍。

3.4.1　完全竞争

完全竞争是一种理想化的市场结构。虽然不太现实，但完全竞争模型对于研究各种市场很有用。完全竞争市场有四个基本假设，即价格接受、产品同质性、市场出入自由、信息对称。下面将进一步解释这些假设。

（1）价格接受　当市场上的每个企业出售的产品量足够小时，企业行为对市场价格的影响几乎为零。因此，每个企业都是这个市场上的价格接受者。因此，在完全竞争市场中，每个企业都是价格接受者。这个假设也适用于消费者。

（2）产品同质性　价格接受的假设依赖于另一个假设，即商品具有同质性。当企业生产相同或几乎相同的产品时，市场上的商品是同质的。换句话说，当市场上所有企业的产品完全可以相互替代时，任何企业都不能在不损失大部分或全部业务的情况下将其产品的价格提高到高于其他企业的价格。同质产品也称为商品。

相反，当产品具有异质性时，每家公司都有机会在不损失所有销售额的情况下将价格提高到高于竞争对手的价格。产品同质化的假设确保了存在单一市场价格，与供需分析一致。

（3）市场出入自由　如果没有使新公司难以进入或现有公司难以退出行业或市场的特殊成本，则进入或退出市场是免费的。因此，买家可以轻松地从一个生产商切换到另一个生产商，供应商可以轻松进入或退出市场。

（4）信息对称　对市场中的所有参与者（公司和消费者）来说，重要的是拥有做出正确经济决策所需的所有信息。如果一个公司或一个消费者比其他公司或消费者拥有更多的信息，那么市场就不可能是完全竞争的。信息对称意味着消费者可以从竞争供应商处获得有关价格和产品的所有现成信息，并且可以零成本访问这些信息。换句话说，与搜寻所需价格信息相关的交易成本非常低。同样，卖家对他们的竞争对手的相关信息也了如指掌。

如果所考虑的市场不能满足以上假设中的至少一个，则该市场不能被视为完全竞争。如果一个市场是完全竞争的，那么该市场中的每个企业都面临着一条完全水平的需求曲线，不同企业的产品都是同质化的，且该行业具有可以自由进入和退出的特性。在竞争激烈的市场中，企业面临着高度弹性的需求曲线，进入和退出也相对容易。实际上，判断一个市场是否接近完全竞争并非易事。一个行业或一个市场中有许多公司这一事实并不足以肯定一个市场/行业是完全竞争的。相反，市场中少数公司的存在并不排除市场具有竞争性，市场中产品的需求弹性将使每个企业面临的需求曲线接近水平。因此，没有简单的方法可以确定一个市场是否具有高度竞争性或完全竞争性。

竞争企业是将其销售的产品的市场价格视为给定价格的企业。令$\bar{p}$为市场价格。那么，竞争企业面临的需求曲线将是

$$D(p)=\begin{cases}0 & ,p>\bar{p}\\ \text{任意数量} & ,p=\bar{p}\\ 0 & ,p<\bar{p}\end{cases} \tag{3-14}$$

在竞争激烈的市场中，每个企业都必须以市场价格出售其产品。如果一家公司试图以高于市场价格的价格销售其产品，那么它将失去所有客户。另一方面，如果一家公司将其价格设定为低于市场价格，那么它将损失一些销售收入（而不能实现利润最大化）。因此，每个企业在做出供应决策时，都必须接受给定的价格，并将其视为外生变量。

如果一个竞争企业将市场价格视为给定值，则其利润最大化问题可以通过求解以下问题来确定产量水平q^*：

$$\max\pi=pq-c(q) \tag{3-15}$$

式中，q 为企业的产量；p 为产品的市场价格；$c(q)$ 为生产这种产品的成本函数。最优性的一阶条件为

$$p = c'(q) \equiv \mathrm{MC}(q) \tag{3-16}$$

如果以下二阶条件能被满足，则一阶最优性条件将成为求解的充分条件

$$c''(q) > 0 \tag{3-17}$$

因此，竞争企业的供给函数是通过同时满足一阶和二阶条件来确定的。在任何价格 p 下，企业将提供产量 $q(p)$ 使得 $p = c'[q(p)]$。由 $p = c'[q(p)]$，得到

$$1 = c''[q(p)]q'(p) \tag{3-18}$$

因此

$$q'(p) > 0 \tag{3-19}$$

这符合供给规律。当满足 $q^* > 0$（即 q^* 是内部最优）时，条件 $p = c'(q^*)$ 是表征最优的一阶条件。短期来看

$$c(q) = c_v(q) + F \tag{3-20}$$

式中，$c_v(q)$ 为生产成本函数的可变分量，F 为同一生产成本函数的固定分量。满足以下条件时公司应该做出生产产品的决定：

$$pq(p) - c_v(q) - F \geqslant -F \tag{3-21}$$

同时有

$$p \geqslant \frac{c_v[q(p)]}{q(p)} \equiv \mathrm{AVC} \tag{3-22}$$

式（3-22）意味着企业产量为正的必要条件是价格必须大于或等于企业的平均可变成本。

一般来说，竞争性企业的供给曲线在 $p \geqslant \{c_v[q(p)]/q(p)\}$ 时为 $p = c'(q)$，在 $p \leqslant \{c_v[q(p)]/q(p)\}$ 时为 $q = 0$。如果市场价格大于或等于企业的平均可变成本，则供给曲线由企业边际成本曲线的向上倾斜部分表示。然而，如果市场价格低于企业的平均可变成本，供给曲线将为零。

假设市场中有 j 家公司，市场的总供给函数是所有企业供给函数的总和，这可以写成

$$\hat{q}(p) = \sum_{j=1}^{J} q_j(p) \tag{3-23}$$

式中，$q_j(p)$ 为企业 j 的供给函数，$j = 1, \cdots, J$。企业供给函数衡量企业产出与生产该产品相关成本之间的关系。

市场的总需求函数也是所有消费者的需求函数的总和，这可以写成

$$\hat{x}(p) = \sum_{i=1}^{I} x_i(p) \tag{3-24}$$

式中，$x_i(p)$ 为消费者 i 的需求函数，$i = 1, \cdots, I$。

当企业希望提供的总产量等于消费者希望消费的总产量时，市场价格就确定了。均衡价格 p^* 是总需求量等于总供给量的解，可以写成

$$\sum_{i=1}^{I} x_i(p) = \sum_{j=1}^{J} q_j(p) \tag{3-25}$$

3.4.2 完全垄断

与完全竞争相反的市场结构是完全垄断。在完全垄断市场中，特定产品只有一个卖家，这个单一的卖方被称为垄断企业。就像完全竞争市场中的企业一样，垄断企业必须决定生产多少产品以及以什么价格出售它们。然而，该公司可以出售的产量取决于它设定的价格。垄断企业的需求和价格之间的这种关系可以用产量 $q(p)$ 的市场需求函数表示（这里是 q，因为市场需求曲线与企业的需求相同）。从该市场需求函数可知，在垄断企业设定的价格下消费者的需求将是多少。同样的关系可以用逆需求函数 $p(q)$ 表示，它表示消费者愿意为 q 数量的产出支付的价格。在这里，可以将垄断企业的利润最大化目标，即收入和成本之间的差值（这是产量的函数）写成

$$\max \pi = R(q) - c(q) = p(q)q - c(q) \tag{3-26}$$

利润最大化的一阶最优条件要求边际收益必须等于边际成本

$$p(q^*) + p'(q^*)q^* = c'(q^*) \tag{3-27}$$

这个条件反映着一个趋势，就是如果垄断企业决定多生产一单位产品，那么收入将增加 $p(q^*)$。然而，这种增加的产量也会使价格降低 $p'(q^*)$，这将降低所有销售产品的单位价格。这两种效应的结合将决定企业的边际收益。垄断企业将继续生产更多的产品，直到边际收益等于边际成本。

利润最大化的一阶最优条件也可以用需求的价格弹性来表示。回想一下，需求的价格弹性可以写为

$$\epsilon(q) = \frac{p}{q(p)} \frac{\mathrm{d}q(p)}{\mathrm{d}p} \tag{3-28}$$

因为 $\mathrm{d}q(p)/\mathrm{d}p$ 是负的，所以需求的价格弹性总是为负的。因此，边际收益与边际成本相等的条件可写为

$$p(q^*)\left[1 + \frac{q^*}{p(q^*)} \frac{\mathrm{d}p(q^*)}{\mathrm{d}q}\right] = p(q^*)\left[1 + \frac{1}{\epsilon(q^*)}\right] = c'(q^*) \tag{3-29}$$

式（3-29）表明，垄断企业会收取高于边际成本的价格，高出数额等于加价，且加价是需求价格弹性的函数。垄断企业的利润最大化方案如图 3-12 所示。

假设逆需求曲线是线性的，由 $p(q) = a - bq$ 给出。因此，收益函数变为 $R(q) = aq - bq^2$，边际收益函数可以描述为 $R'(q) = a - 2bq$。边际收益曲线在纵轴上的截距与需求曲线相同，但陡峭程度是需求曲线的两倍。该图显示了需

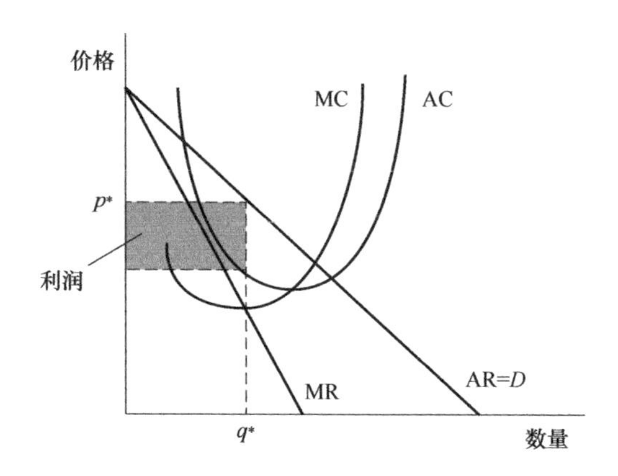

图 3-12　垄断企业的利润最大化

求曲线、边际收益、边际成本和平均成本曲线。垄断企业的最优产出 q^* 是边际收益和边际成本的交点。垄断企业将收取的价格 $p(q^*)$（图中的 p^*）是需求曲线与最优产量垂直线的交点。因此，最优收入是最优价格和最优产量的乘积，由 $p(q^*)q^*$ 给出。生产最优产量的成本是最优产量与该产量水平的平均生产成本的乘积。图 3-12 中的阴影区域是垄断企业的最佳利润。

在福利经济学中，如果一个人只能在让别人更糟的情况下变得更好，那么这种市场条件就被称为帕累托有效。因此，垄断企业不是帕累托有效的，因为垄断企业可以使自己变得更好而不会使客户变得更糟。

3.4.3　垄断竞争

在垄断竞争中，企业众多，新企业进入也不受限制。这些条件类似于完全竞争市场。由于卖家众多，每个卖家都会合理地假设其行为不会对他人产生实质性影响。然而，产品在垄断竞争的市场中是有差异的。换句话说，每个企业都生产自己的差异化产品。这种产品差异化的程度决定企业将享有的垄断权力的大小。由于这种垄断力量，垄断竞争中的卖方可以在不失去所有客户的情况下提高其产品的价格。

假设一个市场上有不止一家垄断企业。在这种情况下，其他垄断企业将对一个垄断企业设定的价格或数量做出反应。因此，垄断企业不能再假设其产品的需求曲线仅取决于它设定的价格。假设有 n 个销售类似产品的垄断企业，消费者愿意为企业 i 的产品支付的价格取决于企业 i 的产品和其他企业的产品。这个逆需求函数可以写成 $p_i(y_i, y)$，其中 $y=(y_1, \cdots, y_n)$。企业 i 的利润最大化问题可以表述为

$$\max \pi_i = p_i(q_i, q)q_i - c(q_i) \tag{3-30}$$

假设其他企业行为是不变的，每个企业 i 将选择其产出水平 $q_i{}^*$ 以满足条件

$$p_i(q_i^*, q) + \frac{\partial p_i(q_i^*, q)}{\partial q_i} q_i^* - c_i'(q_i^*) \leqslant 0 (\text{当 } q_i^* > 0 \text{ 时相等}) \tag{3-31}$$

对于企业的每种产出组合 q_1，…，q_n，企业 i 一定有某个最优产出，假设这个最优产出选择由 $Q_i(q_1, \cdots, q_n)$ 表示。为了使市场达到均衡，每个企业对其他企业产出水平的预测必须与其他企业的产出一致。因此，要使（q_1^*，…，q_n^*）处于平衡状态，必须满足以下条件：

$$\begin{aligned} q_1^* &= Q_1(q_1^*, \cdots, q_n^*) \\ &\vdots \\ q_n^* &= Q_n(q_1^*, \cdots, q_n^*) \end{aligned} \tag{3-32}$$

这意味着如果假设其他企业将生产（q_2^*，…，q_n^*），则 q_1^* 必须是企业 1 的最佳选择。对于所有公司来说，这一点都必须满足。因此，垄断竞争中的均衡条件（q_1^*，…，q_n^*）必须满足

$$p_i(q_i^*, q) + \frac{\partial p_i(q_i^*, q^*)}{\partial q_i} q_i^* - c_i'(q_i^*) \leqslant 0 (\text{当 } q_i^* > 0 \text{ 时相等}) \tag{3-33}$$

在这个最佳点，给定所有其他公司的产量，则每个公司的边际收益等于边际成本。在这个短期均衡中，公司 i 正在赚取正利润。因此，如果其他企业进入市场，那么将减少所有其他企业的利润。因此，从长远来看，会有新的企业持续进入市场，直到所有企业的利润都减少为零。这种长期竞争均衡类似于完全竞争市场中的情况。

3.4.4 买方垄断

在一个完全竞争市场中，没有企业对市场价格有任何影响。因此，企业必须将市场价格视为给定的。市场价格也等于竞争市场环境中所有企业的边际成本（由供给曲线给出）。然而，如果一家公司具有一定程度的市场力，则该公司可以收取高于其边际成本的价格。这种被称为卖方垄断力的市场力代表了企业将价格设定在边际成本之上的能力。稍后将看到古诺或斯塔克尔伯格模型中的公司具有一定程度的卖方垄断力，因此这些公司可以收取远高于竞争水平的价格。

还有一种与市场买方相关的市场力，称为买方垄断力。买方垄断是指由单一买家主导的市场。垄断者有市场力来设定它所购买的任何东西的价格。买方垄断通常允许买方以低于竞争市场中普遍存在的价格购买商品。买方垄断者的行为与卖方垄断者的行为相似。另一个相关术语是买方寡头垄断，指只有少数买家的市场，这对应于卖方寡头垄断。

回想一下，个人需求曲线决定了消费者的边际价值（边际效用）。因此，个人购买者的边际价值表就是该商品的个人需求曲线。边际原则指出，当边际

收益等于边际成本时，个人效用将实现最大化。边际成本指的是多购买一单位商品的额外成本。然而，边际成本的数值也取决于买方是竞争性买方还是具有垄断能力的买方。

举个例子，竞争市场中的买方对商品的价格没有影响，因此，商品的价格不取决于单个买家购买的商品数量。竞争价格代表商品的市场价格，因此，任何个人购买者的边际成本与竞争市场中普遍存在的商品的市场价格相同。如果只有一个买方，则市场供给曲线不再是边际成本曲线。市场供给曲线显示买方为购买每单位产品付出的金额，这是以购买产品总数为自变量的函数。换句话说，市场供给曲线是平均成本曲线。

假设一家公司是某种投入品的单一买家。设 $w(x)$ 是生产投入要素 x 的逆供给曲线。同时设 $u(x)$ 是该公司（买方）的效用函数。经典的利润最大化问题变为

$$\max\pi = u(x) - w(x)x \tag{3-34}$$

那么，该问题的一阶最优条件为

$$\pi'(x) = u'(x^*) - w'(x^*)x^* - w(x^*) = 0$$
$$u'(x^*) = w'(x^*)x^* + w(x^*) \tag{3-35}$$

因此，该采购企业的利润最大化意味着购买该投入要素的边际效用 $u'(x^*)$ 必须等于其边际成本 $w'(x^*)x^* + w(x^*)$。也可以看到，如果采购商支付的价格太低，那么一些供应商的经营状况可能会受到一些负面影响，从而使得买方的部分需求无法被满足。

这个最优条件的另一种表达方法是

$$u'(x^*) = w(x^*)[1 + 1/\epsilon] \tag{3-36}$$

式中，ϵ 为供给的价格弹性。如果 ϵ 趋于无穷大，则垄断者的行为将趋近于一个完全竞争者。

与卖方垄断力相似，买方垄断力的来源也包括市场供给弹性、市场上的购买者数量和购买者之间的相互作用。同样，与其他任何市场力一样，没有简单的方法可以预测市场中买家将拥有多少垄断力。买家集中度是衡量垄断力量的指标之一，买家集中度显示了销售给不同买家（通常是市场中最大的一部分买家）的百分比。例如，只有四五个买家占全部或几乎全部销售额的市场是集中度非常高的。在这个市场中，可能存在相当大的垄断力量。

对市场而言，市场失灵是一种真正可能发生的情况。例如，在某些市场中，市场不能产生反映供需曲线真正交集的市场价格。在这种情况下，该市场就是失灵了。换句话说，市场中没有任何市场价格可以为消费者和生产者提供适当的信号，从而造成该市场效率低下，总的消费者和生产者剩余没有实现最大化。市场可能失败的两种情况是存在外部性和信息缺乏。

现实生活中的大多数市场的结构都属于寡头垄断。在这种类型的市场中，一个企业对其他企业的互动和反应对市场结果很重要。在扩展寡头垄断市场结

构之前，有必要先引入博弈论的概念。

3.5 博弈理论

博弈指的是参与者（例如市场中的公司）考虑到彼此的行动和反应做出战略决策的行为。博弈的例子是：①公司通过设定价格相互竞争；②一组供应商在电力拍卖中相互竞标。博弈论是对在更复杂环境中做出经济决策的经济主体之间战略互动行为的研究，大多数经济行为可以被视为博弈论的特例。战略决策会为参与者带来回报、奖励或收益。对于参与定价竞争并获胜的公司来说，回报是利润。对于拍卖会上的竞拍者来说，获胜者的收益是其消费者剩余。

博弈论的应用一直是微观经济学的重要发展。博弈论可用于理解市场如何演变和运作，也可用于拍卖设计和投标策略。博弈论领域的研究已经取得了很大进展，使得博弈论成为经济分析的必要工具。

博弈论的主要目标是确定每个参与者的最佳策略。策略是博弈的行动规则或计划，参与者的最佳策略是能够最大化他/她预期收益的策略。博弈论的关键假设是所有博弈者都是理性的，即博弈者的行为是为了提高或最大化自己的利润或利益。

企业间的经济博弈可以是合作博弈，也可以是非合作博弈。在合作博弈中，参与者可以协商制定具有约束力的合同，从而对联合战略和决策进行规划。在非合作博弈中，企业之间不可能进行这样的协商并制定出具有约束力的合同。在某些市场中，合作行为可能占主导地位，而在其他市场，不合作行为可能占主导地位。在一个有许多相互竞争的公司的市场中合作更加困难，有时由于需求和成本条件变化很快，企业之间很难开展合作。拍卖和电力市场都是非合作博弈的例子。

那么，参与者如何才能决定参与博弈的最佳策略呢？博弈论文献中有很多关于两人博弈（双头垄断）的例子，囚徒困境博弈是其中最经典的博弈之一。在这个博弈中，有两名囚犯因涉嫌犯罪而被关押在不同的牢房中。每个人都被告知，如果他认罪而另一个囚犯不认罪，那么他将获得仅一年监禁的较轻刑罚。但是，如果他不认罪，而对方认罪，那么他将被判十年徒刑。如果双方都坦白，则他们将各获得五年的刑期。如果两人都不认罪，仍然有可能将他们两人都判处两年徒刑。每个参与者都希望尽量减少他在监狱中度过的时间。收益（负数表示入狱时间）矩阵如图 3-13 所示。

根据收益矩阵，每个囚犯都有坦白的动机，不管他相信另一个囚犯会做什么，因为与不坦白的选择相比，坦白会让每个囚犯得到较轻的刑罚。因此，对每个囚犯来说，选择坦白是最好的策略。由于坦白是两个犯人的最佳策略，所以两个人都会坦白。最后，两人都将被判 5 年徒刑。在这种情况下，坦白是两

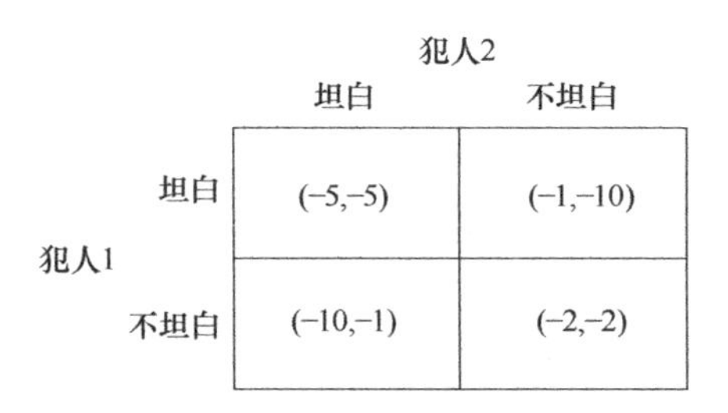

图 3-13　囚徒困境

个囚犯的占优策略，因为无论其他囚犯做出何种选择，这种策略都会为做出决策的囚犯本人提供最佳结果。当一个公司的最优决策取决于其他公司会怎么做时，它就没有占优策略。一般来说，占优策略是固定的，这个结果（坦白，坦白）是一个占优策略均衡，因为每个囚犯都会主要选择这个策略（坦白）。事实上，占优策略均衡是纳什均衡的一个特例。然而，并非所有的纳什均衡都是占优策略均衡。由于每个参与者都有唯一的最优选择，所以占优策略均衡是博弈的必要解。

如果参与者在整个博弈过程中始终只选择一种概率为 1 的特定策略，则该策略称为纯策略。另一方面，如果参与者根据一组选定的概率在两个或多个可能的行动中做出随机选择，则这种策略称为混合策略。一个参与者在混合策略中选择的概率可以基于他/她自己对其他参与者选择策略的概率的主观判断。如果每个参与者对其他参与者选择的判断与其他参与者实际做出的选择一致，那么这就被称为一种理性预期。因此，纳什均衡是某种理性预期均衡。

3.5.1　纳什均衡

一般市场或寡头市场中的纳什均衡概念起初有点复杂。在寡头垄断市场中，公司在考虑其他公司可能的反应后采取战略行动。其他公司也是一样的，都会考虑到其他公司对其可能的反应采取战略行动。如果一家公司尽其所能，鉴于其他竞争公司也在尽其所能，则市场将达到一个均衡点，称为纳什均衡。形式上，纳什均衡代表了考虑到竞争对手行动的最佳反应后每个公司采取的一组策略或行动。纳什均衡为确定寡头垄断市场的均衡提供了基础。它也是博弈论中最常用的解概念。

设 N 为参与者的有限集，A_i 为参与者 $i(i \in N)$ 可用的一组行动，记号 $\succsim_i$ 为参与者 i 对 A 的偏好关系。形式上，策略博弈 $\langle N,(A_i),(\succsim_i)\rangle$ 的纳什均衡是结合每个参与者 $i \in N$ 的资产行为的概述 $a^* \in A$，有

$$(a^*_{-i},a^*_i) \succsim_i (a^*_{-i},a_i),\text{对于所有 } a_i \in A_i \tag{3-37}$$

换句话说，在纳什均衡下，考虑到其他参与者的最佳行动，没有任何参与

者可以通过偏离最佳行动获利。

一般来说，纳什均衡的关键假设是每个参与者都知道他/她自己的策略和收益以及博弈中其他参与者的策略和收益，这种假设被称为共同知识。此外，还假设所有参与者都是理性的，这意味着每个参与者都会根据他/她的主观判断选择一个能够最大化他/她自己收益的行动，并且根据贝叶斯定理，当新信息出现时，这些判断也会被改变。

纳什（1950）已经证明，在具有有限数量代理和有限数量纯策略的博弈中，均衡是一定存在的。均衡还可以包括混合策略。一般来说，博弈并不一定存在单一的纳什均衡，博弈可以有多个纳什均衡，有些情况下也可能不存在纳什均衡。

博弈论中研究的博弈有不同的形式和风格。与一次性博弈有所不同，重复博弈是一次又一次地采取行动并获得回报的博弈，它可以是无限重复的博弈或有限重复的博弈，如电力市场就是无限重复的博弈。在重复博弈中，每个参与者的策略空间要大得多，因为每个参与者都可以根据博弈的整个历史来选择策略。参与者在做出选择时，必须考虑到其他参与者可以根据自己的选择历史而修改他们的行为。

参考前面描述的囚徒困境博弈，尝试达成（合作，合作）（合作在这里意味着“不坦白”）的解决方案符合两个囚犯的长期利益。之前的纳什均衡（坦白，坦白）似乎是一次性博弈的解决方案。在有限重复次数的囚徒困境博弈中，纳什均衡在每一轮中仍然是（坦白，坦白）。在无限重复的博弈中，纳什均衡将逐渐趋向于（合作，合作）。

一般来说，博弈有两种不同的描述形式，即战略式表述和扩展式表述。战略式表述提供了对博弈的简化总结，而扩展式表述则显示了对博弈的扩展描述。

博弈的战略式表述可以通过展示一组参与者 $N=(1,2,\cdots,n)$ 来定义。每个参与者 $i(i\in N)$ 都有一组策略 A_i，参与者 i 可以从中选择一个操作 $a_i\in A_i$，以及一个收益函数 $\phi_i(a)$，表示每个参与者在特定策略组合（其中 $s=(s_1,s_2,\cdots,s_n)\in S=\prod_{i=1}^{n}S_i$）下获得的效用/利润。

顺序博弈是参与者依次行动，对彼此的动作和反应做出反应的博弈，斯塔克尔伯格模型就是顺序博弈的一个例子。在这个模型中，领导者先行动，追随者在领导者行动后采取行动。考虑一个如图 3-14 所示的博弈。基于两个参与者同时做出选择的假设，很容易验证纯策略中的两个纳什均衡是（A，X）和（B，Y）。假设领导者在跟随者做出选择之前先行动，这个博弈就变成了一个顺序博弈。顺序博弈通常用博弈树进行描述，博弈树是一个表示每个参与者在每个时间点可以做出的选择的图表，每个参与者的收益显示在树的末端。博弈树是博弈描述的扩展式表述的一部分，这个博弈树如图 3-15 所示。

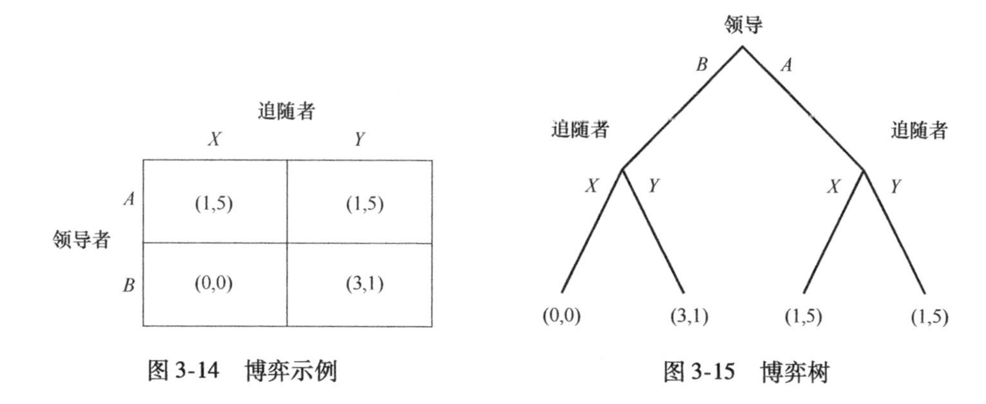

图 3-14　博弈示例

图 3-15　博弈树

一旦做出选择，例如在领导者行动之后，跟随者就处于由他们可用策略和收益组成的子博弈中。

3.5.2　贝叶斯纳什均衡

对于前面提到的所有博弈，假设每个参与者都完全了解他/她以及其他参与者的策略和收益，其他参与者也知道所有这些信息，这些是信息完整的博弈。然而，实际情况并非总是如此。具有不完整信息的博弈与具有完整信息的博弈的处理方式略有不同。在这种类型的博弈中，其他参与者的所有不确定性都可以归纳到参与者类型中。参与者的不确定性包括参与者对某些商品的价值估计、风险状况和行动策略。每个参与者都被归类到一个参与者类型中，并且每个参与者都会对不同类型参与者的概率分布做出假设。该博弈的贝叶斯纳什均衡是针对每种类型参与者的一组策略，这组策略的目的是在给定其他参与者采取的策略的情况下，最大化每种类型参与者的期望收益。这类似于纳什均衡概念。然而，贝叶斯纳什均衡考虑了与参与者类型相关的额外不确定性。

假设拍卖中有 N 个竞拍人，价值估计分别为 $(v_1,\cdots,v_N)$，b_i 代表投标人 i 的竞拍价格。投标人 i 对其他竞拍人价值估计的判断与其自身的价值估计 v_i 无关，这一点对于所有竞拍人都成立。用 V_{-i}表示除竞拍人 i 之外的所有竞拍人估值的所有可能组合的集合。贝叶斯纳什均衡是一组策略 $(s_1^*,\cdots,s_N{}^*)$，指定了参与者在给定自己价值估计情况下的行为，这样对于每个竞拍人 i，假设 i 的对手按照 $(s_1^*,\cdots,s_N^*)$ 进行竞拍，策略 $s_i^*(v_i)$ 对于 i 一般是最佳反应。换句话说，$s_i^*(v_i)$ 将最大化问题解决为

$$\max \sum_{v_{-i}\in V_{-i}} [\phi_i(b_i) \mid s^*(v_{-i})] \Pr(V_{-i} = v_{-i}) \tag{3-38}$$

3.6 寡头垄断

寡头垄断市场是一个只有几家公司相互竞争的市场，新公司的进入是受限的。寡头垄断市场中的产品可能有差异化，也可能没有差异化。由于新公司的进入存在壁垒，因此寡头垄断市场中的一些或所有公司都能获得可观的利润。寡头垄断市场也是最普遍的市场结构形式。

进入门槛高的原因包括规模经济、专利、专有技术的获得和高昂的投资成本，这些进入壁垒被称为自然进入壁垒。进入壁垒的其他原因可能是现有公司为阻止新公司进入而采取的战略行动，包括倾销、掠夺性定价和建设过剩产能。

寡头垄断市场的垄断力和盈利能力在一定程度上取决于企业如何互动。如果企业的互动更具竞争性而不是合作性，则价格将更接近边际成本，企业将获得更低的利润。另一方面，如果企业合作，则价格将远远高于边际成本，企业可以赚取更高的利润。

在一些寡头垄断市场中，公司之间存在激烈的竞争，但在另一些市场中，它们之间也可能合作。关键问题是寡头垄断企业如何决定产量和价格，回答这个问题的关键在于企业的战略互动和决策。这意味着寡头垄断市场中的每一家公司都必须考虑竞争对手公司可能采取的行动和反应。因此，理解博弈（博弈论）和战略的基本概念是理解寡头垄断市场的关键。

在寡头垄断市场中，由于只有几家公司参与竞争，所以每家公司都必须仔细考虑自己的行为将如何影响竞争对手，以及竞争对手可能会如何反应。一家公司可能采取的战略行动之一是降低其产品的价格，因此大幅度降低产品价格的价格战是寡头垄断市场中的一种可能的战略行动和反应，但一家公司需要权衡其战略行动的所有可能结果。改变生产水平是一家公司可以采取的另一种可能的战略行动。这些战略考虑是复杂的，其他公司也将处于同样的境地，因为他们也必须仔细考虑其他公司对其战略决策和行动的反应。

研究寡头垄断市场的基本模型有四种，即古诺模型、斯塔克尔伯格模型、伯特兰德模型和合谋模型。

3.6.1 古诺模型

古诺模型由法国经济学家奥古斯丁·古诺（Augustin Cournot）于1838年提出，是一种寡头垄断模型，在该模型中，所有公司同时决定生产多少，同时将竞争对手的产量视为固定的。假设所考虑的市场是双寡头市场，即只有两家公司相互竞争。还假设在这个双寡头市场中的企业生产同质产品，并且双方都能够获取市场需求曲线。两家公司都必须决定自己生产多少，每家公司在做出生产决策时，都会考虑竞争对手的产量，竞争对手公司也在同时决定生产多少。因此，市场价格将取决于两家公司的总产量。

下面一个简单的数值例子将有助于说明古诺模型背后的含义。假设市场中有公司 1 和公司 2 两家公司在这个双寡头垄断中相互竞争，每家公司的生产成本如下：

$$c_1 = 20q_1$$

$$c_2 = 20q_2 \tag{3-39}$$

换句话说，每家公司都有固定的边际成本，均为每单位 20 美元。假设市场需求函数由 $P = 200 - q_1 - q_2$ 给出，根据这条需求曲线，如果任何一家公司试图增加其销售量，那么市场价格就会下降。关键问题是在给定成本函数和需求函数的情况下，每家公司将生产多少产品。因此，在古诺模型中，每一家公司都会试图猜测竞争对手的产量，并相信竞争对手会最终选择其估计的产出水平。每家公司的最优产出水平是对其预期竞争对手将选择的产出水平的最佳反应。换句话说，考虑到它认为竞争对手会选择的产量，每家公司都试图选择一个能使自己的利润最大化的产出水平。因此，企业 1 的最优产出 q_1^* 将取决于它认为其竞争对手企业 2 会选择的最优产出 q_2^*。

因此，对于公司 1 来说，要最大化的利润是

$$\pi_1 = R_1(q_1) - c_1 = P(q_1)q_1 - c_1 = (200 - q_1 - q_2)q_1 - 20q_1 \tag{3-40}$$

利用利润最大化原理，可以求出企业 1 的利润最大化的最优产量为

$$q_1^* = 90 - 0.5q_2 \tag{3-41}$$

能实现利润最大化的 q_1^* 是企业 1 的最佳反应，其具体数值与企业 2 的产量水平有关。式（3-41）也称为企业 1 的反应函数。类似地，企业 2 对企业 1 的不同产出水平的最佳反应如下：

$$q_2^* = 90 - 0.5q_1 \tag{3-42}$$

在均衡状态下，每家公司对其竞争对手产量的猜测必须是正确的。每一家公司都会调整其产量，直到每一家公司都能对其他公司产量做出正确猜测为止，此后才没有更多的动机来改变自己的产量。可以通过同时求解两个公司的反应函数来找到两个公司的最优产量对（q_1^*，q_2^*）。结果是 $q_1^* = q_2^* = 60$，这是两家公司的最优产量。在图 3-16 中，这一平衡输出对应于两个反应函数的交点。均衡价格为 80 美元，每家公司将获得 3600 美元的利润。

古诺均衡有时被称为古诺-纳什均衡，是古诺模型中的一种均衡，在古诺模型中，每个企业都假设竞争对手将生产多少，并设定自己的生产水平，使自己的利润最大化。因此，没有一家公司有动机偏离这一均衡。

一旦任何企业开始改变产量，古诺模型和古诺均衡就不再成立，因为产出的这种变化与古诺模型中竞争企业固定产出的假设背道而驰。因此，古诺模型

适用于非重复或一次性博弈。

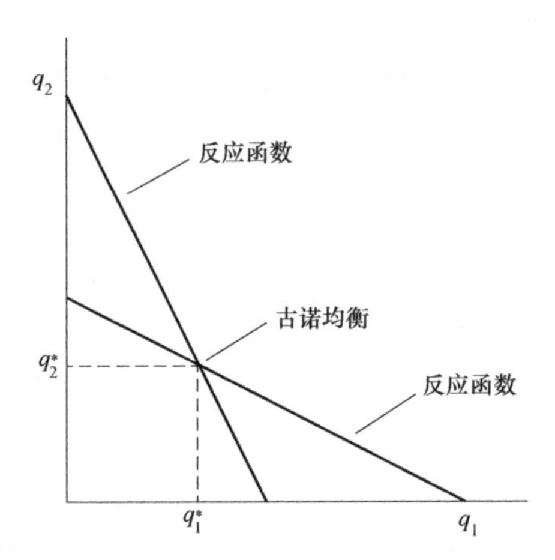

图 3-16 双寡头古诺均衡曲线

3.6.2 斯塔克尔伯格模型

寡头垄断行为的替代模型可以由德国经济学家海因里希·弗莱赫·冯·斯塔克尔伯格（Heinrich Freiherr Von Stackelberg）于 1934 年提出的斯塔克尔伯格模型来表征。斯塔克尔伯格模型是一种寡头垄断模型，在这种模型中，一家公司在其他公司之前先设定产量。第一家决定其产量的公司为领导者，而其他公司则为追随者。

考虑一个双寡头垄断的案例。在这个市场中，假设企业 1 是领导者，企业 2 是追随者。领导者可能是一家规模较大的企业，也可能是一家拥有显著竞争优势的企业。企业 2 正在等待企业 1 迈出第一步，企业 2 将使用古诺模型中提到的反应函数，在给定企业 1 的产出 q_1 的情况下选择其产出水平 q_2。因此，企业 2 将选择利润最大化的产量 q_2

$$\pi_2 = p(q_1 + q_2)q_2 - c_2(q_2) \tag{3-43}$$

式中，$p(q_1 + q_2)$ 是逆市场需求函数。由此，可以推导出企业 2 的反应函数 $Q_2(q_1)$，它提供了企业 2 对企业 1 的不同产出水平的最佳反应。同样，企业 1 在选择其产出 q_1 时也考虑了企业 2 的反应。由于企业 1 处于领先地位，因此它将选择产出 q_1 来最大化其利润

$$\pi_1 = p(q_1 + Q_2(q_1))q_1 - c_1(q_1) \tag{3-44}$$

一旦只用一个变量 q_1 推导出企业 1 的利润函数，就可以直接用微积分求解企业 1 的利润最大化的最优产出 q_1^*。使用 3.6.1 节中给出的相同的双寡头例子，企业 1 的最优产量为 $q_1^* = 90$，企业 2 的最优产量为 $q_2^* = 45$。均衡价格为 65 美元，企业 1 的利润为 4050 美元，高于古诺双寡头模型中企业 1 的利

润，而企业 2 的利润仅为 2025 美元，远低于古诺双寡头模型中企业 2 的利润。总体而言，领导者企业在斯塔克尔伯格均衡中的表现要好于古诺均衡中的表现。

3.6.3 伯特兰德模型

可以看出，在古诺和斯塔克尔伯格模型中，企业都将数量产出作为其策略变量。相比之下，如果选择价格作为策略变量，那么市场的结果可能会截然不同。在另一位法国经济学家约瑟夫·伯特兰德（Joseph Bertrand）于 1883 年提出的伯特兰德模型中，企业在具有同质产品的市场上以价格而不是数量产出作为策略变量进行竞争。伯特兰德模型是一种寡头垄断模型，在该模型中，企业生产同质产品，每个企业将竞争对手的价格视为固定价格，所有企业同时决定收取什么价格，但企业不能合作。就像古诺模型一样，企业在同一时间做出决策。在一个市场中只有两家公司（双头垄断）的情况下，伯特兰德模型产生的结果就像在完全竞争的市场中一样，如下所述。

回到上一节关于古诺模型的双寡头例子，其中市场需求曲线由 $P=200-q_1-q_2$ 给出，其中 q_1 和 q_2 的和将是一种同质商品的总产量。同样，每家公司都有固定的边际成本，每单位 20 美元。现在假设两个寡头公司通过同时选择价格而不是数量来竞争。因为商品是同质的，所以消费者只会从价格最低的卖家那里购买。因此，如果一家公司的价格高于另一家公司的价格，那么价格较低的公司将获得整个市场全部的销售量，而价格较高的公司则无法出售其商品。如果两家公司都收取相同的价格，那么消费者将并不关心从哪家公司购买产品，因此每家公司都将平等地提供一半的市场份额。

对每家公司来说，最佳选择是设定价格等于其边际成本，因为每家公司都不知道另一家公司设定的价格，也不知道该公司的边际成本。在这种情况下，由于两家公司的边际成本相等，因此两家公司制定的价格都是 20 美元，故每家公司的最优产量将是 $q_1^*=q_2^*=90$。令人惊讶的是，因为每家公司收取的价格都等于其边际成本，所以每家公司的利润都是零。同样，这与完全竞争市场的结果是一致的，即企业在完全竞争市场中的利润为零。这也与纳什均衡结果相一致。尽管伯特兰德模型在现实结果方面存在一些争议，但它依然是一个有用的模型，因为它说明了寡头垄断中的均衡结果是如何取决于企业对策略变量的选择的。

3.6.4 共谋模型

前面描述的所有模型都是非合作博弈的例子。换句话说，在前面描述的模型中，公司之间通过相互独立地做出使自身利润最大化的决策来开展竞争。在非合作博弈中，公司之间不可能协商和执行有约束力的合同。这让人们不禁想到另一个问题，如果两家公司合作，那市场会产生什么样的结果？企业明确同意合作或共谋制定价格和产出水平的市场结构被称为卡特尔市场。

卡特尔市场是一个部分或所有公司明确串通的市场。只要有一小部分生产企业同意合作，就能够形成卡特尔。但是，如果足够多的公司遵守卡特尔的约束性协议，并且市场需求足够缺乏弹性，则卡特尔制定的价格可以远远高于竞争水平。然而，卡特尔中的公司也需要担心不属于卡特尔的公司的反应。此外，如果卡特尔的一个或多个成员国倾向于违反其具有约束力的协议，那么卡特尔将可能面临问题。

再次使用简单的双寡头模型，将一个卡特尔中两个公司的利润最大化问题考虑为

$$\max\pi(q_1,q_2)=p(q_1+q_2)(q_1+q_2)-c_1(q_1)-c_2(q_2) \tag{3-45}$$

该目标函数的一阶最优性条件为

$$p'(q_1^*+q_2^*)(q_1^*+q_2^*)+p(q_1^*+q_2^*)=c_1'(q_1^*)$$
$$p'(q_1^*+q_2^*)(q_1^*+q_2^*)+p(q_1^*+q_2^*)=c_2'(q_2^*) \tag{3-46}$$

因此，利润最大化意味着 $c_1'(q_1^*)=c_2'(q_2^*)$。可以看出，除非这两家公司合并，否则卡特尔解并不稳定。对于每一家公司来说，都有一种动机，即通过生产超过商定的产量（配额）来降低另一家公司的收益。如果公司 2 的产量保持不变，则公司 1 利润最大化的一阶条件可以重新安排为

$$\begin{aligned}\frac{\partial\pi_1(q_1^*,q_2^*)}{\partial q_1}&=p'(q_1^*+q_2^*)(q_1^*)+p(q_1^*+q_2^*)-c_1'(q_1^*)\\&=p'(q_1^*+q_2^*)(q_2^*)>0\end{aligned} \tag{3-47}$$

如果公司 1 假设公司 2 将生产商定的产量，那么公司 1 将有动机生产比商定产量更多的产品。即使公司 2 的产量超过其商定产量，公司 1 的产量超过其商定产量也是有利可图的。卡特尔中的公司背离卡特尔协议的动机使得卡特尔解并不稳定。

表 3-1 从几个方面比较了不同类型的市场。

表 3-1　市场类型比较

市场类型	垄断	寡头垄断	垄断竞争	完全竞争
生产者	单个	很少	多	很多
产品	唯一	相似	不同	相同
进入壁垒	高	较高	容易	没有障碍
竞争	无	非价格	非价格；价格	价格
价格类型	定价者	定价者； 独立行为	定价者	价格接受者

3.7　拍卖理论

拍卖理论解释了与拍卖市场相关的结构和规则，以及可能的市场结果（收入、效率等）。拍卖市场是指通过正式的竞价程序买卖产品的市场。拍卖的优势包括：①比一对一讨价还价耗费的时间更少；②以增加卖方收入的方式鼓励买家之间的竞争；③交易成本低。

拍卖本质上是互动的行为，许多买家通过竞争来获得感兴趣的物品。拍卖中的这种互动在销售独一无二且没有既定市场价值的物品时可能特别有价值。它还可以帮助销售不是独一无二但价值随时间波动的物品。拍卖形式的选择会影响卖家的拍卖收入，有以下几种不同的拍卖形式。

（1）传统英式（或口头）拍卖　卖家以非常低的价格作为物品的起拍价。然后，卖家积极地向一组潜在买家征求逐步提高的出价。随着投标的进行，如果投标人继续表现出以当时的价格购买的意愿，投标价格将不断上涨。随着拍卖的进行，在当前出价高于他们的价值估计时，一些竞标者开始退出。当只剩下一个竞标者时，拍卖结束。这个投标人赢得拍卖，支付的价格等于拍卖停止时的价格，也就是他上一个对手的退出价格。换句话说，拍卖以第二高的出价结束。英式拍卖也被称为上升拍卖，这种类型的拍卖通常用于出售古董和艺术品等。

（2）荷兰式拍卖　卖方以相对较高的价格作为物品的起拍价，然后以固定的价格进行减价拍卖。当一个投标人接受这个价格时，拍卖结束。在这种拍卖中，只能观察到一个出价，那就是中标者。荷兰式拍卖与英式拍卖相反，也被称为下行拍卖。

（3）密封投标拍卖　所有投标价格均用密封信封同时提交的拍卖，中标者是出价最高的个人。在这种类型的拍卖中有两种形式，第一种形式是第一价格密封投标拍卖，在这种拍卖中，同时提交投标，并以与其出价相等的价格将商品授予出价最高的人；第二种形式是第二价格密封投标拍卖，在这种拍卖中，同时提交投标，并以与第二高出价人的价格相等的价格将商品授予出价最高的人，这种类型的拍卖也被称为维克里拍卖，由经济学家威廉·维克里创立，eBay的系统以及谷歌和雅虎的在线广告程序都在使用这种拍卖的形式。

前面描述的拍卖类型适用于单个物品的拍卖。在拍卖同类商品的情况下，M个单独物品中的每一个都是相同的或接近替代的，因此出价可以用数量来表示，而不需要标明被拍卖的特定商品的标识。当同质商品被拍卖时，拍卖规则和竞价可以简单得多。回想一下，电力市场中的电力产品被视为同质产品。M种同质商品有三种密封竞价、多单位拍卖形式。

在每一种形式中，投标都包含一个逆需求函数，即对于每一个$q\in[0,$

M]，都有（弱）递减函数 $p_i(q)$，表示投标人 i 为第一类、第二类等单位商品所提供的价格。投标人提交出价，然后拍卖人汇总出价并确定清算价。每个投标人都会以清算价赢得所需的数量，但他的付款会根据特定的拍卖形式而有所不同。

（1）按出价付费拍卖　每个投标人以清算价中标所需数量，并按其竞价金额支付，这种类型的拍卖也被称为歧视性拍卖或多价格拍卖。

（2）统一价格拍卖　每个投标人以清算价中标所需数量，并为中标的每一个单位支付清算价。统一价格拍卖也被称为非歧视性拍卖、竞争性拍卖或单一价格拍卖。许多国家的电力市场大多是以统一价格拍卖为基础的。

（3）多单位维克里拍卖　每个投标人以清算价赢得所需数量，并为每个中标单位支付机会成本（相对于提交的投标）。

3.8 进一步讨论

在这一章中介绍了一些微观经济学理论，这些理论对于理解电力市场的复杂运行和相关问题是必不可少的。想要更详细地学习本章每个关键主题的读者可以从其他参考资料中进一步学习探索。本章所述的理论或模型在电力市场背景下的应用取决于利益问题的目的和性质。例如，社会福利理论（消费者剩余和生产者剩余之和）在回答任何制度变化（如增加一条新的输电线路）对整个系统经济效益的影响的问题时是有用的。另一些研究人员感兴趣的是市场的某个特定部分是否能达到均衡（如果有的话）。反垄断官员或独立的市场监管者则会对市场参与者是否拥有并正在行使市场力感兴趣。若有，对社会福利有何影响？还可以提出一个研究问题，即统一价格拍卖和按出价付费拍卖在提高或最大化特定电力市场的经济效益方面哪个更好。在对本章的理论有了一定程度的理解之后，读者还可以尝试涉猎其他更复杂的问题。

章节问题

3.1　供应曲线通常被建模为向上倾斜的曲线。在现实中，供应曲线有没有可能像需求曲线一样出现向下倾斜的曲线？为什么可能？为什么不可能？

3.2　如果生产一种产品的原材料成本突然增加，那么供应曲线会发生什么变化？如果消费者收入下降，需求曲线会发生什么变化？

3.3　什么产品是电力的替代商品？

3.4　电力需求价格弹性的性质是什么？你认为当电价突然上涨时，消费者会减少用电量吗？未来5年，这种弹性还会保持不变吗？是什么触发了这种变化（如果有的话）？

3.5　假设市场产品的供给曲线由 $Q_s = 1800 + 240P$ 给出，而其需求曲线由 $Q_D = 3550 -$

266P 给出。这种产品的市场出清价格和出清数量是多少？在这个价格和数量下，供求的价格弹性是多少？

3.6　给出一些正常商品和劣质商品的例子。你认为电力是一种正常商品吗？

3.7　工业用户的电力需求是弹性的还是非弹性的？为什么？商业和住宅消费者的电力需求呢？

3.8　假设某一产品在一个市场上只有两个客户，每个消费者的需求曲线为 $Q_1 = 1465 - 88P$，$Q_2 = 1344 - 138P$。计算最终的市场需求曲线，同时绘制客户和市场的需求曲线。

3.9　解释固定成本和沉没成本之间的区别。给出一个例子，并解释为什么它们是不同的。

3.10　电力是同质化产品吗？能根据产品质量来区分电力吗？

3.11　假设两家公司的生产成本为 $c_1 = 10q_1$，$c_2 = 8q_2$。另外，假设市场需求为 $P = 100 - q_1 - q_2$。求出每个企业的最优产量和利润；利用古诺模型求出均衡价格；利用斯塔克尔伯格模型求出均衡价格。

3.12　给出一个合作博弈和非合作博弈的例了。为什么它们是可能的？

3.13　考虑下面的合作博弈（见图 3-17）：

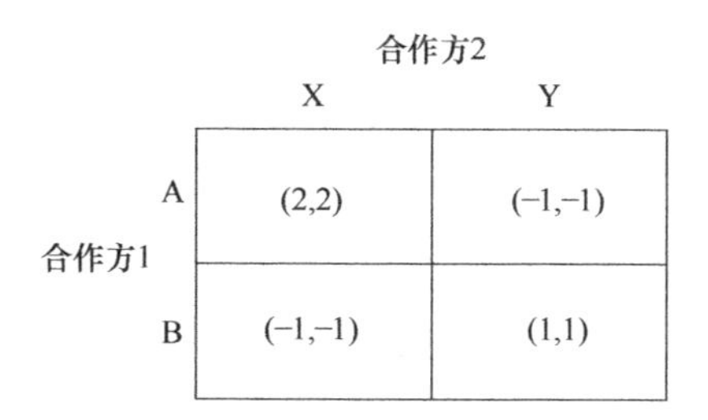

图 3-17　习题 3.13 的博弈示例

a. 计算这个博弈的所有纯策略均衡。

b. 有没有一个纯策略是优于其他策略的占优策略？

c. 假设博弈者 1 先行一步，并承诺使用策略 A 或策略 B，那么在上面选择的策略是否仍然是纳什均衡？

3.14　在电力市场的能量市场部分，发电商（供应商）必须参与竞标才能满足系统需求。这个市场使用拍卖机制进行清算，通常选择出价最低的发电商来满足市场需求。假设没有阻塞，所有出清的发电商都能够被支付报酬，所有的消费者都支付了相同的市场出清价格。能量市场的市场出清是一种什么样的拍卖机制？

拓展阅读

1. Varian HR. *Intermediate Microeconomics: A Modern Approach*, 8th edition. W. W. Norton & Company; 2010.
2. Varian HR. *Microeconomic Analysis*. W. W. Norton & Company; 1992.
3. Frank RH. *Microeconomics and Behavior*. McGraw-Hill; 1994.
4. Pindyck RS, Rubinfeld DL. *Microeconomics*. Pearson Prentice Hall; 2005.

5. Besanko D, Dranove D, Shanley M, Schaefer S. *Economics of Strategy*. John Wiley & Sons; 2007.
6. Neumann JV, Morgenstern O. *Theory of Games and Economic Behavior*. Princeton University Press; 2004.
7. Tirole J. *The Theory of Industrial Organization*. The MIT Press; 1988.
8. Fudenberg D, Tirole J. *Game Theory*. The MIT Press; 1991.
9. Shepherd WG, Shepherd JM. *The Economics of Industrial Organization*. Waveland Press; 2004.
10. Osborne MJ, Rubinstein A. *A Course in Game Theory*. The MIT Press; 1994.
11. Bierman HS, Fernandez L. *Game Theory with Economic Applications*. Addison-Wesley; 1998.
12. Kreps DM. *Game Theory and Economic Modelling*. Oxford University Press; 2001.
13. Krishna V. *Auction Theory*, 2nd edition. Academic Press; 2009.
14. Ruiz C, Conejo AJ, Smeers Y. Equilibria in an oligopolistic electricity pool with stepwise offer curves. *IEEE Transactions on Power Systems* 2012;27(2):752–761.

第4章 电力系统机组组合

接下来三章将介绍电力系统经济运行的关键组成部分，包括机组组合(Unit Commitment，UC)、经济调度和最优潮流。这些组成部分之间相互密切关联，关系错综复杂。电力系统的最优发电计划往往是基于特定最优潮流下的机组组合和经济调度确定的。在市场化环境下，市场出清结果通常取决于发电商报价而非真实发电成本。通过阅读这三章，读者可以对电力系统经济运行有基本的认识。

4.1 简介

总体来看，电力系统涉及发电、输电、配电等多个环节，其经济运行主要目标是在保证各节点电压和频率稳定的条件下，以最低成本实现系统发用电平衡。如何高效协调好系统经济运行和安全可靠两个目标，是电力系统运营商面临的最主要挑战。系统经济和运行效率对于降低系统运行成本十分重要，这就是为什么在很多国家，能效领域投资正在逐年增加，甚至与可再生能源领域投资规模相当。

为了实现以最小成本满足系统用电需求，电力系统运营商必须承担包括机组组合、经济调度、最优潮流等在内的工作。这些内容将在接下来三章详细阐述。机组组合是一个非凸的大规模混合整数优化问题，需要通过相应的数值算法进行求解。系统经济调度需要基于机组组合优化结果进行，最优潮流则通过求解含约束优化问题中来实现经济调度。在机组组合和经济调度决策过程中，运筹学相关优化方法发挥着重要作用。

对大规模系统而言，通过抽象的数学公式完整描述其优化问题并不容易，针对大型系统的建模和对应的求解算法均十分复杂，没有一个通用的优化算法可以解决所有优化问题。系统运营商需要根据特定应用场景选择合适的算法。算法选择在很大程度上决定了解决方案的可行性和准确性。选定的算法一旦被用于特定模型，就必须得知道该算法是否成功找到了最优解。在没有最优解的情况下，还可以通过其他条件信息来改进次优解。此外，还需要对所得结果进行敏感性分析，从而进一步改进模型。

通常一个优化问题需要有明确的优化目标，即目标函数，以及需要满足的约束条件。一个特定问题可以用不同的方式来进行数学表达。一般来说，优化问题的数学表达如式（4-1）所示。

$$\text{最小化} f(\mathbf{x}) \tag{4-1}$$

约束条件：

$$h_i(\mathbf{x})=0, i=1,\cdots,r$$
$$g_j(\mathbf{x})\leqslant 0, j=1,\cdots,p$$
$$\mathbf{x}\in\Omega$$

式中，h_i 和 g_j 为给定的约束条件；f，h_i，$g_j\in C^1(\Omega)$ 均为连续函数。优化目标是找到符合以下条件的 $\mathbf{x}^*$：

1）$\mathbf{x}^*\in\Gamma=\Omega\cap\{\mathbf{x}\in R^n: h_i(\mathbf{x})=0, g_j(\mathbf{x})\leqslant 0\}$，其中 Γ 是可行域。

2）$\forall x\in\Gamma$：$f(\mathbf{x}^*)\leqslant f(\mathbf{x})$。

有一类特殊的优化问题是凸优化，其目标函数和约束函数都是凸函数：

$$f(\alpha x+\beta y)\leqslant \alpha f(x)+\beta f(y) \tag{4-2}$$
$$\alpha+\beta=1, \alpha\geqslant 0, \beta\geqslant 0$$

在电力市场出清过程中，由于需要解决的问题不同，故模型可以有不同表达公式。本章重点聚焦在与电力系统和电力市场运行优化问题直接相关的优化方法上，主要目标是让读者了解这些数学模型、优化方法和求解方式。面对不同的电力系统和电力市场运行模式，需要采取不同的优化方法。接下来主要介绍机组组合的数学模型。

4.2 机组组合

如前所述，电力系统负荷具有周期性。系统必须有充足的发电容量，以保障高峰时刻电力安全可靠供应。因此在非高峰时段，将会有闲置的可用发电容量。在发电计划制定中，通常需要在系统运行前一周确定必开机组和相应的必开容量。机组组合的确定直接影响系统运行经济性，因为机组的运行成本和开机成本非常大。此外，电力系统和机组参数约束同样决定了备用机组的数量和类型。因此，电力市场和系统运营商需要合理制定发电计划，实现系统的经济高效运行。发电计划制定的范围可以从一天内接近至实时运行阶段，也可扩展到多年的规划制定阶段。机组组合问题的具体表述如下：

问题定义：考虑特定调度周期内的可用发电机组和需求曲线，在满足系统运行约束和负荷需求的条件下，找到每个调度周期内运行成本最小的发电容量集合。

从数学上讲，机组组合是一个动态优化问题。因为发电机组需要在每个时间段内以最经济的方式运行，因此解决机组组合问题的同时，也需要解决经济调度问题。

机组组合模型的目标函数为系统运行成本最低。系统运行成本包括以下几个部分：

1）发电机组运行成本；

2）起动和停机成本；

3）维护成本。

优化过程中需要考虑系统、电厂和机组约束，主要约束如下：

1）系统约束：功率平衡、备用、燃料限制等；

2）电厂约束：工作人员、排放限制、燃料限制等；

3）机组约束：机组出力上下限、最短运行或停机时间、爬坡速率限制等。

4.3　机组组合的数学公式

在数学上，机组组合问题是一个混合整数规划（Mixed Integer Programming，MIP）问题。如果问题可以线性化，则可以将其表示为混合整数线性规划（Mixed Integer Linear Programming，MILP）问题。MILP 指变量为整数的线性规划（Linear Programming，LP）问题。如果所有变量都是二进制变量，则可称为 0-1 MILP。如果所有变量都是整数，则称为线性整数规划（Integer Programming，IP）问题。通过二进制变量，可以对电力市场的非线性问题进行建模，包括条件约束、不连续函数或分段非凸函数。

在数学上，MILP 问题可以表述为 LP 形式。考虑到一些变量是整数，MILP 问题可以表述为

$$\text{最小化} f(x) = c^{\mathrm{T}} x \tag{4-3}$$

约束条件：

$$Ax = b$$

$$x \geqslant 0$$

$$x_j \text{为整数}, j = 1, 2, \cdots, n$$

利用这个通用表述，可以用数学模型表示机组组合问题。一方面，从系统运营商角度来看，机组组合问题的目标函数是使所有发电机组发电成本和起停成本最小，如式（4-4）所示。另一方面，从发电商的角度来看，机组组合的目标函数是使得机组获得的电力、能量和辅助服务总效益最大化，如式（4-5）所示。

$$\min \sum_{t=1}^{T} \sum_{g=1}^{G} (\mathrm{Cp}_{gt} + \mathrm{Ca}_{gt}) \tag{4-4}$$

$$\max \sum_{t=1}^{T} \sum_{g=1}^{G} \mathrm{Pr}_{gt} \tag{4-5}$$

式中，T 为优化时段的集合；G 为机组总数量；Cp_{gt}为机组 g 在 t 时段的发电成本；Ca_{gt}为机组 g 在 t 时段的起动成本，Pr_{gt}是时段 t 内单机组 g 的收益。

在约束条件方面，功率平衡约束表述为

$$\sum_{g \in G} p_{gt} = D_t, \forall t \tag{4-6}$$

式中，D_t 为 t 时段的负荷需求；p_{gt}为机组 g 在 t 时段的有功出力。

旋转备用约束表述为

$$\sum_{g \in G} rr_{gt} \geqslant Rr_t, \forall t \tag{4-7}$$

$$rr_{gt} = \min\{u_{gt}(\mathrm{TMSR}_g \cdot \mathrm{MSR}_g), (\overline{P}_g - p_{gt})\}$$

式中，$\overline{P}_g$ 为机组 g 在 t 时段的最大有功出力容量；Rr_t 是 t 时段系统旋转备用容量需求；rr_{gt}为机组 g 在时段 t 内能够提供的旋转备用容量；MSR_g 为机组 g 能提供的最大爬坡速率 $\Delta P/\Delta T$；TMSR_g 是机组 g 可以增出力 ΔP 的持续时间 ΔT；u_{gt}为机组 g 在 t 时段的起停状态。

运行备用约束为

$$\sum_{g \in G} ro_{gt} \geqslant Ro_t, \forall t \tag{4-8}$$

$$ro_{gt} = \begin{cases} u_{gt}\mathrm{qsc}_g, \text{机组停机} \\ rr_{gt}, \text{机组起动} \end{cases}$$

式中，ro_{gt}为机组 g 在 t 时段能够提供运行备用容量；Ro_t 是系统在 t 时段所需的运行备用容量；qsc_g 为机组 g 在停机状态下，在时段 t 能够达到的出力水平。

燃料约束为

$$\underline{\mathrm{Fuel}} \leqslant \sum_{g \in G_{\mathrm{fuel}}} \sum_{i \in \mathrm{T}} u_{gt}\mathrm{Cf}_{gt} \leqslant \overline{\mathrm{Fuel}} \tag{4-9}$$

式中，$\underline{\mathrm{Fuel}}$ 和$\overline{\mathrm{Fuel}}$是燃料消耗最小和最大限制；G_{fuel}是使用同类型燃料机组的子集；Cf_{gt}是机组 g 在 t 时段的燃料消耗。

除了上述约束，机组组合还需考虑时间约束。例如，机组最短运行时间和最短停机时间，具体可表述为

$$(x_{g,t-i} - Mut_g)(u_{g,t-1} - u_{g,t}) \geqslant 0 \tag{4-10}$$

$$(x_{g,t-i} - Mdt_g)(u_{g,t} - u_{g,t-1}) \leqslant 0 \tag{4-11}$$

发电机组技术出力限制约束为

$$u_g^t P_g^{\min} \leqslant P_g^t \leqslant u_g^t P_g^{\max} \tag{4-12}$$

$$t=1,\cdots T, i=1,\cdots,M$$

式中，u_g^t 为机组 g 在时段 t 的状态；Mut_g 和 Mdt_g 为机组 g 的最短运行时间和最短停机时间，$P_g^{\min}$ 和 $P_g^{\max}$ 为机组 g 的最大和最小有功出力限制。

由于选取的求解方法不同，所以这些公式的数学表达可能会发生变化。此外，这里所列的约束是为了阐述通常情况下的机组组合表达公式。在实际应用中，约束条件的数量可能会根据电力系统特定的问题和运营商需要发生变化。

4.4　机组组合问题的数值方法

拉格朗日松弛（Lagrange Relaxation，LR）方法是用于求解机组组合问题的主要方法之一。LR 方法的优点是可以实现发电机组功率平衡方程和所有其他系统约束解耦。此外，它还能够直接计算对应约束的对偶变量（边际成本）。LR 方法有不同的版本，即次梯度法、内点法和增强 LR 法等。此外，许多研究工作将不同的约束纳入 LR 公式，例如爬坡约束、燃料约束、人员约束、网络约束和安全约束等。除了 LR 方法，人们最初采用的解决机组组合问题的方法还包括分支定界、线性规划、动态规划、完全枚举和优先级列表等方法。现如今，随着软件工具和计算能力的进步，MIP 技术逐步流行，许多文献中都可以找到运用 MIP 解决机组组合问题的实例。LR 和 MIP 这两个方法广泛应用于解决机组组合问题。特别是当模拟更长时间段的系统运行时，LR 方法仍然适用。

最后，启发式算法同样能够用于解决机组组合问题，主要包括遗传算法、模拟退火算法、进化规划、模糊逻辑、人工神经网络和禁忌搜索算法。此外，还有基于蚁群和网络流方法的替代方案。

4.4.1　启发式算法

1. 完全枚举法

机组组合问题可以通过列举发电机组的所有可能组合来解决。考虑一组发电机组组合 M 和一个模拟时间段 T，则组合总数为 $(2^M-1)^T$。考虑约束条件限制，大多数组合是不可行的。这种方法的缺点是求解量与解集维数有关，因此该方法只适用于小型电力系统。

示例　假设一个小型电力系统具有三台发电机和 500MW 负荷。系统每小时燃料消耗可以用二阶多项式表示，多项式系数和机组出力限制见表 4-1。

表 4-1　每小时消耗数据

名称	类型	a/(kcal/h)	b/[kcal/(MW·h)]	c/[kcal/(MW^2·h)]	P^{min}/MW	P^{max}/MW
G_1	TV	17787	2227	9.60	150	300
G_2	TV	13387	2373	14.20	150	250
G_3	TV	14931	2500	18.95	100	200

组合的总数量为 2^3，见表 4-2。

表 4-2　可能的机组组合

G_1	G_2	G_3	状况
关	关	关	不可行
关	关	开	不可行
关	开	关	不可行
关	开	开	不可行
开	关	关	不可行
开	关	开	可行
开	开	关	可行
开	开	开	可行

符合下面约束条件的组合即为可行组合：

$$\sum_i P_{G_i}^{\min} \leqslant P_D \leqslant \sum_i P_{G_i}^{\max} \tag{4-13}$$

为简单起见，本示例中不考虑损耗，所以（G_1+G_3）可行。最终三种可行组合见表 4-3。最终解是最后一个组合，因为它的总燃料消耗最少。

表 4-3　UC 详细结果

G_1/MW	G_2/MW	G_3/MW	总消耗/(kcal/h)
300	—	200	2822818.0
300	200	—	2605874.0
234.7	15.6	111.7	2312789.06

2. 优先顺序法

优先顺序法是最简单的启发式算法，它将机组按照最大出力下的边际燃料消耗进行排序。一般来说，启发式算法在计算上是高效的，但却很难实现全局最优解。

示例　对于上一个示例的同一系统，边际燃料消耗可以表示为

$$\frac{\mathrm{d}C_{\mathrm{G}_1}}{\mathrm{d}P_{\mathrm{G}_1}} = 2227 + 2 \times 9.60 P_{\mathrm{G}_1}^{\max} = 7987\mathrm{kcal/MW \cdot h}$$

$$\frac{\mathrm{d}C_{\mathrm{G}_2}}{\mathrm{d}P_{\mathrm{G}_2}} = 2373 + 2 \times 14.20 P_{\mathrm{G}_2}^{\max} = 9473\mathrm{kcal/MW \cdot h}$$

$$\frac{\mathrm{d}C_{\mathrm{G}_3}}{\mathrm{d}P_{\mathrm{G}_3}} = 2500 + 2 \times 18.95 P_{\mathrm{G}_3}^{\max} = 10080\mathrm{kcal/MW \cdot h}$$

按照边际燃料消耗建立优先排序表，见表 4-4。

表 4-4　优先排序表

机组组合	最小值/MW	最大值/MW
$G_1 + G_2 + G_3$	400	750
$G_1 + G_2$	300	550
G_1	150	300

在不考虑最短运行时间、最短停机时间、最短开机时间等约束条件，且负荷与之前相同（500MW）的情况下，根据优先排序表，该负荷由（$G_1 + G_2$）机组供应，但这并不是最经济的选择。

4.4.2　动态规划

动态规划技术最初是为了解决与自动控制和动态优化相关的问题。动态规划在求解域内搜索最优轨迹，搜索可以超前或滞后时间段。每个时间段称为一个阶段，每个阶段的机组组合称为一个状态。

组合 I 在时间段 K 内的最小发电成本 $C_{\min}$ 为

$$C_{\min}(K,I) = \min_{\{L\}}\{C_{P_{\mathrm{G}}}(K,I) + C_{\mathrm{tr}}[(K-1,L) \Rightarrow (K,I)] + C_{\min}(K-1,L)\} \tag{4-14}$$

式中，$C_{\min}(K,I)$ 表示状态（K,I）下的最小成本；$C_{P_{\mathrm{G}}}(K,I)$ 为在状态（K,I）下的发电成本；$C_{\mathrm{tr}}[(K-1,L) \Rightarrow (K,I)]$ 为从状态（$K-1,L$）到状态（K,I）的转移成本。

状态（K,I）是发电机组在时段 K 里的组合 I。从一种组合转换到另一种组合称为策略。定义如下：

X 代表每个阶段的组合数量，**N** 代表每个阶段的策略数量，动态规划算法包括以下步骤：

开始

1）$K=1$；

2）初始阶段对每个组合 **X** 进行计算

$$C_{\min}(1,I)=C_{P_G}(1,I)+C_{tr}[(0,L)\Rightarrow(K,I)]$$

循环

1）$K=K+1$；

2）$\{L\}$ = 时段 $K-1$ 内的可行组合集 N；

3）计算 K 阶段组合 X 在状态（K,I）下的最小发电成本

$$C_{\min}(K,I)=\min_{\{L\}}\{C_{P_G}(K,I)+C_{tr}[(K-1,L)\Rightarrow(K,I)]+C_{\min}(K-1,L)\}$$

- 保存 N 策略中较低成本的策略；
- 如果 K 是最后一个阶段，则存储最优解，算法结束，否则继续循环。

4.4.3 对偶问题求解：拉格朗日松弛

对偶问题求解是将拉格朗日乘子作为主要变量。一旦确定了拉格朗日乘子，也将获得优化问题的最优解。拉格朗日乘子表示目标函数对于约束条件微小变化的灵敏度。因此，将乘子解释为与约束相关的边际成本。对偶方法并不直接解决优化问题，而是解决了一个替代问题，这个问题被称为对偶问题。为了说明对偶方法的一般性，以式（4-1）提到的优化问题为例。如果 $\mathbf{x}^*$ 代表式（4-1）的一个局部最优解，那么在 $\boldsymbol{\lambda}\geqslant0$，$\boldsymbol{\mu}\geqslant0$ 的条件下，存在拉格朗日乘子 $\boldsymbol{\lambda}^*\geqslant0$，$\boldsymbol{\mu}^*\geqslant0$，对偶函数可表示为

$$\phi(\boldsymbol{\lambda},\boldsymbol{\mu})=\min_{x\in B(x^*,r)}[f(\mathbf{x})+\boldsymbol{\lambda}^t\mathbf{h}(\mathbf{x})+\boldsymbol{\mu}^t\mathbf{g}(\mathbf{x})] \tag{4-15}$$

对偶定理证明，下面的对偶问题在 $\boldsymbol{\lambda}^*\geqslant0$，$\boldsymbol{\mu}^*\geqslant0$ 的情况下有局部最优解，它与和式（4-1）是等效问题：

$$\text{最大化}_{\lambda,\mu}\phi(\boldsymbol{\lambda},\boldsymbol{\mu}) \tag{4-16}$$

约束条件：

$$\boldsymbol{\mu}\geqslant0$$

将 MILP 重新表述为以下形式：

$$\text{最小化}\ cx \tag{4-17}$$

约束条件：

$$Ax\leqslant b$$

$$Dx\leqslant e$$

$$x\geqslant0,\in N$$

假设由于第一组约束使得该 MILP 问题求解较为困难，引入一个正向量乘子 λ，将上述 MILP 问题表述为

$$\text{最小化}\ cx+\lambda(b-Ax) \tag{4-18}$$

约束条件：

$$Dx\leqslant e$$

$$x\geqslant0,\in N$$

相比原先的优化问题，修正过的问题更加容易求解。如果目标函数中的约

束条件没有被满足，则目标函数将受到惩罚。一方面，如果 λ 设置太大，虽然约束条件能够得到满足，但是优化结果可能不理想。另一方面，如果 λ 设置太小，则约束条件可能无法满足。采用迭代方法可用来寻找满足约束条件的 λ 值，并给出对于原始无约束条件下的目标函数值。为更新该乘子，需要计算的目标函数导数为

$$L(\lambda)=\min[cx+\lambda(b-Ax)] \tag{4-19}$$

$$\nabla L(\lambda)=Ax-b \tag{4-20}$$

然后，乘子可以在导数方向上更新。一种简单更新乘子的方法如下：

$$\lambda_{\text{new}}=\lambda_{\text{old}}+\alpha(Ax-b) \tag{4-21}$$

通过改变参数 α 大小可以调整步长。步长较小时，求解进程较慢；步长较大时，迭代进程快，但结果可能发散。

1. 示例

考虑下面的优化问题：

$$\text{最大化}\ (16x_1+10x_2+4x_4)$$

约束条件：

$$8x_1+2x_2+x_3+4x_4\leqslant 10$$
$$x_1+x_2\leqslant 1$$
$$x_3+x_4\leqslant 1$$
$$x_1,x_2\geqslant 0,\ \in N$$

通过对第一个约束条件进行松弛，优化问题可变为

$$\text{最大化}\ 16x_1+10x_2+4x_4-\lambda(10-8x_1-2x_2-x_3-4x_4)$$

约束条件：

$$x_1+x_2\leqslant 1$$
$$x_3+x_4\leqslant 1$$
$$x_1,x_2\geqslant 0,\ \in N$$

给定 $\lambda=0$，参数 $\alpha=1$，此外，假设每次迭代 α 减少三分之一，经过四次迭代后，优化结果为 $x=(1,0,0,1)$，见表4-5。

表4-5　拉格朗日松弛示例——迭代结果

迭代次数	λ	α	x_1	x_2	x_3	x_4	z
1	0	1	1	0	0	1	20
2	2	$\frac{1}{3}$	0	1	0	0	6
3	0	$\frac{1}{6}$	1	0	0	1	20
4	0.222	$\frac{1}{9}$	1	0	0	1	18

2. 拉格朗日松弛应用于机组组合问题

对于机组组合问题的一般表达式，目标函数可以按发电机组类型进行分解，同时还有一些与该机组相关的约束条件。因此，如果对部分约束条件进行松弛，那么整个优化问题就可以分解为针对单个发电机组的独立子问题。拉格朗日松弛法就是利用了这种方法对原优化问题进行分解，将约束条件通过罚函数形式整合进目标函数。例如，针对能量平衡约束方程，拉格朗日函数可以表示为

$$£(p,u,\lambda) = C(p_{g,t},u_{g,t}) + \sum_{t=1}^{T}\lambda^{t}(P_{d,t} - \sum_{g=1}^{M}P_{g,t}\times u_{g,t}) \tag{4-22}$$

拉格朗日松弛通过对偶优化方法松弛部分约束条件，来解决机组组合问题。

$$\max_{\lambda^t}\left\{\min_{p_{g,t},u_{g,t}}[£(p,u,\lambda)]\right\} \tag{4-23}$$

计算过程分两步完成：

1）计算 λ^t 使得拉格朗日函数最大化

$$\min_{p_{g,t},u_{g,t}}[£(p,u,\lambda)]$$

2）假设上一步计算得到的乘子不变，再去求解最小化拉格朗日函数，从而得到调整后的决策变量 $p_{g,t}$和 $u_{g,t}$。第二步的具体计算方式如下：

$$£(p,u,\lambda) = \sum_{g=1}^{M}\left[\sum_{t=1}^{T}\{C_i(p_{g,t})\times u_{g,t} - \lambda^t\times p_{g,t}\times u_{g,t}\}\right]$$

由于 $\sum_{t=1}^{T}(\lambda^t\times P_D^t)$ 为常数，可对拉格朗日函数进行分解，因此可以计算出目标函数的最小值

$$\min_{p_{g,t},u_i^t}[£(p,u,\lambda)] = \sum_{i=1}^{M}\min_{p_{g,t},u_i^t}\left\{\sum_{i=1}^{T}[C_i(p_{g,t})\times u_{g,t} - \lambda^t\times p_{g,t}\times u_{g,t}]\right\}$$

约束条件如式（4-10）~式（4-12）所示。每个机组的最小值可以使用渐近式动态优化方式计算

$$\min_{p_{g,t},u_{g,t}}\left\{\sum_{t=1}^{T}[C_i(p_{g,t})\times u_{g,t} - \lambda^t\times p_{g,t}\times u_{g,t}]\right\}$$

约束条件：

$$u_{g,t}p_g^{\min}\leqslant p_{g,t}\leqslant u_{g,t}p_g^{\max}, t=1,\cdots,T$$

如果机组 g 停运，则目标函数为零，否则

$$\min\left\{\sum_{t=1}^{T}[C_i(p_{g,t}) - \lambda^t\times p_{g,t}]\right\}$$

约束条件如式（4-10）~式（4-12）所示。

考虑到动态规划的对象是每台发电机组，优化问题降维后对渐近式动态优化的结果的影响不大。当前问题的求解是一个迭代问题，这要分为两个层面，即主问题和分解后的子问题。对偶方法主要用在解决主问题上，被松弛的约束产生的成本将会加到每个子问题中，即被松弛约束的拉格朗日乘子。在第二层中，子问题得到解决，乘子系数也会得到不断的修正。

$$\phi(\lambda) = \min_{p_{g,t},u_{g,t}} [\pounds(p,u,\lambda)]$$

$$u_{g,t}p_g^{\min} \leqslant p_{g,t} \leqslant u_{g,t}p_g^{\max}, t=1,\cdots,T$$

需要注意的是，机组组合中的对偶函数是不可微的，因此在考虑整数变量$u_{g,t}$的情况下，机组组合问题不是一个凸优化问题。这就是原问题与对偶问题之间存在差异的原因。

$$C\left(p_{g,t^*}, u_g^{t*}\right) - \phi(\lambda^*)$$

这个值被称为对偶间隙，它与优化问题的计算规模无关，且满足

$$C\left(p_{g,t}^*, u_g^{t*}\right) \geqslant \phi(\lambda)$$

因此，使用拉格朗日松弛法得到的是近似最优解。

4.4.4　混合整数规划方法

一般来说，使用MIP方法解决机组组合问题，需要将目标函数和约束条件线性化，MIP问题变为MILP问题。这种情况下，可以使用分支定界法。由于不等式约束条件的存在，需要在机组组合问题中增加额外的整数变量，这使得MIP问题变得难以求解，出现NP难题。分支定界（Branch and Bound，B&B）作为求解MIP公式的方法得到广泛应用，该方法通过依次求解线性规划问题来求解MIP问题。

分支定界

分支定界方法通过执行序列线性规划问题来解决MILP问题。其中，序列线性规划问题通过松弛整数约束条件以及添加其他约束条件得以求解。

在迭代过程中，随着方法不断改进，附加约束条件的数量会逐渐增加，可行域将被划分为若干子集。迭代开始时，需要设置最小和最大值边界。之后，迭代的优化策略是减小上限和增加下限。通过逐步缩小最大值与最小值的差距，结果将逐步向最优解逼近。当出现以下三种结果时分支计算结束：①问题无解；②满足整数条件；③下限值超过当前上限。以上三种结果对应的分支是无效的。

实际中，用分支定界法方法解决MILP问题的步骤如下：

（1）初始化　设置上下限值，松弛整数约束条件。如果问题不可行，则没有最优解。如果解是整数，则求解完成；否则根据计算结果更新下限边界。

（2）分支　将当前解中一个的整数变量当成非整数将会产生两个问题。考虑将变量赋值 $a.b$，其中 b 是十进制小数，a 是整数值。此时问题有两种处理方式，一种是设置变量为 a，另一种是设置变量为 $(a+1)$。两个问题都可以依次解决。

（3）解决方案　按照排序依次解决下一个问题。

（4）边界更新　如果当前解是整数，且目标函数值小于上限，那么将这个解保存为当前最优解。如果求解值在最大值和最小值之间，则将下限值更新为当前解，执行另一个分支。

（5）分支削减　以下情况下分支将消除，即整数解、求解值大于上限值，或者无解。

（6）最优性　如果排序列表不为空，则返回步骤（3）否则停止算法并检查最优解列表。如果列表为空，那么问题是不可行的。

步骤（1）和（6）给出了算法的结果。任何非整数变量都是一个分支的候选结果，分支的选择需要通过筛选待求解问题进行。

为了加快子问题求解迭代，可以选择不同的策略，即广度优先搜索和深度优先搜索。深度优先搜索的优势是能够更快地确定上下界、不可行问题和消除分支。广度优先搜索可以生成初始相似路径，这些路径在搜索过程中可以被利用。分支定界方法可以描述为图 4-1。

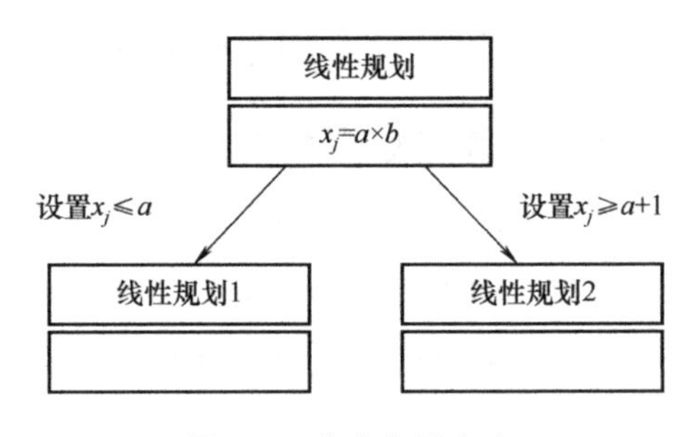

图 4-1　分支定界方法

（1）示例

$$\text{最大化}\, z = -3x_1 - 5x_2$$

约束条件：

$$x_1 + x_2 \leqslant 8$$

$$2x_1 + 7x_2 \leqslant 25$$

$$x_1, x_2 \geqslant 0, \in N$$

一旦定义了数学模型，接下来的主要任务就是用计算求解器对问题进行建模。图 4-2 说明了分支定界方法的迭代过程。

（2）生产成本　以下为凸模型的数学建模：

$$\mathrm{Cp}_{g,t} = u_{g,t}\mathrm{c}_g + \sum_{b=1}^{\mathrm{B}} \mathrm{F}_{b,g}\delta_{b,g,t} \qquad \forall g, \forall t \tag{4-24}$$

$$p_{g,t} = u_{g,t}\underline{P}_g + \sum_{b=1}^{\mathrm{B}} \delta_{b,g,t} \qquad \forall g, \forall t \tag{4-25}$$

$$(\mathrm{Tr}_{1,g} - \underline{P}_g) \leqslant \delta_{1,g,t} \qquad \forall g, \forall t \tag{4-26}$$

$$\delta_{1,g,t} \leqslant (\mathrm{Tr}_{1,g} - \underline{P}_g) u_{g,t} \qquad \forall g, \forall t \qquad (4\text{-}27)$$

$$(\mathrm{Tr}_{b,g} - \mathrm{Tr}_{b-1,g}) \leqslant \delta_{b,g,t} \quad \forall g, \forall t, b=2,\cdots,B-1 \qquad (4\text{-}28)$$

$$\delta_{b,g,t} \leqslant (\mathrm{Tr}_{b,g} - \mathrm{Tr}_{b-1,g}) \quad \forall g, \forall t, b=2,\cdots,B-1 \qquad (4\text{-}29)$$

$$\delta_{\mathrm{B},g,t} \geqslant 0 \qquad \forall g, \forall t \qquad (4\text{-}30)$$

$$\delta_{\mathrm{B},g,t} \leqslant (\overline{P}_g - \mathrm{Tr}_{B-1,g}) \qquad \forall g, \forall t \qquad (4\text{-}31)$$

式中，$u_{g,t}$为一个二进制变量，表示机组 g 在时间 t 的状态；c_g 为机组 g 的固定成本；B 为 PWL 近似使用的出力分段数；$F_{b,g}$机组表示 g 在每个出力分段 b 的斜率；$p_{g,t}$为机组 g 在时段 t 的出力；$\underline{P}_g$ 为机组 g 的最小出力限制；$\mathrm{Tr}_{b,g}$机组表示 g 在出力分段 b 内的最小和最大出力限制；$\delta_{b,g,t}$为在时段 t 起动机组 g 的出力分段 b 的二进制变量。

（3）约束建模　这里主要描述与机组组合热力问题相关的一些全局和局部约束，以说明基于 MILP 的机组组合问题建模的复杂性。

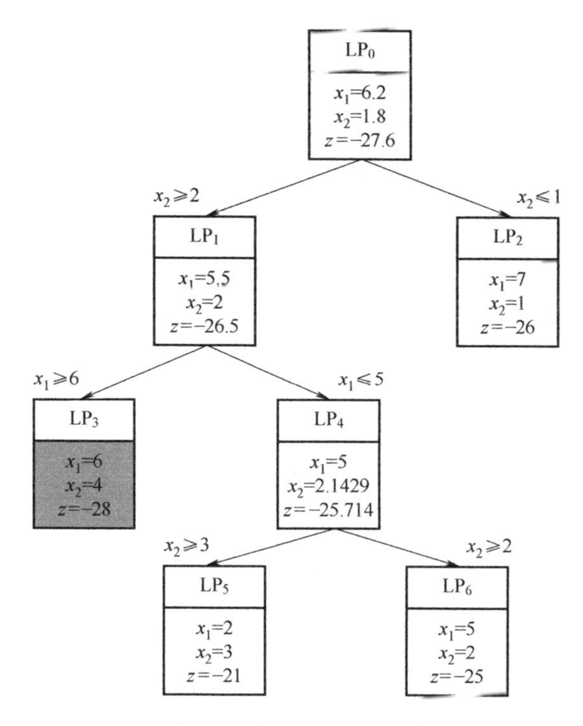

图 4-2　分支定界方法案例

（4）能量平衡　一般来说，在 MILP 机组组合公式中对全局约束进行建模并不困难。能量平衡建模的数学表达式如下：

$$\sum_{g \in \mathrm{G}} p_{g,t} = D_t, \forall t \qquad (4\text{-}32)$$

式中，D_t 是 t 时段的系统负荷。

（5）局部约束　对于火电机组组合问题，局部约束通常包括最短运行时间、发电机组容量限制、爬坡限制以及逻辑或二元关系限制。

最短运行/停机时间：最短运行时间表示机组一旦开始运行后必须保持开启状态的最短时间，最短停机时间表示机组停止运行后必须保持关闭的最短时间。

通常用六个约束方程来表示上述约束，这些方程考虑三个时段，即初始阶段、结束阶段、中间阶段，包含三个二进制变量，即状态 $u_{g,t}$、起动 $s_{g,t}$和停机 $h_{g,t}$。

$$\sum_{k=1}^{L_g}(1-u_{g,k})=0 \qquad \forall g, L_g=\min[\mathrm{T}, u_{g0}(\mathrm{UT}_g-\mathrm{T}_g^{\mathrm{on}})] \tag{4-33}$$

$$\sum_{i=k}^{k+\mathrm{UT}_g-1}u_{g,i}\geqslant s_{g,k}\mathrm{UT}_g \qquad \forall g, \forall k=L_g+1,\cdots,\mathrm{T}-\mathrm{UT}_g+1 \tag{4-34}$$

$$\sum_{i=k}^{\mathrm{T}}(u_{g,i}-s_{g,k})\geqslant 0 \qquad \forall g, \forall k=\mathrm{T}-\mathrm{UT}_g+2,\cdots,\mathrm{T} \tag{4-35}$$

$$\sum_{k=1}^{F_g}u_{g,k}=0 \qquad \forall g, F_g=\min[\mathrm{T},(1-u_{g0})(\mathrm{DT}_g-\mathrm{T}_g^{\mathrm{off}})] \tag{4-36}$$

$$\sum_{i=k}^{k+\mathrm{DT}_g-1}(1-u_{g,t})\geqslant h_{g,k}\mathrm{DT}_g \quad \forall g, k=F_g+1,\cdots,\mathrm{T}-\mathrm{DT}_g+1 \tag{4-37}$$

$$\sum_{i=k}^{\mathrm{T}}(1-u_{g,i}-h_{g,k})\geqslant 0 \quad \forall g, k=\mathrm{T}-\mathrm{DT}_g+2,\cdots,\mathrm{T} \tag{4-38}$$

式中，UT_g 和 DT_g 为所需最短运行和停机时间；$s_{g,k}$为开机二进制变量；$h_{g,k}$为停机二进制变量；T_g^{on} 和 T_g^{off} 表示机组 g 在初始阶段 $t=0$ 时已经运行和停机的时间。

4.5　机组组合问题面临的新挑战

当前机组组合问题面临着一些新挑战。对于大规模实际系统，求解系统需要处理的发电机数量不断增加，因此有必要发展新的计算方法来缩减机组组合问题的规模和处理大量的控制变量。同时，机组组合问题需要考虑其他约束，例如碳排放、可再生能源资源、风力发电、光伏发电和储能等，这些模型可能是二阶模型。此外，还需要在模型中考虑意外事件发生，包括系统功率交换、发电故障、设备停电等。这些事件与离散干扰有关。

大比例可再生能源发电接入和电力需求的价格弹性提升，也会给机组组合的方法论带来新的挑战。未来，求解机组组合问题需要有效处理公式中的各种变量和不确定性。例如，为了在机组组合中充分考虑波动性电源和负荷，需要提高预测工具的准确性，需要构建随机机组组合模型来捕捉各类不确定行为，甚至需要在预定范围内执行多机组组合方案，而不是一次性解决方案。另外，还需要有新的评估方法来进行机组组合评估，例如随机优化、概率约束或鲁棒优化。

章节问题

4.1　考虑一个具有三台发电机（表 4-1）和 500MW 固定负荷的电力系统，时间尺度为 2h。成本函数如下形式：

$$C(P_G)=a+bP_G+cP_G^2$$

请使用拉格朗日松弛方法进行机组组合问题求解。所有机组初始状态均为停机，最短运行和停机时间均为 1h。乘子初始值设为 1，不需要备用。

4.2　用分支定界法找出下面问题的所有整数解。

目标函数：求 z 的最大值

$$z=-x_1+4x_2$$

约束条件：

$$-10x_1+20x_2\leqslant 22$$

$$5x_1+10x_2\leqslant 49$$

$$x_1\leqslant 5$$

$$x_1, x_2\geqslant 0, \in N$$

4.3　使用分支定界切割解决下列整数规划问题。

目标函数：求 z 的最大值

$$z=3x_1+4x_2$$

约束条件：

$$3x_1-x_2\leqslant 12$$

$$3x_1+11x_2\leqslant 66$$

$$x_1, x_2\geqslant 0, \in N$$

4.4　求解三台发电机系统的机组组合问题。相关参数如下：总运行模拟时间为 3h，3h 内三台机组负荷分别为 450MW、530MW 和 600MW。所有机组的最短运行和停机时间为 1h。三台机组的初始条件分别为开、开和关。

机组名称	最小出力	最大出力	成本	起动成本
G_1	60	250	9	1.75
G_2	50	300	8365	5
G_3	25	65	12	0

拓展阅读

1. Gruhl J, Schweppe F, Ruane M. Unit commitment scheduling of electric power systems. In: Systems Engineering for Power, Status and Prospects—Proceedings of an Engineering Foundation Conference, August 1975.
2. Sheble G, Fahd G. Unit commitment literature synopsis. *IEEE Transactions on Power Systems* 1994;9(1):128–135.
3. Padhy NP. Unit commitment—a bibliographical survey. *IEEE Transactions on Power Systems* 2004;19(2):55–62.

4. Cohen A, Sherkat V. Optimization-based methods for operations scheduling. *Proceedings of the IEEE* 1987;75(12):1574–1591.
5. Wood AJ, Wollenberg BF. *Power Generation, Operation, and Control*, 2nd edition. New York: John Wiley & Sons; 1996.
6. Li T, Shahidehpour M. Price-based unit commitment: a case of Lagrangian relaxation versus mixed integer programming. *IEEE Transactions on Power Systems* 2005;20(4):2015–2025.
7. Ma H, Shahidehpour M. Unit commitment with transmission security and voltage constraints. *IEEE Transactions on Power Systems* 1999;14(2):757–764.
8. Wolsey LA, Nemhauser GL. *Integer and Combinatorial Optimization*, 1st edition. New York: Wiley-Interscience; 1996.
9. Carrión M, Arroyo JM. A computationally efficient mixed-integer linear formulation for the thermal unit commitment problem. *IEEE Transactions on Power Systems* 2006;21(3):1371–1378.
10. Chang CW, Waight JG. A mixed integer linear programming based hydro unit commitment. In: Proceedings of IEEE Power Engineering Society Summer Meeting, July 1999.
11. Kerr RH, Scheidt JL, Fontanna AJ, Wiley JK. Unit commitment. *IEEE Transactions on Power Apparatus and Systems* 1966;PAS-85(5):417–421.
12. Shoults RR, Chang SK, Helmick S, Grady WM. A practical approach to unit commitment, economic dispatch and savings allocation for multiple-area pool operation with import/export constraints. *IEEE Transactions on Power Apparatus and Systems* 1980;PAS-99(2):625–635.
13. Bellman RE, Dreyfus SE. *Applied Dynamic Programming*. Princeton, NJ: Princeton University Press; 1960.
14. Lowery P. Generating unit commitment by dynamic programming. *IEEE Transactions on Power Apparatus and Systems* 1966;PAS-85(5):422–426.
15. Luenberger DG. *Linear and Nonlinear Programming*. Addison-Wesley; 1989.
16. Bazaraa MS, Sherali HD, Shetty CM. *Nonlinear Programming: Theory and Algorithms*, 3rd edition. Hoboken, NJ: John Wiley & Sons; 2006.
17. Merlin A, Sandrin P. A new method for unit commitment at Électricité de France. *IEEE Transactions on Power Apparatus and Systems* 1983;PAS-102(5):1218–1225.
18. Snyder WL, Powell HD, Rayburn JC. Dynamic programming approach to unit commitment. *IEEE Transactions on Power Systems* 1987;2(2):339–348.
19. Hobbs WJ, Hermon G, Warner S, Shelbe GB. An enhanced dynamic programming approach for unit commitment. *IEEE Transactions on Power Systems* 1988;3(3):1201–1205.
20. Arroyo JM, Conejo AJ. Optimal response of a thermal unit to an electricity spot market. *IEEE Transactions on Power Systems* 2000;15(3):1098–1104.

第5章 电力系统经济调度

经济调度是电力系统经济运行的核心。除了要保持可靠性，电力系统运行还需以尽可能低的成本满足预测的系统负荷。正如第4章所述，在获得机组组合问题的解决方案后，方可进行经济调度。因此，经济调度和机组组合对优化系统运行至关重要。

5.1 简介

经济调度（Economic Dispatch，ED）是指在考虑发电机组限制的情况下，确定发电机组组合或电力计划的发电调度，以尽可能低的成本满足所需的负荷需求。经济调度的概念并不新鲜，其最初想法可以追溯到20世纪20年代的美国。乔治·戴维森在1922年发表的一篇文章中表示，想要建立机组运行计划，就必须对不同负荷下不同涡轮机组合的燃料消耗进行计算。他的另外两个类似的著作也讨论了这些问题。基于这些想法，经济调度问题的解决方法自20世纪30年代起得以发展和实施。发展初期，等耗量微增率准则（Equal Incremental Cost Criterion，EICC）应用范围最广。此后，为了改进生产成本最小化算法，其他几种新的算法不断被开发。

5.2 发电成本

经济调度问题主要取决于发电机组的成本函数。因此，了解发电机组的成本和输出功率之间的关系十分重要。电能成本因发电机组技术而异。但是，一般来说，成本与功率的关系可以用四种不同类型的曲线表示，即投入-产出曲线、燃料成本曲线、热耗率曲线和耗量微增率曲线。

5.2.1 投入-产出曲线

投入-产出曲线可以通过对现场数据进行实验得出，即改变燃料消耗并测量该消耗对应的功率输出。对于每个发电机组，必须有最小和最大出力值（也称为运行限制）。图 5-1 说明了一个典型的火电机组的投入-产出曲线。

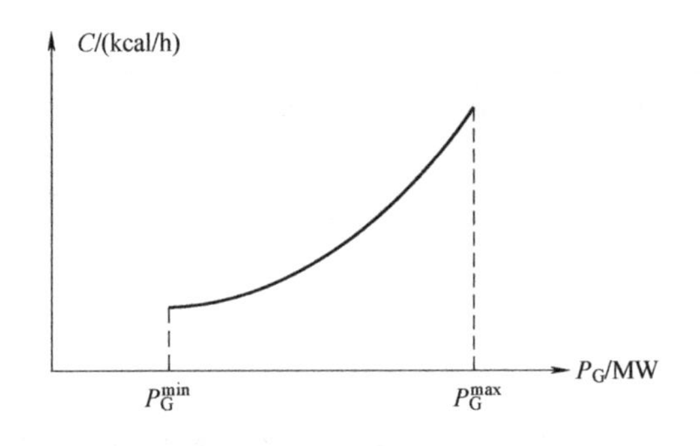

图 5-1　火电机组的投入-产出曲线

5.2.2　燃料成本曲线

发电机组的燃料成本曲线表示为发电成本与发电量的函数。对于大多数发电商来说，发电成本的大部分都来自于燃料成本。发电成本还包括运营和维护（O&M）的可变成本以及排放成本。发电机组 i 的燃料成本曲线可以看作是二次多项式函数

$$C(P_{G_i}) = a_i + b_i P_{G_i} + c_i P_{G_i}^2 \tag{5-1}$$

机组 i 的系数（a_i，b_i，c_i）可以通过机组设计参数或现场测量获得。机组 i 的运行限制可表示为

$$P_{G_i}^{min} \leqslant P_{G_i} \leqslant P_{G_i}^{max} \tag{5-2}$$

式（5-1）所示曲线的关键问题在于二次函数使优化问题非线性化。为了将非线性问题转化为线性问题，二次函数可以近似为线性或分段线性曲线。

5.2.3　热耗率曲线

通过机组的燃料成本（\$/UComb）和热耗率（Heat Rate，HR）（kcal/UComb），可以将每小时燃料消耗换算成每小时发电成本（\$/h）

$$\left[\frac{\$}{\mathrm{h}}\right] = \left[\frac{\mathrm{kcal}}{\mathrm{h}}\right]\left[\frac{\$}{\mathrm{UComb}}\right]\frac{1}{\mathrm{HR}} \tag{5-3}$$

通过量热法进行标准测量，可以获得两个热耗率值，即包括汽化潜热的最大热耗率和不包括汽化潜热的最低热耗率。两者之间的主要区别在于燃料中氢元素的百分比含量不同。图 5-2 所示为发电机组的典型热耗率曲线。

5.2.4　耗量微增率曲线

耗量微增率曲线是成本曲线的导数，可以用于表示成本与功率的关系。如

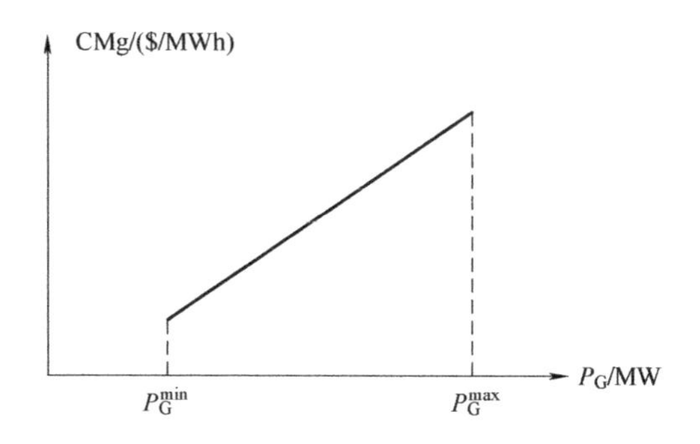

图 5-2　热耗率曲线

果式（5-1）对 P_{G_i} 求导，则可以得到以下等式：

$$\frac{\mathrm{d}C(P_{G_i})}{\mathrm{d}P_{G_i}} = b_i + 2c_i P_{G_i} \tag{5-4}$$

此外，耗量微增率曲线表示一个发电机组增加或减少一个单位的发电量时，其投入成本的增量变化。图 5-3 所示为典型的耗量微增率曲线。

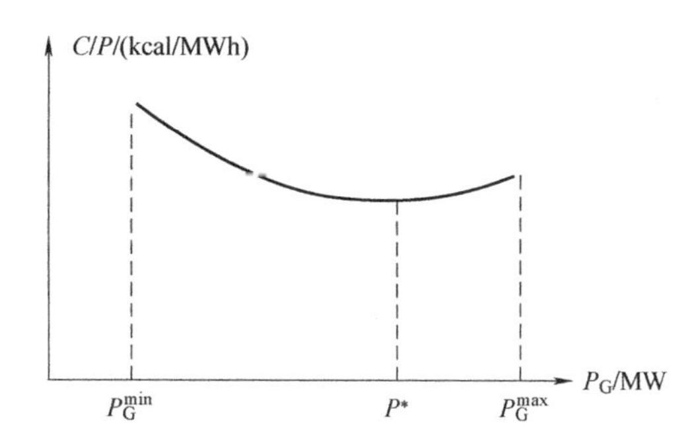

图 5-3　耗量微增率曲线

最后，热耗率的另一个重要特征是其与机组功率的关系。公式如下：

$$\eta = \frac{1}{\frac{C}{P_G}} f_{conv} \tag{5-5}$$

转换因子 f_{conv} 为

$$1\text{kW} \cdot \text{h} = 860\text{kcal} = 3.412\text{Btu}$$

5.3　经济调度的数学表达

数学上，经济调度问题可以通过式（4-1）定义的含约束静态优化问题来表述。一阶最优条件（或称为 Karush-Kuhn-Tucker，KKT）条件规定，如果

$\mathbf{x}^*$是最优解，则$\exists\lambda_i\in R$，$i=1$，…，r以及$\mu_j\geqslant 0$，$j=1$，…，p，使得

$$\nabla \pounds(\mathbf{x}^*)=0$$
$$u_j g_j(\mathbf{x}^*)=0, j=1,\cdots p \tag{5-6}$$

其中

$$\pounds=f+\boldsymbol{\lambda}^t\mathbf{h}+u^t\mathbf{g}$$

为拉格朗日函数。

5.4 经济调度问题

一般来说，经济调度问题可以定义为以下非线性优化问题：

$$最小化\left\{\sum_{i=1}^{M}C_i(P_{G_i})\right\} \tag{5-7}$$

约束条件：

$$\sum_{i=1}^{M}P_{G_i}=P_L+\sum_{i=1}^{N}P_{D_i}$$
$$P_{G_i}^{\min}\leqslant P_{G_i}\leqslant P_{G_i}^{\max}, i=1,\cdots,M$$

式中，M为发电机组的数量；N为负荷节点的数量。目标函数为有功发电总成本的最小化，由非线性函数C表示，其中关键变量是发电机组有功功率P_{G_i}。但是，可以用线性分段函数代替非线性函数，把它变为线性优化问题。第一个约束条件表示功率平衡方程，其中P_{D_i}为节点i的负荷，P_L为有功功率总损耗。第二个约束条件代表每个发电机组的最小和最大出力限制。

为了建立一阶最优条件，拉格朗日函数可以定义为

$$\pounds=\sum_{i=1}^{M}C_i(P_{G_i})+\lambda\left[P_L+\sum_{i=1}^{N}P_{D_i}-\sum_{i=1}^{M}P_{G_i}\right]+\sum_{i=1}^{M}\left[\mu_i^{\min}\left(P_{G_i}^{\min}-P_{G_i}\right)+\mu_i^{\max}\left(P_{G_i}-P_{G_i}^{\max}\right)\right] \tag{5-8}$$

式中，λ为功率平衡方程的拉格朗日乘子；$\mu_i^{\min}$和$\mu_i^{\max}$表示功率极限方程的相应拉格朗日乘子。根据该方程，可以推导出一阶最优条件（KKT）如下：

对于$P_{G_i}^{\min}<P_{G_i}<P_{G_i}^{\max}$

$$\frac{\mathrm{d}C_i(P_{G_i})}{\mathrm{d}P_{G_i}}+\lambda\left(\frac{\partial P_L}{\partial P_{G_i}}-1\right)=0$$

如果$P_{G_i}=P_{G_i}^{\min}$

$$\frac{\mathrm{d}C_i(P_{G_i})}{\mathrm{d}P_{G_i}}+\lambda\left(\frac{\partial P_L}{\partial P_{G_i}}-1\right)-\mu_i^{\min}=0,\ \mu_i^{\min}\geqslant 0 \tag{5-9}$$

$$\text{如果 } P_{G_i}=P_{G_i}^{\max}$$
$$\frac{\mathrm{d}C_i(P_{G_i})}{\mathrm{d}P_{G_i}}+\lambda\left(\frac{\partial P_L}{\partial P_{G_i}}-1\right)+\mu_i^{\max}=0,\mu_i^{\max}\geqslant 0$$
$$\sum_{i=1}^{M}P_{G_i}=P_L+\sum_{i=1}^{N}P_{D_i}$$

5.5　不考虑网损的经济调度公式

为简单起见，可以先忽略损耗，此时 $P_L=0$。在没有成网的情况下，所有发电机组和负荷都连接到一根母线上，如图 5-4 所示。这种近似情况可以让人们更方便地分析问题。

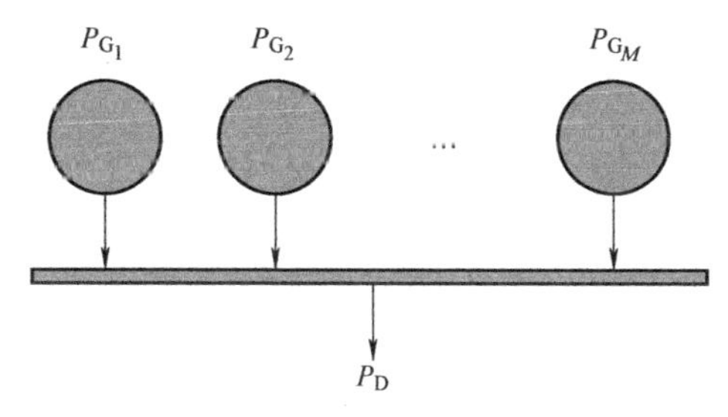

图 5-4　单节点调度

一阶最优条件（KKT）为

$$\text{对于 } P_{G_i}^{\min}<P_{G_i}<P_{G_i}^{\max}$$
$$\frac{\mathrm{d}C_i(P_{G_i})}{\mathrm{d}P_{G_i}}=\lambda$$
$$\text{如果 } P_{G_i}=P_{G_i}^{\min}$$
$$\frac{\mathrm{d}C_i(P_{G_i})}{\mathrm{d}P_{G_i}}-\mu_i^{\min}=\lambda,\mu_i^{\min}\geqslant 0 \tag{5-10}$$
$$\text{如果 } P_{G_i}=P_{G_i}^{\max}$$
$$\frac{\mathrm{d}C_i(P_{G_i})}{\mathrm{d}P_{G_i}}+\mu_i^{\max}=\lambda,\mu_i^{\max}\geqslant 0$$
$$\sum_{i=1}^{M}P_{G_i}=\sum_{i=1}^{N}P_{D_i}$$

在其运行范围内的所有发电机组边际成本相同。通常用符号 λ 表示拉格朗日乘子，成本比 λ 高的发电机组将以最小出力运行，成本低于 λ 的机组将以最大出力运行。

$$\mu_i^{\min}\geqslant 0\Longrightarrow\frac{\mathrm{d}C_i}{\mathrm{d}P_{G_i}}(P_{G_i}^{\min})=\lambda+\mu_i^{\min}\geqq\lambda$$

$$\mu_i^{\max} \geqslant 0 \Longrightarrow \frac{\mathrm{d}C_i}{\mathrm{d}P_{\mathrm{G}_i}}(P_{\mathrm{G}_i}^{\max}) = \lambda - \mu_i^{\max} \leqq \lambda$$

例如，图 5-5 表示 λ 在运行成本范围内时含有两台机组的系统调度选择，图 5-6 所示为低成本机组的调度情况，图 5-7 所示为高成本机组的调度情况。

本例中考虑的成本函数参数见表 4-1。

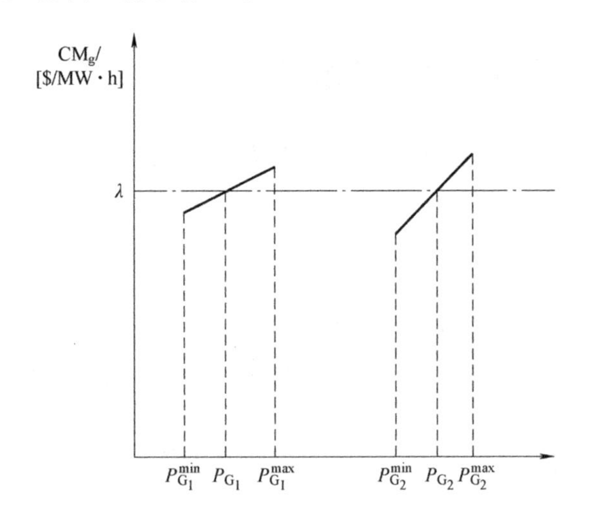

图 5-5　双机组调度

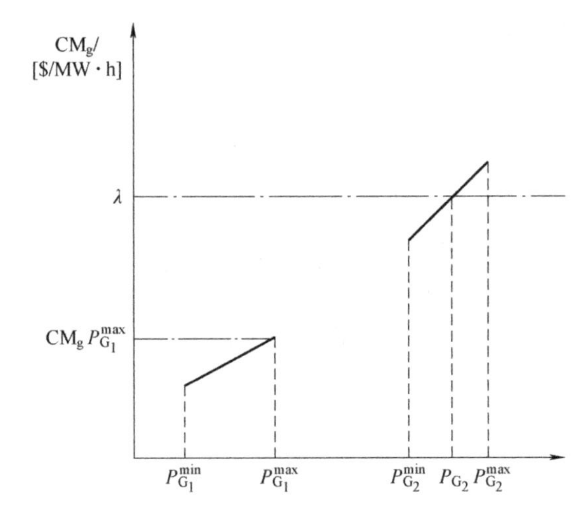

图 5-6　低成本机组调度

从 KKT 条件可得

$$\frac{\mathrm{d}C_{\mathrm{G}_1}}{\mathrm{d}P_{\mathrm{G}_1}} = 2227 + 2 \times 9.60P_{\mathrm{G}_1} = \lambda$$

$$\frac{\mathrm{d}C_{G_2}}{\mathrm{d}P_{G_2}}=2373+2\times14.20P_{G_2}=\lambda$$

$$\frac{\mathrm{d}C_{G_3}}{\mathrm{d}P_{G_3}}=2500+2\times18.95P_{G_3}=\lambda$$

$$P_{G_1}+P_{G_2}+P_{G_3}=P_L$$

这些方程的解为 $P_{G_1}=234.7\text{MW}$，$P_{G_2}=153.6\text{MW}$，$P_{G_3}=111.7\text{MW}$，$\lambda=6.734\text{kcal}/(\text{MW}\cdot\text{h})$。该结果满足负荷约束且所有机组都在限制范围内，所有机组将以相同的边际成本运行，即系统边际成本 λ。

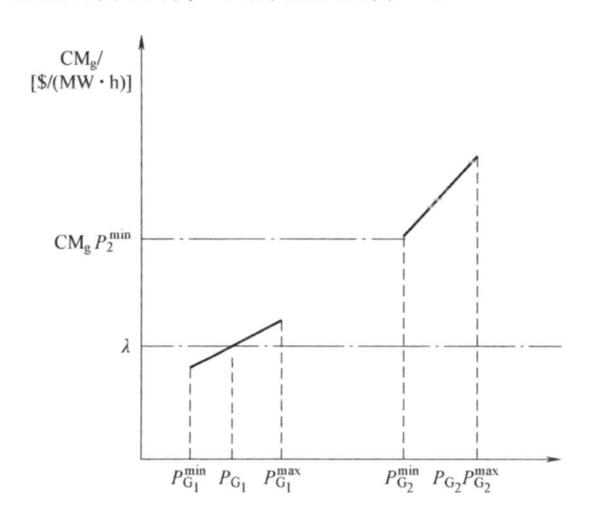

图5-7　高成本机组调度

5.6　经济调度的数值方法

目前已提出多种解决经济调度（ED）问题的方法。这些方法主要分为三类，即启发式方法、传统方法、惩罚函数法。

（1）启发式方法　启发法利用经济调度问题的结构，最著名的启发式方法是 λ 迭代法、基点法和参与因子方法。

（2）传统方法　传统方法是基于直接搜索最优解的算法，例如简化梯度法或广义简化梯度法。

（3）惩罚函数法　在该类方法中，约束问题近似于无约束问题。

为了说明不同的方法，下文将对一些最简单的方法进行解释。

5.6.1　λ 迭代法

λ 迭代法虽然非常简单，但是需要注意的是，可能会出现收敛问题。流程

图 5-8 所示为算法步骤。

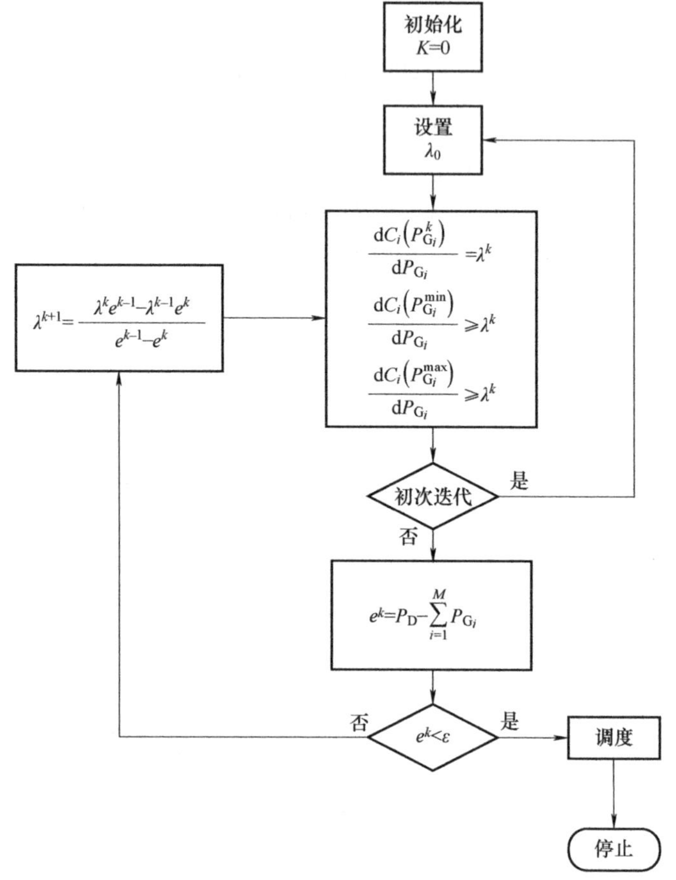

图 5-8　λ 迭代法

鉴于前面介绍的三个机组的例子，假设 $\lambda^{(1)}=5000\text{kcal/(MW}\cdot\text{h)}$。那么，KKT 条件为

$$\frac{dC_{G_1}}{dP_{G_1}}=2227+2\times9.60P_{G_1}=5000$$

$$\frac{dC_{G_2}}{dP_{G_2}}=2373+2\times14.20P_{G_2}=5000$$

$$\frac{dC_{G_3}}{dP_{G_3}}=2500+2\times18.95P_{G_3}=5000$$

初始调度为 $P_{G_1}=144.43\text{MW}$，$P_{G_2}=92.5\text{MW}$，$P_{G_3}=65.96\text{MW}$。在第一次迭代中，约束条件被放宽。初始偏差为

$$e^{(0)}=500-(144.43+92.50+65.96)=197.11\text{MW}$$

正偏差表示需要更多的发电量，或者更大的 λ 值。现假设 $\lambda^{(1)}=7500\text{kcal/(MW}\cdot\text{h)}$，$P_{G_1}=274.63\text{MW}$，$P_{G_2}=180.53\text{MW}$，$P_{G_3}=131.93\text{MW}$。那么，更新后的偏差为

$$e^{(2)}=500-(274.63+180.53+131.93)=-87.1\text{MW}$$

现在我们利用插值得到一个新的 λ

$$\lambda^{(2)}=\frac{\lambda^{(1)}e^{(0)}-\lambda^{(0)}e^{(1)}}{e^{(0)}-e^{(1)}}=\frac{7500\times197.11-5000\times(-87.1)}{197.11-(-87.1)}$$

$$\lambda^{(2)}=6733.85\text{kcal/(MW}\cdot\text{h)}$$

表 5-1 总结了这次和另一次迭代的计算结果。

表 5-1　二次迭代和三次迭代结果

迭代	G_1	G_2	G_3	错误	λ
2	274.63	180.3	131.93	-87.1	6733.85
3	234.73	153.55	111.71	0.0061	

5.6.2　牛顿-拉夫逊法

经济调度的目的是求解式（5-6），由于它是一个向量函数，因此可以找到使梯度接近零的偏差。牛顿-拉夫逊法可应用于此。

最佳解决方案需要符合 KKT 条件，尤其是

$$\nabla \pounds(\mathbf{x}^*)=0 \tag{5-11}$$

如果还考虑发电机组的约束条件，则拉格朗日函数为

$$\pounds=\sum_{i=1}^{M}C_i(P_{G_i})+\lambda\left[\sum_{i=1}^{N}P_{D_i}-\sum_{i=1}^{M}P_{G_i}\right] \tag{5-12}$$

由此

$$\nabla \pounds(\mathbf{x})=\begin{bmatrix}\dfrac{\partial \pounds}{\partial P_{G_1}}\\ \vdots\\ \dfrac{\partial \pounds}{\partial P_{G_M}}\\ \dfrac{\partial \pounds}{\partial \lambda}\end{bmatrix}=\begin{bmatrix}\dfrac{dC_1(P_{G_1})}{dP_{G_1}}-\lambda\\ \vdots\\ \dfrac{dC_M(P_{G_M})}{dP_{G_M}}-\lambda\\ \sum_{i=1}^{N}P_{D_i}-\sum_{i=1}^{M}P_{G_i}\end{bmatrix} \tag{5-13}$$

其中

$$\mathbf{x}=\begin{bmatrix}P_{G_1}\\ \vdots\\ P_{G_M}\\ \lambda\end{bmatrix}$$

最终可以得到以下矩阵系统：

$$\left[\frac{\partial \nabla £(\mathbf{x})}{\partial \mathbf{x}}\right]\Delta \mathbf{x} = -\nabla £(\mathbf{x}) \tag{5-14}$$

拉格朗日-海森矩阵变为

$$\frac{\partial \nabla £(\mathbf{x})}{\partial \mathbf{x}} = \begin{bmatrix} \frac{d^2 £}{dP_{G_1}^2} & \frac{d^2 £}{dP_{G_1} dP_{G_2}} & \cdots & \frac{d^2 £}{dP_{G_1} dP_{G_M}} & \frac{d^2 £}{dP_{G_1} d\lambda} \\ \frac{d^2 £}{dP_{G_2} dP_{G_1}} & \frac{d^2 £}{dP_{G_2}^2} & \cdots & \frac{d^2 £}{dP_{G_2} dP_{G_M}} & \frac{d^2 £}{dP_{G_2} d\lambda} \\ \vdots & \vdots & \ddots & \vdots & \vdots \\ \frac{d^2 £}{dP_{G_M} dP_{G_1}} & \frac{d^2 £}{dP_{G_M} dP_{G_2}} & \cdots & \frac{d^2 £}{dP_{G_M}^2} & \frac{d^2 £}{dP_{G_M} d\lambda} \\ \frac{d^2 £}{d\lambda dP_{G_1}} & \frac{d^2 £}{d\lambda dP_{G_2}} & \cdots & \frac{d^2 £}{d\lambda dP_{G_M}} & \frac{d^2 £}{d\lambda^2} \end{bmatrix} \tag{5-15}$$

拉格朗日的二阶导数结果为

$$\frac{\partial \nabla £(\mathbf{x})}{\partial \mathbf{x}} = \begin{bmatrix} \frac{d^2 C_1(P_{G_1})}{dP_{G_1}^2} & 0 & \cdots & 0 & -1 \\ 0 & \frac{d^2 C_2(P_{G_2})}{dP_{G_2}^2} & \cdots & 0 & -1 \\ \vdots & \vdots & \ddots & \vdots & \vdots \\ 0 & 0 & \cdots & \frac{d^2 C_M(P_{G_M})}{dP_{G_M}^2} & -1 \\ -1 & -1 & \cdots & -1 & 0 \end{bmatrix} \tag{5-16}$$

迭代 k 次的解为

$$\left[\frac{\partial \nabla £(\mathbf{x}^{(k)})}{\partial \mathbf{x}}\right]\Delta \mathbf{x}^{(k)} = -\nabla £(\mathbf{x}^{(k)}) \tag{5-17}$$

然后，可以得到新的运行点为

$$\mathbf{x}^{(k+1)} = \mathbf{x}^{(k)} + \Delta \mathbf{x}^{(k)} \tag{5-18}$$

流程图 5-9 总结了上述方法步骤。

以三机组为例，首先考虑一个初始可行的调度

$$\mathbf{x}^{(0)} = \begin{bmatrix} P_{G_1}^{(0)} \\ P_{G_2}^{(0)} \\ P_{G_3}^{(0)} \\ \lambda^{(0)} \end{bmatrix} = \begin{bmatrix} 200 & \text{MW} \\ 180 & \text{MW} \\ 120 & \text{MW} \\ 5000 & \text{kcal/(MW·h)} \end{bmatrix}$$

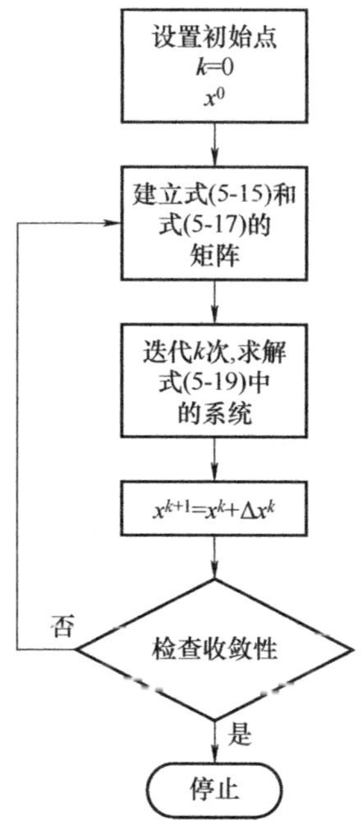

图 5-9　牛顿-拉夫逊法

那么拉格朗日梯度为

$$\nabla \pounds(\mathbf{x}^{(0)}) = \begin{bmatrix} \dfrac{\mathrm{d}C_{G_1}(P_{G_1}^{(0)})}{\mathrm{d}P_{G_1}} - \lambda^{(0)} \\ \dfrac{\mathrm{d}C_{G_2}(P_{G_2}^{(0)})}{\mathrm{d}P_{G_2}} - \lambda^{(0)} \\ \dfrac{\mathrm{d}C_{G_3}(P_{G_3}^{(0)})}{\mathrm{d}P_{G_3}} - \lambda^{(0)} \\ 500 - \left(P_{G_1}^{(0)} + P_{G_2}^{(0)} + P_{G_3}^{(0)}\right) \end{bmatrix} = \begin{bmatrix} 1.067 \\ 2.485 \\ 2.048 \\ 0 \end{bmatrix}$$

海森矩阵为

$$\frac{\partial \nabla \pounds(\mathbf{x}^{(0)})}{\partial \mathbf{x}} = \begin{bmatrix} \dfrac{\mathrm{d}^2 C_{G_1}(P_{G_1}^{(0)})}{\mathrm{d}P_{G_1}^2} & 0 & 0 & -1 \\ 0 & \dfrac{\mathrm{d}^2 C_{G_2}(P_{G_2}^{(0)})}{\mathrm{d}P_{G_2}^2} & 0 & -1 \\ 0 & 0 & \dfrac{\mathrm{d}^2 C_{G_3}(P_{G_3}^{(0)})}{\mathrm{d}P_{G_3}^2} & -1 \\ -1 & -1 & -1 & 0 \end{bmatrix}$$

$$\frac{\partial \nabla \pounds(\mathbf{x}^{(0)})}{\partial \mathbf{x}}=\begin{bmatrix}19.20 & 0 & 0 & -1\\ 0 & 28.40 & 0 & -1\\ 0 & 0 & 37.90 & -1\\ -1 & -1 & -1 & 0\end{bmatrix}$$

解线性方程组

$$\left[\frac{\partial \nabla \pounds(\mathbf{x}^{(0)})}{\partial \mathbf{x}}\right]\Delta\mathbf{x}^{(0)}=-\nabla \pounds(\mathbf{x}^{(0)})$$

更新变量

$$\Delta\mathbf{x}^{(0)}=\begin{bmatrix}\Delta P_{G_1}^{(0)}\\ \Delta P_{G_2}^{(0)}\\ \Delta P_{G_3}^{(0)}\\ \Delta\lambda^{(0)}\end{bmatrix}=\begin{bmatrix}34.7 & \text{MW}\\ -26.4 & \text{MW}\\ -8.3 & \text{MW}\\ 1733.9 & \text{kcal/(MW}\cdot\text{h)}\end{bmatrix}$$

新的运行点为

$$\begin{bmatrix}P_{G_1}^{(1)}\\ P_{G_2}^{(1)}\\ P_{G_3}^{(1)}\\ \lambda^{(1)}\end{bmatrix}=\begin{bmatrix}P_{G_1}^{(0)}\\ P_{G_2}^{(0)}\\ P_{G_3}^{(0)}\\ \lambda^{(0)}\end{bmatrix}+\begin{bmatrix}\Delta P_{G_1}^{(0)}\\ \Delta P_{G_2}^{(0)}\\ \Delta P_{G_3}^{(0)}\\ \Delta\lambda^{(0)}\end{bmatrix}$$

$$\begin{bmatrix}P_{G_1}^{(1)}\\ P_{G_2}^{(1)}\\ P_{G_3}^{(1)}\\ \lambda^{(1)}\end{bmatrix}=\begin{bmatrix}200 & \text{MW}\\ 180 & \text{MW}\\ 120 & \text{MW}\\ 5000 & \text{kcal/(MW}\cdot\text{h)}\end{bmatrix}+\begin{bmatrix}34.7 & \text{MW}\\ -26.4 & \text{MW}\\ -8.3 & \text{MW}\\ 1733.9 & \text{kcal/(MW}\cdot\text{h)}\end{bmatrix}$$

$$\begin{bmatrix}P_{G_1}^{(1)}\\ P_{G_2}^{(1)}\\ P_{G_3}^{(1)}\\ \lambda^{(1)}\end{bmatrix}=\begin{bmatrix}234.7 & \text{MW}\\ 153.6 & \text{MW}\\ 111.7 & \text{MW}\\ 6733.9 & \text{kcal/(MW}\cdot\text{h)}\end{bmatrix}$$

最终调度结果具有可行性。

5.6.3 简化梯度法

该方法的开发最初是为了解决具有线性约束的非线性问题。后来被扩展解决具有非线性约束的非线性问题。考虑以下目标函数：

$$C(\mathbf{P}) = \sum_{i=1}^{M} C_i(P_{G_i}) \tag{5-19}$$

其中

$$\mathbf{P} = \begin{bmatrix} P_1 \\ P_2 \\ \vdots \\ P_M \end{bmatrix} \tag{5-20}$$

如果只考虑一阶泰勒级数，则得到以下近似表达式：

$$\Delta C(\mathbf{P}) = \nabla C(\mathbf{P})^t \Delta \mathbf{P} \tag{5-21}$$

式中，$\nabla C(\mathbf{P})$ 是目标函数在 $\mathbf{P}$ 上的梯度值。通常来说，一个发电机组是一个因变量且可以从公式中删除。为简单起见，如果负荷固定，那么一台发电机组的功率变化可以由另一台发电机组在相反方向的功率变化补偿。换句话说，系统中所有发电机组的功率变化之和必须为零。这可以写为

$$\sum_{i=1}^{M} P_{G_i} = \sum_{i=1}^{N} P_{D_i} \Rightarrow \sum_{i=1}^{M} \Delta P_{G_i} = 0 \tag{5-22}$$

考虑下列等式：

$$\Delta P_{G_k} = -\sum_{i \neq k} \Delta P_{G_i} \tag{5-23}$$

可以通过简化梯度来重写目标函数的变化

$$\Delta C(\mathbf{P}) = \sum_{i \neq k} \left[\frac{\mathrm{d}C_i(P_{G_i})}{\mathrm{d}P_{G_i}} - \frac{\mathrm{d}C_k(P_{G_k})}{\mathrm{d}P_{G_k}} \right] \Delta P_{G_i} \tag{5-24}$$

基于该公式，算法步骤可以总结为流程图 5-10。

使用三机组数据，500MW 负荷的初始可行调度为

$$P_{G_1}^{(0)} = 200\text{MW}$$

$$P_{G_2}^{(0)} = 180\text{MW}$$

$$P_{G_3}^{(0)} = 120\text{MW}$$

总成本为 $C(\mathbf{P})^{(0)} = 2335605\text{kcal/h}$。选择 G_3 作为参考机组，总成本公式的简化梯度为

$$\frac{\mathrm{d}C_{G_1}(P_{G_1}^{(0)})}{\mathrm{d}P_{G_1}} = 2227 + 2 \times 9.60 P_{G_1}^{(0)} = 6067$$

$$\frac{\mathrm{d}C_{G_2}(P_{G_2}^{(0)})}{\mathrm{d}P_{G_2}} = 2373 + 2 \times 14.20 P_{G_2}^{(0)} = 7485$$

$$\frac{\mathrm{d}C_{G_3}(P_{G_3}^{(0)})}{\mathrm{d}P_{G_3}} = 2500 + 2 \times 18.95 P_{\text{Pilar}}^{(0)} = 7048$$

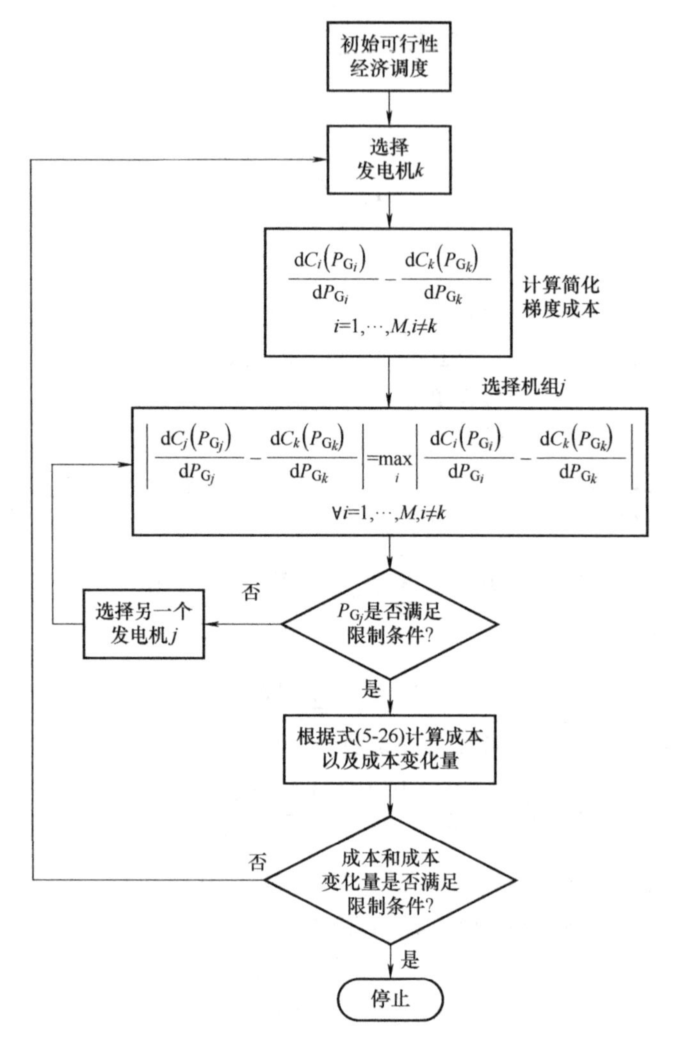

图 5-10 简化梯度法

那么

$$\frac{dC_{G_1}(P_{G_1}^{(0)})}{dP_{G_1}}-\frac{dC_{G_3}(P_{G_3}^{(0)})}{dP_{G_3}}=-981$$

$$\frac{dC_{G_2}(P_{G_2}^{(0)})}{dP_{G_2}}-\frac{dC_{G_3}(P_{G_3}^{(0)})}{dP_{G_3}}=437$$

成本变化为

$$\Delta C(\mathbf{P})=(-981)\Delta P_{G_1}+(437)\Delta P_{G_2}$$

较大的系数与 G_1 相关且为负值，则 G_1 的功率增加，而 G_3 的功率减少，

G_1 和 G_3 变化的值相同

$$P_{G_1}^{(1)}=220\text{MW}$$

$$P_{G_2}^{(1)}=180\text{MW}$$

$$P_{G_3}^{(1)}=100\text{MW}$$

这是一个可行调度，总成本为 $C(P)^{(1)}=2327405\text{kcal/h}<C(P)^{(0)}$。两次迭代之间的成本变化为 $C(P)^{(1)}-C(P)^{(0)}=8200$。

下一次迭代为

$$\frac{\mathrm{d}C_{G_1}(P_{G_1}^{(1)})}{\mathrm{d}P_{G_1}}-\frac{\mathrm{d}C_{G_3}(P_{G_3}^{(1)})}{\mathrm{d}P_{G_3}}=161$$

$$\frac{\mathrm{d}C_{G_2}(P_{G_2}^{(1)})}{\mathrm{d}P_{G_2}}-\frac{\mathrm{d}C_{G_3}(P_{G_3}^{(1)})}{\mathrm{d}P_{G_3}}=1195$$

如果现在最大系数与 G_2 相关且为正值，则 G_2 的功率减少，机组 G_3 的调度量增加相同的数值

$$P_{G_1}^{(2)}=220\text{MW}$$

$$P_{G_2}^{(2)}=160\text{MW}$$

$$P_{G_3}^{(2)}=120\text{MW}$$

同样，这是一个可行性调度，总成本为 $C(P)^{(2)}=2316765\text{kcal/h}<C(P)^{(1)}$，成本差为 $\{C(P)^{(2)}-C(P)^{(1)}\}=10640$。该过程一直持续到成本变化小于预定阈值。

5.7　考虑输电网损的经济调度

在前面的分析中，由于系统建模为单节点系统，所以忽略了损耗产生的影响。经济调度计算应包括网络损耗的影响，电力系统如图 5-11 所示，损耗是发电调度的函数。如果发电厂更靠近负荷，则可以减少损耗的影响。如果发电厂分散在不同地方，则需要通过长距离互连输电，那么损耗的影响就会增加。因此，发电机不仅需要满足系统负荷，还需要满足网络损耗。

可以为每个发电节点定义一个因负荷引起的惩罚因子，如下：

$$fp_i=\frac{1}{1-\dfrac{\partial P_L}{\partial P_{G_i}}} \tag{5-25}$$

式中，$\dfrac{\partial P_L}{\partial P_{G_i}}$为节点 i 的增量损失。如果节点 i 发电量的增加导致总损耗增加，

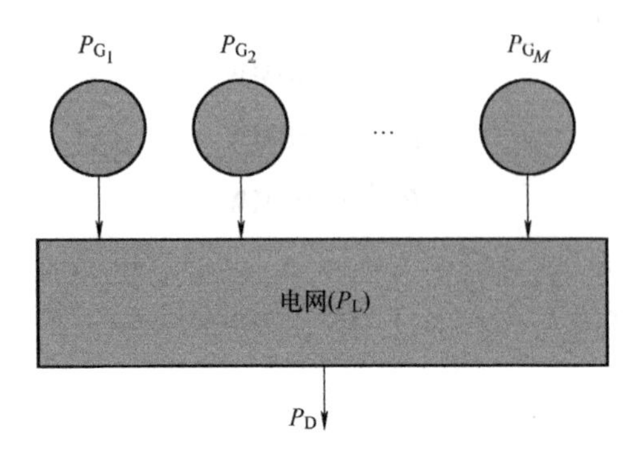

图 5-11　多节点经济调度

那么节点 i 的增量损失为正值

$$\frac{\partial P_L}{\partial P_{G_i}}>0$$

惩罚因子

$$fp_i>1$$

如果节点 i 的发电量的增加导致系统总损耗减小，则节点 i 处的增量损失为负值

$$\frac{\partial P_L}{\partial P_{G_i}}<0$$

惩罚因子

$$fp_i<1$$

因此，最优经济调度指在其运行限制范围内的所有机组均以相同的惩罚边际成本运行，即系统边际成本 λ。

$$fp_i\frac{\mathrm{d}C_i(P_{G_i})}{\mathrm{d}P_{G_i}}=\lambda \tag{5-26}$$

同样，如果机组发电成本较高，其惩罚边际成本大于或等于系统边际成本 λ，则该机组将以最小出力被调度。

$$\mu_i^{\min}\geqslant 0, fp_i\geqq 0\Longrightarrow fp_i\frac{\mathrm{d}C_i}{\mathrm{d}P_{G_i}}(P_{G_i}^{\min})=\lambda+\frac{\mu_i^{\min}}{fp_i}\geqq\lambda \tag{5-27}$$

相反，如果机组发电成本较低，其惩罚边际成本小于或等于系统边际成本 λ，则该机组将以最大出力被调度。

$$\mu_i^{\max}\geqslant 0, fp_i\geqq 0\Longrightarrow fp_i\frac{\mathrm{d}C_i}{\mathrm{d}P_{G_i}}(P_{G_i}^{\max})=\lambda-\frac{\mu_i^{\max}}{fp_i}\leqq\lambda \tag{5-28}$$

损耗对发电调度的影响如图 5-12 所示。

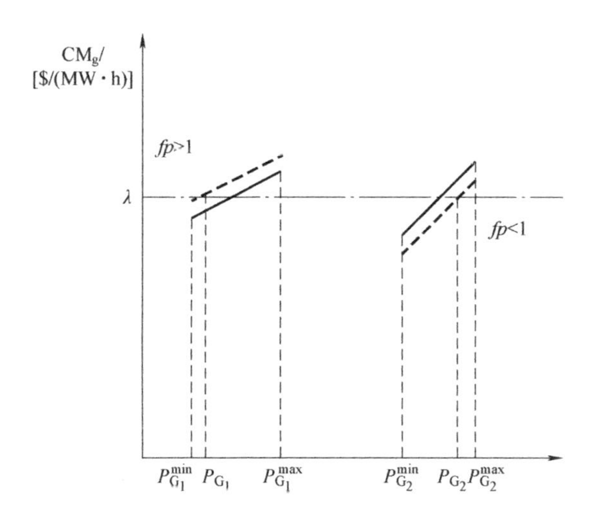

图 5-12　包含电网损耗的双机组调度

5.7.1　总损失和增量损耗计算

主要采取下列两种方法来计算增量损耗和总损耗以及相应的惩罚因子：

1）损耗公式（矩阵 **B**）；

2）潮流计算

由于损耗公式以一组假设为基础，所以其使用只允许作为近似计算。例如，矩阵 **B** 公式为

$$P_{\mathrm{L}} = \mathbf{P}^{\mathrm{T}}\mathbf{B}\mathbf{P} + \mathbf{P}^{\mathrm{T}}\mathbf{B}_0 + B_{00}P_{\mathrm{L}} = \sum_{i=1}^{M}\sum_{j=1}^{M} P_{\mathrm{G}_i}B_{ij}P_{\mathrm{G}_j} + \sum_{i=1}^{M} B_{0i}P_{\mathrm{G}_i} + B_{00} \quad (5\text{-}29)$$

式中，**P** 为发电向量；**B** 为损耗矩阵；$\mathbf{B}_0$ 为损耗向量；B_{00} 为一个常量。考虑以下假设：

1）电压恒定。

2）单个负荷与总负荷线性相关。

$$I_i = \alpha_i I_{\mathrm{D}} + I_i^0 \quad (5\text{-}30)$$

3）无功功率注入是有功功率注入的线性函数。

$$Q_i = \beta_i P_{\mathrm{G}_i} + Q_i^0 \quad (5\text{-}31)$$

那么，边际损耗如下：

$$\frac{\partial P_{\mathrm{L}}}{\partial P_{\mathrm{G}_i}} = 2\sum_{j=1}^{M} B_{ij}P_{\mathrm{G}_j} - B_{00} \quad (5\text{-}32)$$

在考虑损耗的情况下，使用矩阵 **B** 求解多节点经济调度的基本算法如图 5-13 所示。

可以使用上一节介绍的内容来求解坐标方程。在此基础上，部分学者提出

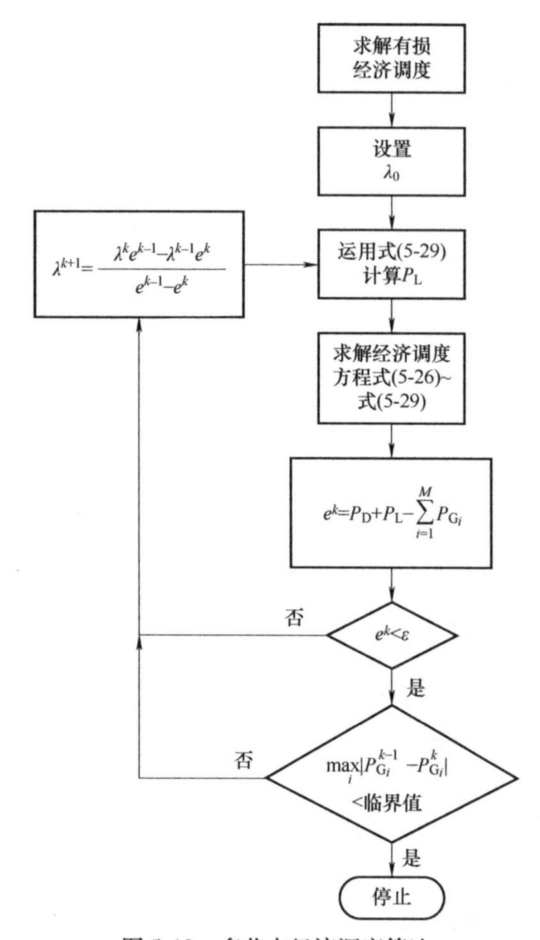

图 5-13　多节点经济调度算法

了计算矩阵 **B** 系数的不同方法。

为了说明这些计算方法，本文还将介绍一种基于潮流公式的方法。

$$P_{G_i}^{new}=P_{G_i}^{old}+\Delta P_{G_i} \tag{5-33}$$

同时还需要考虑恒定负荷。在补偿发电机组的功率变化的同时，参考节点上也产生了一个变化：

$$P_{Slack}^{new}=P_{Slack}^{old}+\Delta P_{Slack} \tag{5-34}$$

潮流可能会随着这个变化而发生改变，那么总损耗也会变化。

$$\Delta P_{Slack}+\Delta P_{G_i}=\Delta P_L \tag{5-35}$$

规定

$$\beta_i=\frac{-\Delta P_{Slack}}{\Delta P_{G_i}}=\frac{\Delta P_{G_i}-\Delta P_L}{\Delta P_{G_i}}=1-\frac{\partial P_L}{\partial P_{G_i}}$$

那么

$$fp_i = \frac{1}{\beta_i} \tag{5-36}$$

使用电力潮流

$$\Delta P_{\text{Slack}} = \sum_{i=1}^{M} \frac{\partial P_{\text{Slack}}}{\partial \theta_i} \frac{\partial \theta_i}{\partial P_{G_i}} \Delta P_{G_i} + \sum_{i=1}^{M} \frac{\partial P_{\text{Slack}}}{\partial V_i} \frac{\partial V_i}{\partial P_{G_i}} \Delta P_{G_i} \tag{5-37}$$

$$\Delta P_{\text{Slack}} = \sum_{i=1}^{M} \frac{\partial P_{\text{Slack}}}{\partial \theta_i} \frac{\partial \theta_i}{\partial Q_{G_i}} \Delta Q_{G_i} + \sum_{i=1}^{M} \frac{\partial P_{\text{Slack}}}{\partial V_i} \frac{\partial V_i}{\partial Q_{G_i}} \Delta Q_{G_i} \tag{5-38}$$

在矩阵形式中

$$\left[\frac{\partial P_{\text{Slack}}}{\partial P_{\text{G}}} \frac{\partial P_{\text{Slack}}}{\partial Q_{\text{G}}} \right] \begin{bmatrix} \frac{\partial P}{\partial \theta} & \frac{\partial P}{\partial V} \\ \frac{\partial Q}{\partial \theta} & \frac{\partial P}{\partial V} \end{bmatrix} = \left[\frac{\partial P_{\text{Slack}}}{\partial \theta} \frac{\partial P_{\text{Slack}}}{\partial V} \right] \tag{5-39}$$

或

$$\begin{bmatrix} \frac{\partial P}{\partial \theta} & \frac{\partial P}{\partial V} \\ \frac{\partial Q}{\partial \theta} & \frac{\partial P}{\partial V} \end{bmatrix}^{\text{T}} \begin{bmatrix} \frac{\partial P_{\text{Slack}}}{\partial P_{\text{G}}} \\ \frac{\partial P_{\text{Slack}}}{\partial Q_{\text{G}}} \end{bmatrix} = \begin{bmatrix} \frac{\partial P_{\text{Slack}}}{\partial \theta} \\ \frac{\partial P_{\text{Slack}}}{\partial V} \end{bmatrix} \tag{5-40}$$

直流潮流可用于估算参考节点的惩罚因子。忽略分流，则支路损耗为

$$\mathbf{S}_{ij} = (\mathbf{V}_i - \mathbf{V}_j)\mathbf{I}_{ij}^* = (\mathbf{V}_i - \mathbf{V}_j)\left[(\mathbf{V}_i - \mathbf{V}_j)\mathbf{Y}_{ij}\right]^*$$

$$\mathbf{S}_{ij} = (\mathbf{V}_i - \mathbf{V}_j)(\mathbf{V}_i^* - \mathbf{V}_j^*)\mathbf{Y}_{ij}^*$$

$$\mathbf{S}_{ij} = \left[V_i^2 + V_j^2 - 2V_iV_j\cos(\theta_i - \theta_j)\right]\mathbf{Y}_{ij}^* \tag{5-41}$$

那么，通过支路 ij 的有功损耗为

$$P_{ij} = \text{Re}(\mathbf{S}_{ij}) = \left[V_i^2 + V_j^2 - 2V_iV_j\cos(\theta_i - \theta_j)\right]G_{ij} \tag{5-42}$$

并且，总增量损耗可以估算为

$$\Delta P_{\text{L}} = \sum_{\forall \text{lines}} \frac{\partial P_{\text{lines}}}{\partial \theta_j} \frac{\partial \theta_j}{\partial P_i} \Delta P_i \tag{5-43}$$

结果为

$$\frac{\Delta P_{\text{L}}}{\Delta P_i} = \sum_{\forall \text{bus} j} \left[\sum_{\forall \text{lines} \Rightarrow j} \frac{\partial P_{\text{lines}}}{\partial \theta_j} \right] \frac{\partial \theta_j}{\partial P_i} \tag{5-44}$$

$$[\mathbf{B}']^{\text{T}} \left[\frac{\partial P_{\text{L}}}{\partial P} \right] = \left[\frac{\partial P_{\text{L}}}{\partial \theta} \right] \tag{5-45}$$

B 矩阵是系统电纳矩阵

$$[\mathbf{B}] = \text{Im}[Y] \tag{5-46}$$

矩阵 **B**′的计算考虑了电网中没有与参考节点相关的列和行的情况，若所有电压均为 1.0p. u. ，则损耗为

$$\frac{\partial P_{\mathrm{L}}}{\partial \theta_j}=\sum_{\forall \text{lines}\Rightarrow j}\frac{\partial P_{\text{branch}}}{\partial \theta_j}=\sum_{\forall \text{branch}\Rightarrow j}-2\sin(\theta_i-\theta_j)G_{ij} \tag{5-47}$$

5.8 经济调度计算的新进展

现如今，经济调度的求解计算仍面临着一系列新挑战。首先，随着电力系统规模不断扩大，现有算法，尤其是实时应用程序面临重大挑战。其次，可再生能源给当前的调度计划带来了不确定性。再次，排放控制需求需要在经济调度中添加新的约束条件。解决此类问题的一种方法是将问题表述为最优潮流（Optimal Power Flow，OPF），后面的章节中将会讨论相关问题。此外，许多研究人员提出应用随机搜索算法来解决经济调度问题，例如遗传算法（Genetic Algorithms，GA）、进化算法（Evolutionary Programming，EP）和模拟退火算法（Simulated Annealing，SA）。这些方法在解决不受成本曲线限制的非线性经济调度问题时似乎非常有用，提供了快速合理的解决方案（次优或接近全局最优）。其中，GA 和 EP 都可以提供近乎全局的解决方案。这些方法在性能方面仍存在一定问题，因此尚不能替代实时应用程序。部分研究还提出了两种或多种混合方法。此外，使用基于粒子群优化（Particle Swarm Optimization，PSO）的方法来解决复杂经济调度问题也是一个很好的选择。PSO 在各种电力系统应用中广受关注。在非线性规划方法中，序列二次规划法（Sequential Quadratic Programming，SQP）在效率、准确性和解决方案的成功率等方面都优于其他非线性规划方法，因此多用于大型电力系统的经济调度应用程序。

章节问题

5.1 对于具有以下燃料成本曲线的双发电机系统：

$$C(P_{G_1})=80+8P_{G_1}+0.024P_{G_1}^2$$

$$C(P_{G_2})=120+6P_{G_2}+0.04P_{G_2}^2$$

式中，$C(P_G)$ 单位为 MBtu/h；P_G 单位为 MW；$P_{G_1}^{\min}=P_{G_2}^{\min}=20\text{MW}$；$P_{G_1}^{\max}=P_{G_2}^{\max}=120\text{MW}$。

绘制基于机组出力的每小时燃料消耗量和耗量微增率曲线。成本是 1.5$/MBtu。假设负荷分别为 50MW、100MW、150MW 和 120MW，请使用本章中的不同方法计算经济调度。

5.2 计算发电机的特性，燃料消耗量由表 5-2 给出。

表 5-2 燃料消耗量

P_G/MW	C/[kcal/(kW·h)]
5	6038.5
10	4005.0

（续）

P_G/MW	C/[kcal/(kW·h)]
15	3341.5
20	3020.5
25	2836.5
30	2721.0
40	2592.8
50	2533.0
60	2507.5
70	2501.6
75	2503.5

5.3　假设发电机的数据见表 5-3，且负荷为 500MW，请使用本章中的不同方法计算不考虑损耗的经济调度。

表 5-3　发电机数据

机组名称	a/(kcal/h)	b/[kcal/(MW·h)]	c/[kcal/(MW^2·h)]	P^{min}/MW	P^{max}/MW
1	17787	2227	9.60	150	300
2	13387	2373	14.20	150	250
3	14931	3000	20	100	200

5.4　电力系统如图 5-14 所示，线路参数、发电与负荷参数见表 5-4 和表 5-5，请计算每个发电节点的惩罚值。

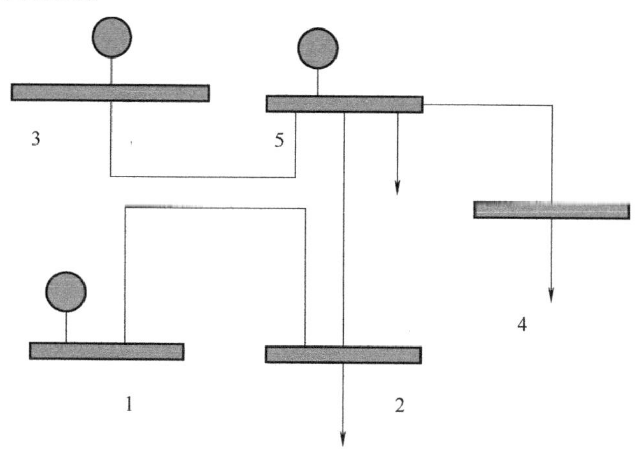

图 5-14　五节点系统

表 5-4 线路参数

起始节点	终点节点	R	X
1	2	0.01	0.03
2	5	0.09	0.25
5	3	0.03	0.06
5	4	0.03	0.05

表 5-5 发电与负荷参数

节点	发电/MW	负荷/MW
1	100	—
2	—	120
3	150	—
4	—	200

拓展阅读

1. Davison GR. Dividing load between units. *Electrical World* 1922;80(26):1385–1387.
2. Wilstam A. Dividing load economically among power plants by use of the kilowatt–Killowatt-hour curve. *Journal of the AIEE* 1928;47(6):430–432.
3. Estrada H. Economical load allocations. *Electrical World* October 11, 1930;96:685–690.
4. Stahl CE. Load division in interconnections. *Electrical World* March 1, 1930;95:434–438.
5. Hahn G. Load division by the increment method. *Power* June, 1931.
6. Kirchmayer LK. *Economic Operation of Power Systems*, 1st edition. New York: John Wiley & Sons; 1958.
7. El-hawary ME, Mansour SY. Performance evaluation of parameter estimation algorithms for economic operation of power systems. *IEEE Transactions on Power Apparatus and Systems* 1982;PAS-101(3):574–582.
8. Liang Z, Glover JD. Improved cost functions for economic dispatch computations. *IEEE Transactions on Power Systems* 1991;6(2):821–829.
9. Noyola AH, Grady WM, Viviani GL. An optimized procedure for determining incremental heat rate characteristics. *IEEE Transactions on Power Systems* 1990;5(2):376–383.
10. Wolfe PM. Methods of nonlinear programming. In: *Recent Advances in Mathematical Programming*, Graves RL, Wolfe PM, editors. McGraw-Hill; 1963.
11. Podmore, R. A simplified and improved method for calculating transmission loss formulas. In: Proceedings of Power Industry Computer Applications Conference, 1973, pp. 428–432.
12. Shoults RR, Grady WM, Helmick S. An efficient method for computing loss formula coefficients based upon the method of least squares. *IEEE Transactions on Power Apparatus and Systems* 1979;PAS-98(6):2144–2152.
13. Chang YC, Yang WT, Liu CC. A new method for calculating loss coefficients. *IEEE Transactions on Power Systems* 1994;9(3):1665–1671.

第6章 最优潮流

第5章的经济调度（ED）问题只涉及通过发电成本最小化（包括网络安全成本）来优化电力调度问题，但在一般的最优潮流（OPF）问题中，有功功率调度和无功调度都可以优化。实际上，其他系统参数，如发电机电压、变压器分接头和无功功率注入等也可以优化。这些一般问题也可以扩展到其他类型的问题。

6.1 简介

自20世纪60年代初以来，世界各地电力系统的输电网络部分开始以最大或接近最大容量运行，将安全约束纳入经济调度问题成为必要，该问题也成为最优潮流问题之一。

最初，人们认为最优潮流是传统经济调度的延伸，可以同时解决经济调度和电力潮流问题。可以将这种早期的最优潮流模型描述为一个非线性问题，其目标函数是在功率平衡方程和输电网络的约束下，确定让发电成本最小化的控制变量和状态变量，保证系统的经济性和系统安全运行的双重目标。

解决最优潮流问题，必须首先确定以下内容，即变量、约束和目标函数。

（1）变量

1）控制变量（u）：有功功率和无功功率、发电机电压幅值、变压器分接头、移相器。

2）状态变量（x）：节点电压幅值，相对于基准角的相对节点电压相角差。

（2）约束条件　最优电力潮流中既存在等式约束，也存在不等式约束。等式约束与潮流平衡有关，不等式约束与输电线路、发电机或变压器等系统设备的上下限有关。

（3）目标函数　通常一个最优潮流问题可以包括若干目标函数，如燃料成本最小化，有功或无功损耗最小化等，这使得最优潮流可以解决不同类型的问题。下文将进一步阐述这些目标函数。

1）经济调度：使运行成本最小化，包括电网安全成本（网络设施在其限制范围内运行）。

2）预防调度：将应急约束纳入最优潮流问题，并调整控制措施，保证电压和支路潮流在应急情况下仍处于限制范围内。

3）纠正调度：在紧急情况下，如果系统设备运行超过其限值，或者发生电压越限，则最优潮流解决方案可以是建议调度人员进行必要的调整，以确保所有系统元件在正常限值内稳定运行。

4）电压-无功优化：通过定期采用最优潮流，使发电机电压、变压器分接头和无功注入处于最佳运行点。

5）现货价格计算：在电力市场环境下，最优潮流可以用于计算系统中每个节点的电能量价格。

6.2 最优潮流问题的一般形式

最优潮流的规范形式为

$$\text{最小化} f(\mathbf{x},\mathbf{u})$$

约束条件：

$$\begin{aligned} \mathbf{g}(\mathbf{x},\mathbf{u},\mathbf{p}) &= 0 \Leftrightarrow \lambda \\ \mathbf{h}(\mathbf{x},\mathbf{u},\mathbf{p}) &\leqslant 0 \Longleftrightarrow \mu \end{aligned} \tag{6-1}$$

式中，$\mathbf{x}$ 为状态变量向量；$\mathbf{u}$ 为控制变量向量；$\mathbf{p}$ 为参数向量；f 为目标函数；$\mathbf{g}$ 为有功潮流方程；$\mathbf{h}$ 为运行和物理约束；λ 为功率平衡的拉格朗日乘子；μ 为运行和物理约束的拉格朗日乘子。

拉格朗日函数可定义为

$$£ = f(\mathbf{x},\mathbf{u},\mathbf{p}) + \lambda^{\mathrm{T}}\mathbf{g}(\mathbf{x},\mathbf{u},\mathbf{p}) + \mu^{\mathrm{T}}\mathbf{h}(\mathbf{x},\mathbf{u},\mathbf{p})$$

一阶最优条件（KKT）的条件为

$$\begin{gathered} \frac{\partial \mathbf{f}}{\partial \mathbf{x}} + \left[\frac{\partial \mathbf{g}}{\partial \mathbf{x}}\right]^{\mathrm{T}}\lambda + \left[\frac{\partial \mathbf{h}}{\partial \mathbf{x}}\right]^{\mathrm{T}}\mu = 0 \\ \frac{\partial \mathbf{f}}{\partial \mathbf{u}} + \left[\frac{\partial \mathbf{g}}{\partial \mathbf{u}}\right]^{\mathrm{T}}\lambda + \left[\frac{\partial \mathbf{h}}{\partial \mathbf{u}}\right]^{\mathrm{T}}\mu = 0 \\ \mathbf{g}(\mathbf{x},\mathbf{u},\mathbf{p}) = 0 \\ \mathbf{h}(\mathbf{x},\mathbf{u},\mathbf{p}) \leqslant 0 \\ \mu_i h_i(x,u,p) = 0 \\ \mu_i \geqslant 0 \end{gathered} \tag{6-2}$$

式（6-2）中的第一个方程是关于状态变量 x 的拉格朗日梯度，第二个方程是关于控制变量 u 的拉格朗日梯度，这些方程在最优解点等于零。第三个和第四个方程式是该问题的约束条件。最后一组方程被称为互补方程，用来处理限制条件。

6.3 最优潮流问题的求解方法

自20世纪30年代首次提出燃料最低成本计算技术以来，多种电力系统最优运行方法陆续得到了发展。人们认为等耗量微增率法是最优潮流的前身。第一个最优潮流方法始于20世纪60年代，在非线性约束问题的求解中使用迭代计算。自那以后又出现了许多技术，大体可分为以下几类：

1）启发式方法；

2）原始方法；

3）惩罚函数法；

4）线性规划方法。

本节仅介绍使用范围最广的几类方法。

6.3.1 原始方法

原始方法主要在可行域内求解，缺点为需要获得初始可行点。对于等式约束，需要在迭代过程中保持在可行域中。1968年，赫尔曼·多梅尔（Hermann Dommel）和威廉·廷尼（William Tinney）提出了一种基于梯度的可行潮流，该方法从初始不受不等式约束的有功潮流开始，然后使用罚函数将这些约束添加到最优潮流问题中。基于梯度法的最优潮流问题可以归纳为

$$\text{最小化} f(\mathbf{x},\mathbf{u}) \tag{6-3}$$

约束条件：

$$g(\mathbf{x},\mathbf{u},\mathbf{p}) = 0 \Longleftrightarrow \lambda \tag{6-4}$$

拉格朗日函数为

$$\pounds = f(\mathbf{x},\mathbf{u},\mathbf{p}) + \lambda^{\mathrm{T}}\mathbf{g}(\mathbf{x},\mathbf{u},\mathbf{p}) \tag{6-5}$$

KKT条件为

$$\begin{aligned} \nabla\pounds_{x} &= \frac{\partial \mathbf{f}}{\partial \mathbf{x}} + \left[\frac{\partial \mathbf{g}}{\partial \mathbf{x}}\right]^{\mathrm{T}}\lambda = 0 \\ \nabla\pounds_{u} &= \frac{\partial \mathbf{f}}{\partial \mathbf{u}} + \left[\frac{\partial \mathbf{g}}{\partial \mathbf{u}}\right]^{\mathrm{T}}\lambda = 0 \\ \mathbf{g}(\mathbf{x},\mathbf{u},\mathbf{p}) &= 0 \end{aligned} \tag{6-6}$$

控制变量（$\nabla\pounds_{u}$）的拉格朗日梯度代表最大变化的方向，并且在最优点的值一定为零。图6-1所示为一个基于原始方法的简单最优潮流算法。该算法依赖于经验值α的选择，所以控制向量迭代成为关键步骤。较小的α值可以保证解的收敛性，但实现收敛的速度可能很慢。较大的α值可以加快解的收敛速度，但可能会出现发散。对步长α估算准确度的强依赖性以及需要使用惩罚函数，导致这种方法不适合应用于实时计算。

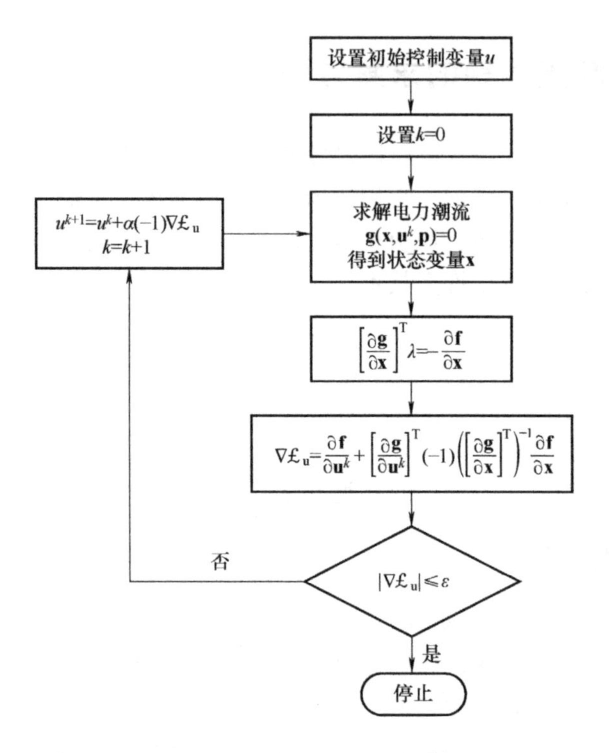

图 6-1　基于梯度的最优潮流算法

为了说明这种方法，假设图 6-2 小型电力系统相关数据如下：$P_{G_2}=1.7\text{p. u.}$，$P_{L_3}=2\text{p. u.}$，$Q_{G_3}=1.0\text{p. u.}$，线路参数为 $y_{13}=4-\text{j}10\text{p. u.}$，$y_{23}=4-\text{j}5\text{p. u.}$。假设优化目标为有功损耗最小。

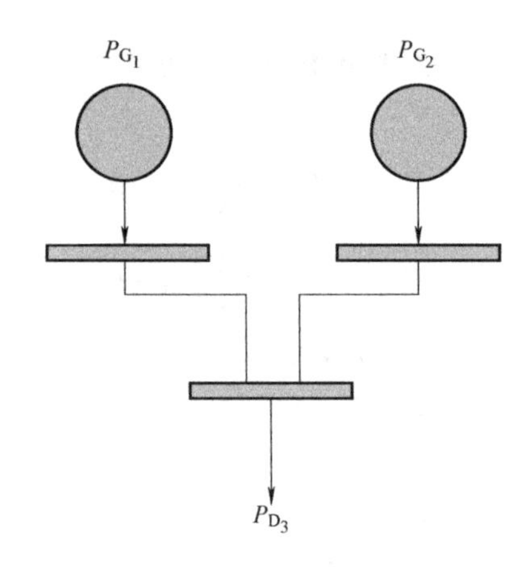

图 6-2　三节点电力系统示例

控制变量、状态和参数如下：

$$\mathbf{u}=\begin{bmatrix}|E_1|\\|E_2|\end{bmatrix};\mathbf{x}=\begin{bmatrix}\theta_2\\\theta_3\\|E_3|\end{bmatrix};\mathbf{p}=\begin{bmatrix}\theta_1\\P_2\\P_3\\Q_3\end{bmatrix} \tag{6-7}$$

目标函数为

$$f(\mathbf{x},\mathbf{u})=P_1(\theta_2,\theta_3,|E_3|;|E_1|,|E_2|) \tag{6-8}$$

由于有功功率 P_2 和 P_3 不变，因此通过改变平衡母线发电机来实现损耗最小化

$$\frac{\partial\mathbf{f}}{\partial\mathbf{x}}=\begin{bmatrix}\frac{\partial P_1}{\partial\theta_2}\\\frac{\partial P_1}{\partial\theta_3}\\\frac{\partial P_1}{\partial|E_3|}\end{bmatrix},\frac{\partial\mathbf{g}}{\partial\mathbf{x}}=\begin{bmatrix}\frac{\partial P_2}{\partial\theta_2}&\frac{\partial P_2}{\partial\theta_3}&\frac{\partial P_2}{\partial|E_3|}\\\frac{\partial P_3}{\partial\theta_2}&\frac{\partial P_3}{\partial\theta_3}&\frac{\partial P_3}{\partial|E_3|}\\\frac{\partial Q_3}{\partial\theta_2}&\frac{\partial Q_3}{\partial\theta_3}&\frac{\partial Q_3}{\partial|E_3|}\end{bmatrix},\frac{\partial\mathbf{f}}{\partial\mathbf{u}}=\begin{bmatrix}\frac{\partial P_1}{\partial|E_1|}\\\frac{\partial P_1}{\partial|E_2|}\end{bmatrix}$$

$$\frac{\partial\mathbf{g}}{\partial\mathbf{u}}=\begin{bmatrix}\frac{\partial P_2}{\partial|E_1|}&\frac{\partial P_2}{\partial|E_2|}\\\frac{\partial P_3}{\partial|E_1|}&\frac{\partial P_3}{\partial|E_2|}\\\frac{\partial Q_3}{\partial|E_1|}&\frac{\partial Q_3}{\partial|E_2|}\end{bmatrix},\mathbf{g}(\mathbf{x},\mathbf{u})=\begin{bmatrix}P_2(|E|,\theta)-P_2\\P_3(|E|,\theta)-P_3\\Q_3(|E|,\theta)-Q_3\end{bmatrix}$$

将控制向量的初始值设置为初始计算

$$\mathbf{u}^0=\begin{bmatrix}|E_1|^0\\|E_2|^0\end{bmatrix}=\begin{bmatrix}1.1\\0.9\end{bmatrix}$$

第一次潮流计算的结果为有功功率总损耗 =0.3906p.u.，平衡母线发电机的有功功率 =0.6906p.u。接着

$$\frac{\partial\mathbf{f}}{\partial\mathbf{x}}=\begin{bmatrix}0.0\\4.36\\4.14\end{bmatrix},\frac{\partial\mathbf{g}}{\partial\mathbf{x}}=\begin{bmatrix}8.14&8.14&1.54\\6.96&12.0&3.85\\-4.5&-7.85&10.0\end{bmatrix}$$

系统结果为

$$\begin{bmatrix}8.14&8.14&1.54\\6.96&12.0&3.85\\-4.5&-7.85&10.0\end{bmatrix}^{\mathrm{T}}\lambda=-\begin{bmatrix}0.0\\4.36\\4.14\end{bmatrix}$$

λ 值为

$$\begin{bmatrix}\lambda_1\\\lambda_2\\\lambda_3\end{bmatrix}=\begin{bmatrix}0.743\\-0.98\\-0.154\end{bmatrix}$$

为了计算拉格朗日变量，得到

$$\frac{\partial \mathbf{f}}{\partial \mathbf{u}}=\begin{bmatrix}5.533\\0.0\end{bmatrix},\frac{\partial \mathbf{g}^{\mathrm{T}}}{\partial \mathbf{u}}=\begin{bmatrix}0.0 & 3.354 & 5.0\\4.94 & 4.5 & 6.96\end{bmatrix}$$

结果如下：

$$\nabla £_{\mathrm{u}}=\begin{bmatrix}5.533\\0.0\end{bmatrix}+\begin{bmatrix}0.0 & 3.354 & 5.0\\4.94 & 4.5 & 6.96\end{bmatrix}\begin{bmatrix}0.743\\-098\\-0.154\end{bmatrix}=\begin{bmatrix}2.25\\-1.78\end{bmatrix}$$

设置 $\alpha=0.03$，控制向量更新为

$$\mathbf{u}^1=\begin{bmatrix}|E_1|^1\\|E_2|^1\end{bmatrix}=\begin{bmatrix}1.1\\0.9\end{bmatrix}-0.03\begin{bmatrix}2.25\\-1.78\end{bmatrix}=\begin{bmatrix}0.95\\1.03\end{bmatrix}$$

第二次迭代的结果为有功功率总损耗 =0.2380p.u.，平衡母线发电机的有功功率 =0.5380p.u.，同时

$$\mathbf{u}^2=\begin{bmatrix}|E_1|^2\\|E_2|^2\end{bmatrix}=\begin{bmatrix}0.86\\0.86\end{bmatrix}$$

迭代过程将持续进行，直到没有出现更多的损耗变化为止。然而，在该过程中，损耗可能只增加不减少，此时可能需要调整 α 值。在进行实时潮流计算时，这个缺点尤为明显。

6.3.2 惩罚函数法

1984 年，大卫·孙（David Sun）等人通过利用拉格朗日二次逼近研究海森矩阵的稀疏性时提出一种算法，该方法以牛顿-拉夫逊方法为基础，其主要困难在于如何有效识别有效约束。

$$\text{最小化} f(\mathbf{x},\mathbf{u}) \tag{6-9}$$

约束条件：

$$\mathbf{g}(\mathbf{x},\mathbf{u},\mathbf{p})=0 \Leftrightarrow \lambda$$
$$\mathbf{h}(\mathbf{x},\mathbf{u},\mathbf{p})\leqslant 0 \Leftrightarrow \mu$$

拉格朗日函数为

$$£=f(\mathbf{x},\mathbf{u},\mathbf{p})+\lambda^{\mathrm{T}}\mathbf{g}(\mathbf{x},\mathbf{u},\mathbf{p})+\mu^{\mathrm{T}}\mathbf{h}(\mathbf{x},\mathbf{u},\mathbf{p}) \tag{6-10}$$

式中，$z=[\mathbf{x}\ \mathbf{u}\ \mathbf{p}\ \lambda\ \mu]^{\mathrm{T}}$ 包括状态变量、控制变量、系统参数，以及平衡方程和约束的拉格朗日乘子。约束仅包括有功功率约束。拉格朗日梯度和海森矩阵为

$$\nabla £(z)=\left[\frac{\partial £(z)}{\partial z_i}\right] \tag{6-11}$$

$$
\mathbf{H}=\left[\frac{\partial^2 \pounds(z)}{\partial z_i \partial z_j}\right]=\begin{bmatrix}
\frac{\partial^2 \pounds(z)}{\partial x_i \partial x_j} & \frac{\partial^2 \pounds(z)}{\partial x_i \partial u_j} & \frac{\partial^2 \pounds(z)}{\partial x_i \partial \boldsymbol{\lambda}_j} & \frac{\partial^2 \pounds(z)}{\partial x_i \partial \boldsymbol{\mu}_j} \\
\frac{\partial^2 \pounds(z)}{\partial u_i \partial x_j} & \frac{\partial^2 \pounds(z)}{\partial u_i \partial u_j} & \frac{\partial^2 \pounds(z)}{\partial u_i \partial \boldsymbol{\lambda}_j} & \frac{\partial^2 \pounds(z)}{\partial u_i \partial \boldsymbol{\mu}_j} \\
\frac{\partial^2 \pounds(z)}{\partial \boldsymbol{\lambda}_i \partial x_j} & \frac{\partial^2 \pounds(z)}{\partial \boldsymbol{\lambda}_i \partial u_j} & 0 & 0 \\
\frac{\partial^2 \pounds(z)}{\partial u_i \partial x_j} & \frac{\partial^2 \pounds(z)}{\partial u_i \partial u_j} & 0 & 0
\end{bmatrix} \tag{6-12}
$$

最优潮流可以通过牛顿-拉夫逊方法设置 $\nabla \pounds(z)=0$ 来求解。算法步骤如图6-3所示。

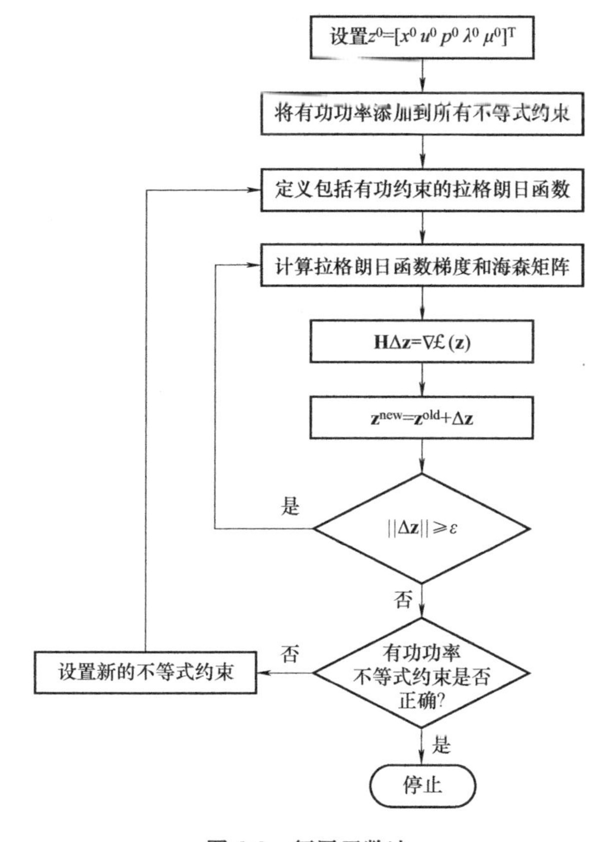

图6-3 惩罚函数法

拉格朗日方程只包含有功功率不等式约束。因此，正确选择不等式约束至关重要。按照灵敏度理论，乘数与关于有功功率约束极限的目标函数导数成反比。因此，如果乘数是正的，则目标函数就会减少，且约束必须是有功约束。该规律也用于选择编程周期内的有功功率约束。如果没有可行解，则需要通过增加惩罚函数来松弛约束。在理想情况下，惩罚函数的惩罚很小，且超出约束条件惩罚会迅速增加。在牛顿法中使用二次惩罚函数很方便。例如，如果松弛约束为节点电压约束为

$$V_i^{\min} \leqslant V_i \leqslant V_i^{\max}$$

则以下惩罚函数均由每个节点电压模型规定：

$$W_i = \begin{cases} k(V_i^{\min} - V_i)^2, & 若\ V_i < V_i^{\min} \\ 0\quad, & 若\ V_i^{\min} \leqslant V_i \leqslant V_i^{\max} \\ k(V_i - V_i^{\max})^2, & 若\ V_i > V_i^{\max} \end{cases}$$

在不超出电压约束的情况下，惩罚函数为零。如果超出约束，则增大惩罚因子。可以根据约束的优先级选择调整参数 k。

通过图 6-4 所示的简化输电系统的单线图解释该方法。该输电系统电压为 500kV，总容量 16750MW。表 6-1 和表 6-2 为相关参数。

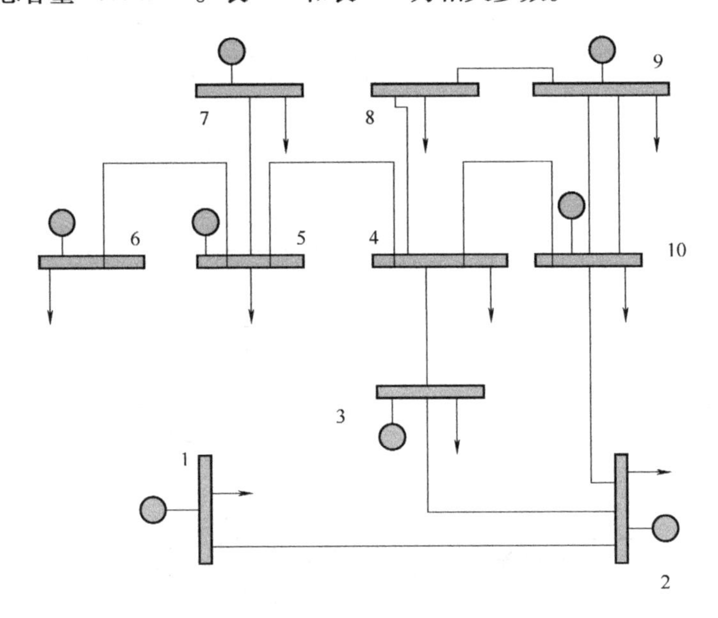

图 6-4　十节点电力系统示例

表 6-1　负荷

节点	P/MW	Q/MVar
1	300	100
2	5000	2000
3	50	10
4	700	140

（续）

节点	P/MW	Q/MVar
5	500	140
6	200	60
7	300	90
8	300	110
9	1000	300
10	200	60

表6-2 成本方程

机组	a /(kcal/h)	b /[kcal/(MW·h)]	c /[kcal/(MW^2·h)]	P^{min} /MW	P^{max} /MW
1	0.0	1.0	0.003	0.0	5800
2	0.0	9.5	0.002	0.0	5000
3	0.0	1.0	0.050	300	350
5	0.0	10.0	0.050	600	650
6	0.0	9.0	0.010	0.0	1300
7	0.0	7.1	0.040	0.0	1000
9	0.0	1.0	0.001	0.0	1700
10	0.0	1.0	0.001	900	950

所有电压限值均设为标称值的±5%。目标函数是总发电成本的最小化

$$\sum_{i=1}^{8} C(P_i) = \sum_{i=1}^{8} a_i + b_iP_i + c_iP_i^2$$

最优潮流的结果为总成本=91743.8 \$/h，有功损耗=114.52MW，无功损耗=1542.74MVAr。表6-3～表6-8展示了其他结果。

表6-3 最优调度

节点	电压（标幺值）	相角	MW	MVar
1	1.050	0.0	2521.42	559.78
2	1.050	-32.51	2055.14	2878.70
3	1.050	-29.53	300.0	89.88
4	1.036	-28.54	—	—
5	1.050	-26.35	600.0	165.05
6	1.050	-21.49	45.40	29.51
7	1.044	-30.34	132.56	85.30
8	1.024	-23.47	—	—
9	1.048	-17.63	1700.0	371.42
10	1.050	-22.66	950.0	127.24

表 6-4 有功电力潮流

起始节点	终端节点	起始功率 P/MW	终端功率 P/MW	损耗功率 P/MW
P1	2	2221.42	-2127.83	93.59
2	3	-360.96	362.15	1.19
3	4	-112.15	112.36	0.21
4	5	-134.21	134.75	0.53
5	6	-203.48	205.04	1.92
5	7	168.74	-167.44	1.29
4	8	-184.68	186.04	1.36
10	2	463.87	-456.07	7.8
10	9	-209.61	211.67	2.06
4	10	-493.47	495.74	2.27
8	9	-486.04	488.33	2.29

表 6-5 无功电力潮流

起始节点	终端节点	起始功率 Q/MVar	终端功率 Q/MVar	损耗功率 Q/MVar
1	2	459.78	780.76	1268.10
2	3	26.78	-18.98	18.82
3	4	98.78	-106.38	3.36
4	5	-42.94	26.81	5.61
5	6	14.78	-30.49	17.36
5	7	-16.54	-4.70	11.66
4	8	33.93	-43.59	16.85
10	2	-19.47	71.16	79.25
10	9	21.58	-25.99	18.59
4	10	-24.61	65.13	51.40
8	9	-66.41	107.41	51.73

表 6-6 电压限制

节点	$V^{\min}$	$\mu_V^{\min}$	V	$V^{\max}$	$\mu_V^{\max}$
1	0.950	—	1.050	1.050	2241.6
2	0.950	—	1.050	1.050	1288.2
3	0.950	—	1.050	1.050	205.8
5	0.950	—	1.050	1.050	67
6	0.950	—	1.050	1.050	114.5
10	0.950	—	1.050	1.050	402

表6-7 发电出力限制

节点	$P^{\min}$	$\mu_{P}^{\min}$	P	$P^{\max}$	$\mu_{P}^{\max}$
3	300.0	13.4	300.0	350.0	—
5	600.0	52.6	600.0	650.0	—
9	0.0	—	1700	1.700	12.2
10	900.0	—	950.0	950.0	14.2

表6-8 潮流限制

起始节点	S_{4-10}	$\mu_{S_{4-10}}$	$S^{\max}$	S_{4-10}	$\mu_{S_{4-10}}$	终端节点
4	494.08	—	500.0	500.0	0.159	10
8	490.55	—	500.0	500.0	0.940	9

6.3.3 基于线性规划的方法

另一种解决最优潮流问题的思路是，通过线性规划方法将运行点的目标函数以及等式、不等式约束线性化进行求解。只要线性化过程不影响精度，采用线性公式是完全足够的。唯一保留变量是控制向量，公式表达类似式（6-13）。基于线性规划方法的基本最优潮流算法如图6-5所示。

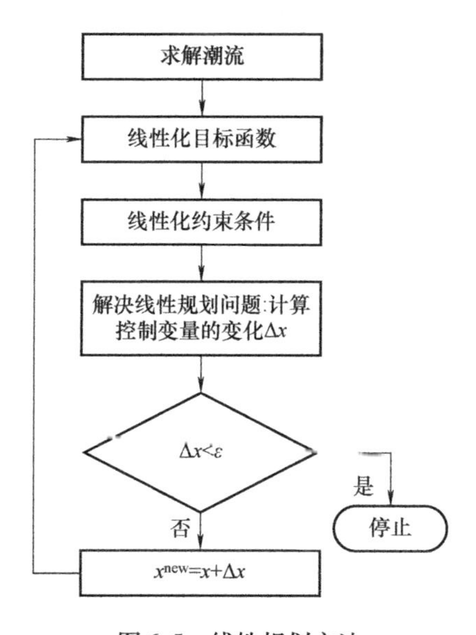

图6-5 线性规划方法

为阐述这种方法，用一个凸二次目标函数来表示发电成本，则目标函数近似于分段线性函数：

$$C_i(P_i)=C_i(P_i^{\min})+\sum_{k=1}^{N}s_{ik}P_{ik}$$

$$P_{ik}^{-}\leqslant P_{ik}\leqslant P_{ik}^{+},k=1,\cdots,N$$

$$P_i=P_i^{\min}+\sum_{k=1}^{N}P_{ik}$$

$$P_i^{\min}\leqslant P_i\leqslant P_i^{\max}$$

其中，控制变量为 P_{ik}。为了使问题线性化，平衡方程按以下表述：

$$P_{\text{Gen}}=P_{\text{Demand}}+P_{\text{Loss}}$$

$$Q_{\text{Gen}}=Q_{\text{Demand}}+Q_{\text{Loss}}$$

对控制变量的导数为

$$\sum_u\left(\frac{\partial P_{\text{Gen}}}{\partial u}\right)\Delta u-\sum_u\left(\frac{\partial P_{\text{Demand}}}{\partial u}\right)\Delta u-\sum_u\left(\frac{\partial P_{\text{Loss}}}{\partial u}\right)\Delta u=0$$

$$\sum_u\left(\frac{\partial Q_{\text{Gen}}}{\partial u}\right)\Delta u-\sum_u\left(\frac{\partial Q_{\text{Demand}}}{\partial u}\right)\Delta u-\sum_u\left(\frac{\partial Q_{\text{Loss}}}{\partial u}\right)\Delta u=0$$

用 $u-u^0$ 代替 Δu

$$\sum_u\left(\frac{\partial P_{\text{Gen}}}{\partial u}\right)u-\sum_u\left(\frac{\partial P_{\text{Demand}}}{\partial u}\right)u-\sum_u\left(\frac{\partial P_{\text{Loss}}}{\partial u}\right)u=K_{\text{P}}$$

$$\sum_u\left(\frac{\partial Q_{\text{Gen}}}{\partial u}\right)u-\sum_u\left(\frac{\partial Q_{\text{Demand}}}{\partial u}\right)u-\sum_u\left(\frac{\partial Q_{\text{Loss}}}{\partial u}\right)u=K_{\text{Q}}$$

u^0 代表运行点的控制值，所以等式左侧是常数。不等式约束也需要线性化，对于输电线路约束

$$P_{ij}\leqslant P_{ij}^{\max}$$

通过泰勒级数展开

$$P_{ij}\approx P_{ij}^{0}+\sum_u\left(\frac{\partial P_{ij}}{\partial u}\right)\Delta u$$

用 $u-u^0$ 代替 Δu

$$\sum_u\left(\frac{\partial P_{ij}}{\partial u}\right)u\leqslant P_{ij}^{\max}-P_{ij}^{0}-\sum_u\left(\frac{\partial P_{ij}}{\partial u}\right)u^0$$

所有约束均可进行类似处理。对于这类基于线性规划的方法，熟悉运用线性规划公式求解问题至关重要。下面将探讨线性规划方法。

6.3.4 线性规划

一般来说，如何处理不等式约束是优化问题需要解决的问题之一。解决该问题的一种方法是将运行点附近的约束条件和目标函数线性化，利用线性规划方法获得最优解。

1. 定义

线性规划公式的一般形式为

$$\text{最小化} f(x) = c^{\mathrm{T}}x \tag{6-13}$$

约束条件：

$$Ax = b$$

$$x \geqslant 0$$

式中，c 为 n 阶向量；A 为（$m \times n$）矩阵；$m < n$；b 为 m 阶向量。

2. 可行解

任何满足所有约束条件的解称为可行解。所有可行解的集合称为可行域。当可行域有界时，总是存在最优解。从几何上讲，可行域是一个凸多面体，其最小解一定位于其顶点上。

3. 最优解

在所有可行解中，满足不等式 $\{f(x^*) > f(x)\}$ 的解被称为最优解。这个最优解总是全局最优解。如果有多个最优解，则这些解互为线性组合。最优解总是在可行区域的极值点。图6-6所示为一个可行区域和最优解的例子。

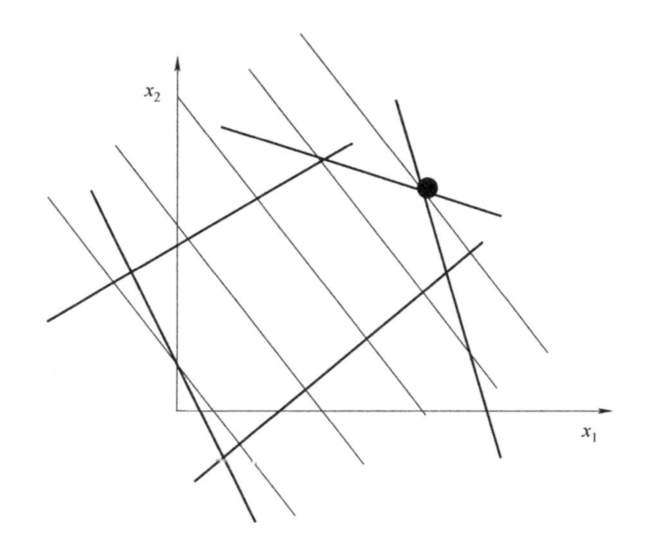

图6-6　线性规划中的可行域

4. 线性规划问题的数值方法

线性规划问题求最优解的主要方法是根据一定规则从一个极值移动到另一个极值，直到找到最小的目标值。用于求解线性规划问题的标准方法称为单纯形法。可以通过将解向量划分为基本解和非基本解来重新表述线

性模型

$$[B\ N]\begin{bmatrix} x_B \\ 0 \end{bmatrix}=b \tag{6-14}$$

其中基本变量是

$$x_B=B^{-1}b \tag{6-15}$$

目标函数如下：

$$c^T x=[c_B\ \ c_N]\begin{bmatrix} x_B \\ 0 \end{bmatrix}=c_B x_B=c_B B^{-1}b \tag{6-16}$$

结合成本向量的数值，可以做出与目标函数和非基本变量相关的决策，并移动到另一个可行解，同时检查成本是否会随着此次修正而降低。假设解从 $x=(x_B 0)$ 移动到另一个解 $x^k=(x_B x_N)$，新的基本变量表示为

$$x_B^k=x_B-B^{-1}Nx_N \tag{6-17}$$

新的目标函数是

$$[c_B\quad c_N]\begin{bmatrix} x_B-B^{-1}Nx_N \\ x_N \end{bmatrix}=(c_N-c_B B^{-1}N)x_N+c_B x_B \tag{6-18}$$

从对方程的检查中可以看出，通过改变（$c_N-c_B B^{-1}N$），目标函数得以修正。改变的这一项被称为残差。如果所有残差量都非零，则达到最优值。

基于上述方程，单纯形算法的基本步骤如下：

1）从可行集中找出初始顶点，称为基本可行解。

2）选择一个使得目标函数值增长最快的非基本变量，该变量可以是残差向量中的最小负值。

3）选择基本集外的变量。首先选择非基本集 N 中输入变量对应的列 z，然后求解 $By=z$。计算$\frac{x_B}{y}$的比值，然后从向量 x_B 中选择使得$\frac{x_B}{y}$最小的变量。

4）更新方程并检查残差量，看是否达到最优；否则继续进行该过程，直到找到最优解。

5. 举例

考虑下面这个最大化问题：

最大化 $3x_1+2x_2$

约束条件：

$$2x_1+x_2\leqslant 4$$

$$x_1+x_2\leqslant 3$$

$$x_1,x_2\geqslant 0$$

该问题可以转化为附加松弛变量的最小化问题

$$最小化 -3x_1 - 2x_2 + 0x_3 + 0x_4$$

约束条件：

$$2x_1 + x_2 + x_3 = 4$$
$$x_1 + x_2 + x_4 = 3$$
$$x_1, x_2, x_3, x_4 \geqslant 0$$

然后可以构建以下行列式：

$$\begin{vmatrix} 2 & 1 & 1 & 0 & 4 \\ 1 & 1 & 0 & 1 & 3 \\ -3 & -2 & 0 & 0 & 0 \end{vmatrix}$$

从最后一行可以看出，目标行中最小负值的元素是 -3，这表明第一列是可以包括在该列中的元素。要离开这个基，那么第一行的值为$\frac{4}{2}=2$，第二行的值为$\frac{3}{1}=3$。再次运算得出下列行列式：

$$\begin{vmatrix} 1 & \frac{1}{2} & \frac{1}{2} & 0 & 2 \\ 0 & \frac{1}{2} & \frac{-1}{2} & 1 & 1 \\ 0 & \frac{-1}{2} & \frac{-1}{2} & 0 & 6 \end{vmatrix}$$

最小负值表示第2列成为基，行计算表示第4列离开它。再次运算得出

$$\begin{vmatrix} 1 & 0 & 1 & -1 & 1 \\ 0 & 1 & -1 & 2 & 2 \\ 0 & 0 & 1 & 1 & 7 \end{vmatrix}$$

由于在成本函数对应行中没有负系数，故（1，2）即为最优值。

6.4　最优潮流在竞争性电力市场中的应用

在竞争性电力市场中，市场运营机构的一个重要职能是确定电能量产品和相关输电服务的价格，这需要通过计算现货或实时价格来实现。发电节点的节点电价也会在解决经济调度问题的过程中形成。对于目标函数为系统总生产成本最小的最优潮流计算过程中，可以形成所有节点的节点电价。

最优点（$\mathbf{x}^*$，$\mathbf{u}^*$，$\mathbf{p}$）的拉格朗日函数定义为

$$\pounds = f(\mathbf{x}^*, \mathbf{u}^*, \mathbf{p}) + \lambda^{\mathrm{T}}\mathbf{g}(\mathbf{x}^*, \mathbf{u}^*, \mathbf{p}) + \mu^{\mathrm{T}}\mathbf{h}(\mathbf{x}^*, \mathbf{u}^*, \mathbf{p}) \tag{6-19}$$

将公式对 P_i 进行求导

$$\frac{\partial \pounds}{\partial P_i}=\lambda_i \tag{6-20}$$

该方程量化了每个节点的出力或负荷变化对最优点成本变化的影响。基于求解最优潮流的方法不同，该数值可以直接或间接获得。例如，使用线性规划方法，最优点的拉格朗日函数是

$$\pounds = f(\mathbf{x}^*,\mathbf{u}^*,\mathbf{p}) + \lambda^{\mathrm{T}}\mathbf{G}(\mathbf{x}^*,\mathbf{u}^*,\mathbf{p}) \tag{6-21}$$

在最优点的梯度为零

$$\nabla \pounds_x = \frac{\partial \mathbf{f}}{\partial \mathbf{x}} + \left[\frac{\partial \mathbf{G}}{\partial \mathbf{x}}\right]^{\mathrm{T}}\lambda = 0 \tag{6-22}$$

即

$$\left[\frac{\partial \mathbf{G}}{\partial \mathbf{x}}\right]^{\mathrm{T}}\lambda = -\frac{\partial \mathbf{f}}{\partial \mathbf{x}} \tag{6-23}$$

该系数矩阵有 N 行（状态变量的数量）和 M 列（功率平衡约束），其中 $N \leqslant M$。该系统可以用最小二乘法来计算。

6.5 关于最优潮流计算的进一步讨论

最优潮流术语一般主要分为两大类：①最优潮流（OPF），用于解决一般情况下的优化问题；②基于安全约束的最优潮流（Security Constrained Optimal Power Flow，SCOPF），用于解决包括额外安全约束（包括突发事件）的优化问题。根据这些定义，可以得知 SCOPF 是 OPF 的特例。通常，实际电力系统不可避免有安全约束。因此，最优潮流问题中的安全约束对求解方法的选择有重要影响。然而，多年来研究人员并没有充分考虑这一事实，所以有必要对这一专题进行进一步研究。计算能力、数学规划方法及其求解方法的新进展，使得通过开发 SCOPF 工具满足大型输电系统运营商和市场运营商需求成为可能。

此外，输电系统运营商面临着多个相互制约的目标，通常为成本最小化、排放最小化和损耗最小化。因此，拥有能够有效处理多目标函数的数学公式显得极为重要。另外，由于一个优化周期（如市场结算区间）最优潮流的解会影响到下一周期的最优潮流问题及求解，因此需要运用公式对多周期最优潮流问题进行合理表述。市场价格演变、负荷波动、发电机组爬坡、存储设备接入以及变压器分接头变化，所有这些因素都使得全局性地解决多时段优化问题十分必要。另一个需要研究的点是需求响应管理，它给负荷计划带来了额外的自由度。这类模型同样需要将优化问题在更长的时间尺度上进行拓展。

电力系统中新型精密设备的发展让最优潮流问题更加复杂，例如相位角调

节器、高压直流（High-Voltage Direct Current，HVDC）和柔性交流传输系统（Flexible Alternating Current Transmission System，FACTS）装置，这些装置主要用于功率控制。在最优潮流公式中对这些器件进行精确建模十分重要和迫切。通过建模可以表现出这些设备的运行特性和限制，从而更好地进行最优潮流计算。

6.6 代数建模语言及求解器

本章中提到的任何优化问题都需要一个具体的模型数据结构来将其纳入求解器。此外，运用合适的方法来提取最终结果进行分析决策也十分重要。应用于大规模优化问题的建模语言和软件应运而生。目前已存在许多建模语言，常用的商用建模语言软件包括数 GAMS、AIMMS 和 AMPL，常用的开源软件包括 Pyomo、Pulp、CyLP 和 yoposib。一旦模型建立，便可以根据不同问题类型选择不同的求解器。商用求解器包括 CPLEX、Gurobi、XPRESS、MoSEK 和 LINDO，开源软件求解器包括 GLPK、CLP、DYLP 等。

章节问题

6.1 求下列线性规划问题的可行域和极值点。

最大值

$$z = -4x_1 + 7x_2$$

约束条件：

$$\begin{aligned} x_1 + x_2 &\geqslant 3 \\ -x_1 + x_2 &\leqslant 3 \\ 2x_1 + x_2 &\leqslant 8 \\ x_1, x_2 &\geqslant 0 \end{aligned}$$

请给出图解。

6.2 请用单纯形法求解。

最大值

$$z = -2x_1 + 3x_2$$

假设

$$\begin{aligned} x_1 + x_2 &\geqslant 3 \\ 5x_1 + 7x_2 &\leqslant 35 \\ 4x_1 + 9x_2 &\leqslant 36 \\ x_1, x_2 &\geqslant 0, \in N \end{aligned}$$

6.3 每个线性问题都有最优解吗？

6.4 考虑如图 6-7 所示的十节点等效电力系统，参数见表 6-9 和表 6-10。电压约束为 +/-5%，支路约束如图 6-7 所示。求解该系统的最优潮流问题。

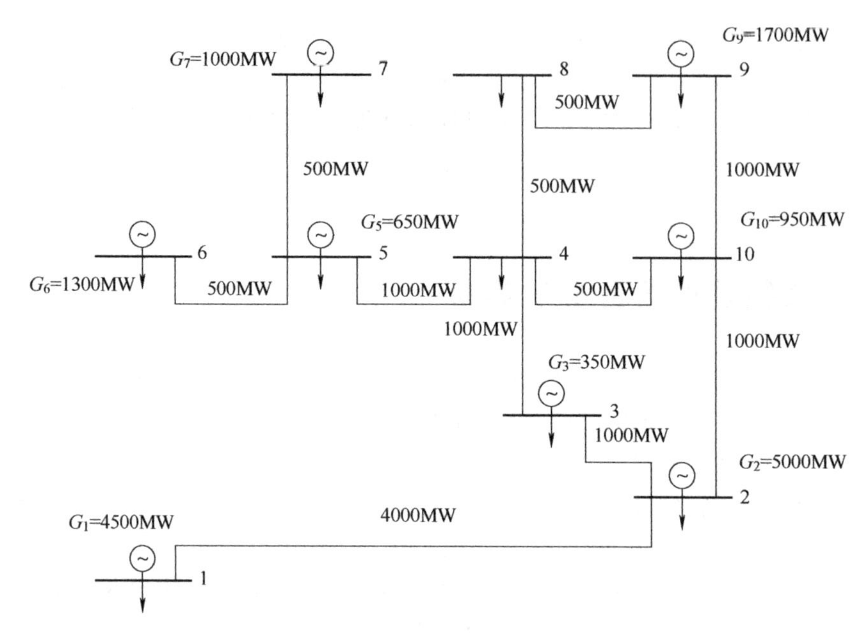

图 6-7　十节点等效电力系统

表 6-9　节点负荷

节点	有功功率 P/MW	无功功率 Q/Mvar
1	300	100
2	5.000	2.000
3	50	10
4	700	140
5	500	140
6	200	60
7	300	90
8	300	110
9	1.000	300
10	200	60

表 6-10　发电成本

发电机名称	a	b	c	P^{min}	P^{max}
1	0.0	1.0	0.003	0.0	5.800
2	0.0	9.5	0.002	0.0	5.000
3	0.0	1.0	0.050	300	350
5	0.0	10.0	0.050	600	650

（续）

发电机名称	a	b	c	P^{min}	P^{max}
6	0.0	9.0	0.010	0.0	1.300
7	0.0	7.1	0.040	0.0	1.000
9	0.0	1.0	0.001	0.0	1.700
10	0.0	1.0	0.001	900	950

6.5 求下列线性规划问题的可行域和极值点。

最大值

$$z = -4x_1 + 7x_2$$

约束条件：

$$x_1 + x_2 \geqslant 3$$

$$-x_1 + x_2 \leqslant 3$$

$$2x_1 + x_2 \leqslant 8$$

$$x_1, x_2 \geqslant 0$$

请给出图解。

6.6 请用单纯形法求解。

最大值

$$z = -2x_1 + 3x_2$$

约束条件：

$$x_1 + x_2 \geqslant 3$$

$$5x_1 + 7x_2 \leqslant 35$$

$$4x_1 + 9x_2 \leqslant 36$$

$$x_1, x_2 \geqslant 0, \in N$$

拓展阅读

1. Carpentier J. Contribution à l'étude du dispatching économique. *Bulletin de la Société Française des Électriciens* 1962;Ser.8(3):431–447.
2. Dommel HW, Tinney WF. Optimal power flow solutions. *IEEE Transactions on Power Apparatus and Systems* 1968;PAS-87(10):1866–1876.
3. Sun DI, Ashley B, Brewer B, Hughes A, Tinney WF. Optimal power flow by Newton approach. *IEEE Transactions on Power Apparatus and Systems* 1984;PAS-103(10):2864–2880.
4. Stott B, Marinho JL. Linear programming for power system network security applications. *IEEE Transactions on Power Apparatus and Systems* 1979;PAS-98(3):837–848.
5. Alsaç O, Bright J, Praise M, Stott B. Further developments in LP-based optimal power flow. *IEEE Transactions on Power Systems* 1990;5(3):697–711.
6. Wu YC, Debs AS, Marsten RE. A direct nonlinear predictor-corrector primal-dual interior point algorithm for optimal power flows. *IEEE Transactions on Power Systems* 1994;9(2):876–883.

7. Pedregal P. *Introduction to Optimization*. New York: SpringerVerlag; 2004.
8. Gass SI. *Linear Programming: Methods and Applications*, 4th edition. McGraw-Hill; 1975.
9. Baldick R. *Applied Optimization: Formulation and Algorithms for Engineering Systems*, 1st edition. Cambridge University Press; 2009.
10. Fisher ML. The Lagrangian relaxation method for solving integer programming problems. *Management Science* 1981;27(1):1–18.
11. Land AH, Doig AG. An automatic method of solving discrete programming problems. *Econometrica* 1960;28(3):497–520.
12. Marchand H, Martin A, Weismantel R, Wolsey L. Cutting planes in integer and mixed integer programming. *Discrete Applied Mathematics* 2002;123(1–3):397–446.
13. Jensen PA, Bard JF. *Operations Research Models and Methods*, 1st edition. Wiley; 2003.

第7章 电力市场设计、结构和运行

本章将介绍电力市场的基本设计、结构和运行。引用材料主要来自目前美国、某些拉丁美洲国家和欧洲国家运行的电力市场。现有电力市场之间的设计和结构存在很多差异，没有单一的标准设计规范。每个电力市场设计和结构都有各自的优缺点，不同市场设计和结构之间的比较也是一个热点问题。市场设计是形成和促进电力市场竞争的主要手段。适当的市场设计将为竞争性市场奠定结构基础，从而促进竞争。在市场缺乏竞争力的情况下，有必要采取其他措施手段。为了确保电力市场的竞争性，电力市场结构性和非结构性的变化都是必要的。

7.1 电力市场概述

电力市场是电力行业重组的关键内容之一。随着发电侧逐步放开和引入竞争，电力市场模式也随之发展。一般来说，电力市场是在不同参与者、企业或不同国家之间交易电力的一种方式或机制，同时也为发电设施建造和电力消费提供激励。经济学家认为，市场是交易商品（包括电力）的最佳方式之一。更正式地说，电力市场可以被定义为一种集中的机制。通过该机制，参与者可以在考虑电网输电容量约束情况下，根据他们愿意支付或接收的价格自由、透明地交易电力。电力市场是一个通用概念，包括一系列可提供各种系统需求的市场。这些需求包括容量、电能量、监管和辅助服务。美国电力市场是在自愿的基础上发展形成的。设计市场的目标包括：①将风险从纳税人（电力消费者）转移到发电公司；②吸引新建电厂投资，以取代即将退役的发电厂；③确保新型发电主体能够参与市场。

同时，电力市场是在一个明确界定的边界内运作的，该边界通常定义为由其电力网络覆盖的大区域（平衡区域）。大多数情况下，电力系统运行的电网边界同时确定了电力市场运行边界。从经济角度来看，明确市场边界极其重要，因为该边界将决定市场所涵盖的要素和市场主体。例如，所有位于市场覆盖地理范围内的发电商，都应纳入市场整体供应曲线。同样，进口电力也应当视为市场供应曲线的一部分。那些位于电网区域外，但有资格参与市场的发电商同样可以被视为供应曲线的一部分。因此，明确市场边界是关键的第一步。

一般来说，电力市场大致可以分为两种不同类型，即电能量市场和容量市场。这两种市场相互补充、密切相关。这种分类方式起源于电力系统领域中的相同概念。发电机组容量是该机组向电力系统提供电力的最大能力。该机组在实时运行中的出力可能达到也可能达不到其最大容量。因此，电能量市场涉及的是发电厂所产生的实际电能，而容量市场则涉及发电厂的最大发电容量。这种区别对于理解这两个不同的市场极为重要。一些市场设计只包括电能量市场，这类市场被称为单一电能量市场。其他一些市场同时包括电能量市场和容量市场，可以把这类市场称为电能量-容量市场。

电能量市场为考虑技术约束下的电力供需匹配提供了场所和机制。电能量市场通常是短期市场，如日前市场、日内市场或实时市场。在电能量市场，进行长周期市场出清（如提前一周）有很大挑战性，因为预测负荷和供应商/买方对于未来的报价/投标具有很大的不确定性。电能量市场形成的市场出清价格，可以为发电商确定收益、用户支付费用和对冲电网阻塞风险提供基础。

部分发电商仅依靠电能量市场无法获得足够收入，容量市场作为电能量市场的补充，可为这些发电商提供额外收入。并不是所有电力市场都有容量市场，所有容量市场也不一定都相同，容量市场也在不断发展。单一电能量市场是否能够为发电商的长期运行提供足够收入，一直是市场设计需要考虑的问题。此外，容量市场与电能量市场相结合，是否会为电力市场系统带来预期的可靠性和其他切实利益，仍然值得探讨。

电能量市场中，日前和实时（平衡）市场占主导地位。美国和欧洲各国大多数电力市场都有日前市场和实时市场，尽管实际市场出清方式完全不同。有些电力市场还设有日内电能量市场，这些市场在实时系统运行前一小时或半小时就会出清。一般来说，日前市场是远期市场，实时市场是现货市场。有时日前市场被视为现货市场的一部分。

一般来说，电力市场主要有两种定价方案，即节点定价和分区定价。美国电力市场主要采用节点定价，欧洲电力市场主要采用分区定价。节点定价也被称为节点边际电价（LMP）。这两种定价机制将在后面章节进行更详细的探讨。市场定价机制的目标之一是向市场参与者提供短期和长期价格信号，让市场参与者能够在市场环境中做出恰当的经济决策。短期价格信号通常由日前、日内和实时市场的区域/节点价格提供。长期价格信号由长期容量拍卖市场提供，某些情况下由期货市场提供。通常，电能量-容量市场在提供长期价格信号方面优于单一电能量市场。市场参与者基于预期和/或实际系统网络拓扑进行报价和投标，最终得到的市场价格是市场主体复杂经济决策组合的体现。

7.2　电力市场模型

目前买卖双方之间有多种交易或签订电力合同的方式。最常见的电力交易方式包括双边合同、电力库模式等。自调度不算电力交易方式的一种，因为在自调度中，用户使用自发电力来满足自己的负荷，这与此处讨论的电力交易并不一样。此外，在自调度计划中使用的内部定价机制（称为转移定价）不在本书讨论范围内。双边合同以双方（买卖双方）之间直接进行的协商结果为基础，没有中间出清环节。双边合同被称为无组织或场外交易市场，因为各方需要在没有中间机构参与的情况下就交易条款和条件达成一致。

电力库、电力交易所和后来的 ISO 模型被称为统一组织的市场，因为这些市场由中央市场出清机构负责出清环节。这些模型是本书中讨论电力市场的主要模型。在这样的市场中，市场买卖主体分别向出清机构提交买卖价格。中央市场运营商将供需双方报价相匹配，并通过特定拍卖机制确定最终中标结果。市场竞拍的出清环节普遍采用统一出清方式。

对于统一组织的电力市场，市场交易程序和运行条件是基于明确的市场规则所建立的。市场公布的一系列市场价格（远期和现货市场价格）是金融市场和双边交易结果的重要参考。统一组织的市场和非统一组织的市场是相互补充的。

负责市场（电力库或电力交易模式）运营管理的机构被称为电力市场运营商或简称市场运营商。市场运营商的主要职能是确保和促进竞争性市场的发展，以及为已完成的交易进行财务结算。保证电力市场的完整性和良好治理是市场运营商与能源监管机构的共同责任。

7.2.1　电力库模型

尽管多年来一直在更新变化，但电力库模型仍广泛应用于美国和英国电力市场，是当今电力市场的主要模型之一。

在美国，电力库模型的出现要早于电力市场。PJM 电力库成立于 1927 年，当时只有三家电力公司。电力库主要让更多电力公司接入，通过发电资源共享和电力潮流协同管理，达到提高经济效益和改善经济效益的目标。降低调度成本产生的经济效益由交易各方共享。1993 年，PJM 电力库开始转型为一个独立且中立的组织机构，作为电力库管理者的 PJM 互连协会应运而生。1997 年，PJM 成为一个完全独立的组织，向非公用事业开放会员资格，同时选出了一个独立董事会。新的组织机构服务对象范围超过了原来的电力库成员。

为应对 1965 年美国东北部首次大停电事件，纽约电力库（New York Power

Pool，NYPP）于1969年成立。NYPP建立的主要目的之一是防止大范围停电事件再次发生。然而在电力库建立后，电力库内公用事业公司之间，以及与电力库以外其他公司签订的双边电力协议越来越多。后来，电力库成员从事的活动超出了电力库的最初目标，诸多电力公司在签订双边电力协议时不考虑电力库总体利益最大化。在同一时期，出现了越来越多的独立发电商（Independent Power Producer，IPP）。IPP的形成最初是因为法律对于其电源价格机制和垄断市场的保护，后来电力库中的一些主要公用事业公司也开始与IPP进行交易。IPP发电商由各自业主投运和调度，只在紧急情况下接受NYPP指令。由于大量交易发生在场外，不受中央协调机构所控制，所以在输电线路或发电机发生故障时很难决定哪些交易应当被削减，而此状况下必须快速执行交易削减行为，以防止其余线路过负荷而引起更严重的问题。

最后，FERC介入并采取了一系列行动，包括鼓励纽约、新英格兰和加利福尼亚等地区成立独立机构来管理输电系统。后来事实证明，由纽约州八个公用事业机构组成的NYPP不再保持中立，各机构在压力下更多的是优先保护自身利益而非通过高效运行输电系统保障每个市场参与者的利益。中立的市场机构需要其与市场主体没有任何经济利益关系，与电力库模型相比，ISO模型更适合扮演中立机构的角色。

对于由纽约州提出、FERC授权通过的ISO模型，旨在用于形成一个独立的非营利性公司。该公司主要包括两个功能：①公平和有效地运营输电系统；②作为代理从发电商购买电力并卖给负荷服务实体（Load-Serving Entities，LSE），以满足他们的负荷。第二个功能与电力交易机构的主要功能十分相似。换句话说，ISO的双重定位能够实现输电系统可靠管理和竞争性电力市场运营。

节点电力市场运行模型是由电力库模型向ISO模型逐步转变，因此电力库和节点定价机制联系十分紧密。在这一过渡过程中，基于ISO模型的市场运营商很快了解到，分区定价无法捕捉到可能发生的内部阻塞。因此，美国所有电力市场都迅速采用了节点定价机制，以正确地反映电力系统的内部阻塞。

ISO市场模式中，发电商和用户同时在市场里报价。然后，在考虑包括输电线路和机组出力等技术约束情况下，市场运营商通过匹配供给和需求形成市场出清结果，同时得到整个系统中不同节点的节点价格以及机组发电计划。市场出清过程中，为确保发电机组的合理收益，通常会采取各类补偿手段。

在英国，特别是英格兰和威尔士，电力库模式发展走上了不同的道路。目前书籍中所提到的电力库模型主要是指英国1990年至2001年运行的电力库模型。在新电力交易制度（NETA）和英国电力交易和输电规定（BETTA）引入后，英国的电力库模式也发生了转变。1989年《电力法》为英国电力行业的重组和私有化奠定了基础。该法案提出了电力设施所有权从国家转向私人投资者，引入竞争市场，并建立一套独立的法规制度。电力行业的重组要先于私有化进程。作为英格兰和威尔士改革的一部分，电力库作为批发市场模式正式建立，市场买卖双方可以在电力库中进行自由电力交易。这是最早的电力市场模式之一。

电力库发展过程中，初期电力系统还没有放松管制且主要由国有公司管理，英国中央电力局进行了许多私有化前的运作安排。电力库的成立原则相对简单并沿用了很多中央电力局的相关法规，其功能是：①建立一套明确在电力市场中电力如何交易的市场规则；②开发一个电力市场体系，使得市场主体必须通过该市场进行买卖；③批发市场出清间隔为半小时，发电厂基于出清结果接受调度；④对需要向发电企业支付和向电力用户收取的费用进行财务结算。

电力库的设立是为了促进发电主体的竞争性报价，以及确定发电机组组合。该电力库是一个由其成员组成的非法人协会，由协会成员、市场买方和卖方决定电力库如何运行和改进。英国国家电网公司（National Grid Company，NGC）代表电力库成员负责电力库运营和结算管理。

该电力库要求发电商每天申报详细的发电价格。NGC代表市场成员在日前提供系统需求预测，形成发电计划，根据市场出清确定电价。NGC还负责在考虑日前计划的情况下进行发电机组调度，并在必要时（例如负荷突然变化或机组故障）对发电计划进行修改，以缓解系统阻塞问题。

部分学者认为，电力库的主要参与者是发电商（卖家），他们在很大程度上控制了电力批发价格，因为需求方的参与相当有限。英国电力库系统从1990年持续到2001年。自2001年以来，他们采用了一种名为NETA的新交易系统，取代了以前的电力库模式。在NETA中，发电商和需求方双方都可以参与市场。2005年，另一个新的交易系统BETTA取代了NETA系统。创建BETTA的目标是通过将NETA扩展到苏格兰市场，首次创建一个完全竞争性的英国批发电力市场。英格兰和威尔士的输电系统仍将由英国国家电网公司运营，而苏格兰独立的输电系统由苏格兰能源公司及苏格兰和南方能源公司运行。这两个系统通过英格兰/苏格兰联络线实现互连，以确保在全英国输电网络范围的公平和自由接入。

在电力库中节点定价的应用更为常见，但分区定价也是完全可能的。无论定价模型如何，电力库的目标功能都是进行市场出清，并基于市场出清结果进行调度。分区定价和节点定价的关键区别在于系统内部的输电网络约束在节点定价中被明确建模，而这些约束在分区定价中会被忽略。

7.2.2 电力交易所模型

电力交易所（PX）是电力库外另外一种有组织的电力市场模式。电力交易所是欧洲市场上电力交易的主要形式。电力交易所为电力物理交易、金融交易以及两者的结合提供了平台。电力交易所代表一个集中式的机构，在该机构中，电力供给和需求通过竞争性市场得以满足。电力交易所的市场出清通过将供给与需求投标相匹配产生，而不考虑网络约束。电力交易所在日前市场开展第二天的电力交易，在日内市场开展下一个小时或未来半小时的电力交易。

电力交易所通常使用拍卖机制来匹配买家和卖方投标。拍卖市场是交易所市场模式的一种。在交易环节，电力交易所对于所有的市场交易而言都是对手方。也就是说，电力交易所对卖方实体来说是买方，对买方实体来说是卖方。这能够有效消除买卖双方对对方信用价值的担忧。

与双边市场相比，电力交易所的优势包括：①降低交易成本；②增加竞争；③买方/卖方/交易商可以看到市场价格；④标准化合同让市场运营更高效。同时电力交易模式也存在一些缺点，包括：①催生了市场主体共谋；②交易中合同的大小、条款和条件的标准化降低了合同的灵活性。

电力交易所的其他一些优势还包括访问方便、交易成本低、中性市场、提供价格参考、安全的交易双方、出清以及结算服务。电力交易所也有助于零售市场的良好运作，因为电力交易所为零售供应商提供了一个不需要拥有生产设备就能购买电力的机会。

电力交易所运作速度比双边市场更快，因此与双边市场相比，电力交易所可以在更接近实时的阶段开展交易。电力交易所基于简单报价，依赖单一价格进行市场出清，市场价格无法完全覆盖发电商成本。发电商报价没有考虑到其起动成本和空载成本。电力交易所不允许发电商将这些成本纳入交易之内。然而，发电商会通过操纵报价来把这些成本加到交易中。针对不同的系统需求可以开展不同市场交易品种，如增加出力、减少出力、备用、爬坡和负荷跟随等。

电力交易所的主要目标是在短期内促进电力交易，并促进信息交互、竞争和流动性。不同国家的电力交易所在市场设计、监管框架和电力行业背景方面也有所不同。欧洲市场上有很多值得关注的电力交易所，包括 Nord Pool（北欧和波罗的海地区）、APX（英国、荷兰和比利时）、EPEX（法国、德国、奥地利和瑞士）和 Omel（西班牙）。

7.3 电能量市场

电力市场运作的主要目标之一是促进电力系统经济高效和确保电网安全可靠运行，电力市场的另一个主要任务是计算市场价格。通过市场价格可为发电机组建设、工业负荷增加、发电容量优化使用和可再生能源开发提供经济信号。

电力市场需要建立市场运营规则，以确保市场主体公平接入网络，并在降低电力成本前提下促进对市场的有效投资。市场运作必须保持所有电力服务的可用性和有效运作，这主要是为了电力消费者的长期利益。市场价格信号不仅要反映市场效率，同时也应当保证和提高电力供应的质量、可靠性和安全性。

如前所述，与其他大宗商品市场相比，电力市场独特性体现在电力系统发电、输电和配电是在实时阶段同步完成的。因此，虽然电力市场主要目标是计算市场价格，但其复杂性主要体现在电力系统的实时运行方面。值得注意的是，无论市场如何运行，都必须始终确保其运行的安全性，因为系统安全是电网运行中最重要的方面。

不同电力市场的市场运行模式、数据要求和规则都是不同的。这些要求取决于每个市场的具体特征和条件，例如能源资源和需求的类型、网络特征、公共政策和天气条件。本章将介绍电能量和非电能量市场的一般特点，用来说明在不失去一般性情况下市场运作的核心内容。迄今为止，世界各地已经建立了许多电力市场，不同系统的政策目标也在稳步演变。此外，对新技术的应用、私人投资的需求日益增加，竞争和效率也在持续提升。同时有必要增加对非化石燃料能源的利用，提升发电组合多样化和系统灵活性。所有这些发展使得人们必须重新考虑和评估现有的电力市场设计，以努力满足更广泛的目标和约束条件。因此，了解应用于电力市场的模型和技术至关重要。

电能量市场通常包括日前市场、实时市场和日内市场（一小时或半小时）。日前市场和实时市场在许多市场占主导地位，有些市场也有日内市场。

7.3.1 日前电能量市场

电能量市场中，日前市场是最重要的市场之一。日前市场是一个远期市场，日前市场中，通过计算产生次日每个区域/节点的每小时结算价格（分区或节点价格）。市场出清价格的计算以发电报价、需求投标、某些市场中的虚拟（金融）投标，以及提交到日前市场的双边交易计划为基础。根据市场投标规则，投标可以是简单标、块标和/或复杂标。节点定价中，市场出清算法还需要次日每小时的预期电网拓扑结构。

从概念上讲，假设第二天每小时电网拓扑结构都发生变化，那么日前市场出清中，可以使用多达24种不同的电网拓扑结构。不考虑电网约束情况下，日前市场本质上是一个基于市场输入数据的24个约束优化问题的集合。日前市场出清结果代表了次日每小时优化问题的一组解决方案。日前市场出清结果包括次日每小时的发电机组（包括某些市场中的虚拟投标人）的发电计划（MW）、用户用电计划（MW）和需求响应集成商中标的削减负荷、系统和阻塞区域中每个相关区域/节点的市场价格。

市场参与者、发电商、负荷和金融参与者必须在当天特定截止日期前提交下一个运行日的标。对于美国电力市场来说，这个投标截止时间因市场而异。

PJM 和 MISO 日前市场的投标截止时间目前都定为上午 10:30（美国东部现行时间）。在接下来的几个小时内，电力市场运营商将运行市场出清引擎，也就是前面提到的约束优化问题找到最优解决方案的过程。PJM 和 MISO 日前市场结果每天下午 1:30 公布。区域市场中，由于通常不考虑电网模型和约束条件，因此整个区域市场将会有一个单一市场出清价格。

节点市场的市场出清过程中，使用考虑最低报价的安全约束机组组合（Security-Constrained Unit Commitment，SCUC）和基于报价的安全约束经济调度（Security-Constrained Economic Dispatch，SCED）算法制定日前发电计划，确定次日机组调度和市场价格。该算法目的是在各种系统约束下，使得基于报价的总生产成本最小。系统约束通常包括发电商的运行约束、输电约束和其他约束。一旦求解完成，市场运营商就会发布日前市场价格，并发布纳入机组组合机组的次日每小时发电曲线。日前市场的结果，即发电计划和相关的市场价格对所有市场参与者具有合同和财务约束力。列入机组组合的发电机将在各自发电机节点或区域按市场价格获得发电费用，而负荷用户将在各自负荷节点或区域按市场价格支付用电费用。日前市场价格也为电力买卖双方的双边合同价格提供了指导。

日前市场可以与日内市场相补充，如在提前一小时的市场，每个参与者可以在更接近实时的点上调整其出力。对于市场参与者，可以降低电力不平衡风险，减少不平衡费用支付；对于电网运营商，可以减少系统需要的平衡负荷。某些市场允许那些在日前市场出清中未被选择的发电机组重新报价，这些机组就可以参与到次日的实时市场中。

1. 日前市场运营

一旦确定了输入数据，市场运营商就必须选择适当的市场出清计算工具。这些工具的选择取决于市场时间框架，即实时、日前，或更长的仿真时间。运营机构使用的分析工具应该能够完成可靠性机组组合、基于安全约束的机组组合（SCUC）、基于安全约束的经济调度（SCED）和可行性测试。日前市场决定了每小时的市场出清电价和机组组合，但同时市场运营商还需要分析必开机组的需求、解决爬坡问题、调整报价等，在满足可靠性需求下形成最低成本出力计划。

日前市场出清需基于以下数据：网络模型、已批准的检修计划、出力计划、需求报价、供应报价和发电资源类型。日前市场包括三个关键过程，即市场力缓解、整合远期市场、剩余机组组合。如果报价未能通过市场力测试，那么市场出清工具通常会立即按照市场规则缓解市场力。通过电力系统确定经济高效的发电计划，从而解决本地可靠性的问题。

日前市场出清工具包括 SCUC、SCED 以及同时可行性测试（Simultaneous Feasibility Test，SFT）。这些工具能够帮助市场运营商在考虑约束条件的同时对供应报价和需求报价进行出清，并确定节点边际电价。某些电力市场中，运营商一旦公布了日前市场结果，市场参与者就可以调整计划，并再次提交给市场运营商。这些市场参与者不包括已在日前市场出清的主体。除了日前市场计划和实时负荷预测外，市场运营商还可能会收到其他信息，如初始报价、空载报价以及发电资源类型。有些市场的日前市场出清已经考虑了初始报价和空载报价。结合附加信息，通过安全约束机组组合算法实现机组可靠性评估（Reliability Assessment Commitment，RAC）。这一步的结果最终确定了次日的机组组合。

远期市场整合需要同时对电能量市场和辅助服务市场进行分析，以确定输电网络中是否存在阻塞，即阻塞管理，并根据供需报价确定维持系统平衡所需的备用容量。这能够确保本地发电和进口电力之和等于负荷、出口电力与线损之和，还确保在考虑网络约束以及所有辅助服务需求下最终出力计划的可行性。当远期市场无法满足预测负荷时，剩余机组组合流程能够让市场运营商通过识别之前未纳入组合的可用最低成本发电资源来获得额外容量。

2. 市场出清的输入参数

市场出清模型需要不同的输入参数组来找到最优调度计划和市场电价。最重要的输入数据是电力需求、发电机组参数、输电网络参数，以及各类限制和约束。

3. 需求参数

电力需求包括两方面内容：一方面指每小时、每日和每年的外部变量，包括终端用户净用电量、模型区域内传输损耗和电网内其他转换损耗；另一方面，电力需求包括储能运行、跨区域输电损失和厂用电等。系统装机容量需要确保有足够的备用电源来保障安全供应。

固定需求基于预测决定。需求侧投标可以以不同方式进行定义。首先是负荷聚合。市场参与者提交他们希望从特定市场购买固定需求的时段。需求标所需的参数包括兆瓦容量、位置和时段。固定需求增加会使总需求曲线右移。除了固定需求标外，还有价格响应需求（Price-Responsive Demand，PRD）。市场参与者通过 PRD 提出他们愿意购买负荷（和电能）的价格。如果市场价格超过了他们的支付意愿，则市场参与者就会放弃购买。这种价格响应需求通过电力系统中所有负荷节点的分布因子计算得出，用于减少跨负荷区域的需求标。分布因子由市场运营商计算得到。价格响应需求投标包含三个内容，即兆瓦/价格对、位置和时段。

4. 发电机参数

市场模型中，各类发电模型由其经济参数和技术输入参数决定。这些参数包括成本、约束和排放等因素。下面将描述其中一些参数。

电能量投标或成本包括三个主要组成部分。

（1）电能报价成本　如果一个发电机组以成本为基础，并且生产成本曲线以燃料成本和效率为基础，那么发电投标能够以集合的形式提交。发电机成本曲线必须单调递增。

（2）起动成本　起动成本与发电机组从停机状态变为运行状态有关。起动成本一般由三个参数（并非曲线）决定，即热起动成本、温起动成本和冷起动成本。此外，发电机组还需要提交这些状态之间的转换所需的时间。

（3）最低负荷成本　最低负荷成本或空载成本表示在最小运行点上的机组运行成本。当发电机组运行时应考虑最低负荷成本。

电能报价或成本报价的组成部分都包括在目标函数中。此外，发电机组还需要提交包含在约束中的几个参数。

（1）状态和容量变化　发电机组状态通常为：①不可用于机组组合或调度；②经济，即可用于机组组合或调度；③紧急，即只用于紧急突发事件的发电机组；④必开，即根据市场主体需求纳入机组组合；⑤自调度。

（2）运行约束　一个机组的技术或经济最大、最小出力。通常为两个级别，即调度和紧急情况的最小值和最大值。不可调度机组需要以相同值设定可调度状态下的最小值和最大值。

（3）温度敏感度限制　这些温度值被用来降低基于当前环境温度的发电机调度约束。

（4）生产能力　此约束条件设定了模拟时间框架内的机组容量（MW · h）最大值。例如，该约束可以模拟一个火电机组的燃料可用性。

（5）爬坡率　出力范围内的爬坡率代表在保证涡轮机安全热梯度前提下，发电机从一个生产水平移动到另一个生产水平所需的时间。

（6）最短运行时间和最短停机时间　机组组合计划根据不低于最短运行时间的连续小时数制定。最短停机时间是指机组停机后，发电机保持停机所需的最短时间。电力市场机组组合制定需要考虑最短停机时间。

（7）检修计划　检修计划也称为必停机组，它决定了机组由于检修而必须关闭的时间。

（8）运行备用　指机组运行出力和最大值之间的容量。运行备用能够让机组在发电或输电中断以及其他必要情况下迅速增加发电。

（9）必开状态合同或其他要求　设定为必开状态的机组将不是完全可调度。

（10）排放和控制限额的约束和成本　例如，过早使用其排放限额的机组可能无法在高峰时期运行。

（11）最大日和周起动　机组在一天或一周内可以起动的最多次数。

在不同的市场（实时、日前或长期市场）中，有些参数需要的信息也有所不同。例如，机组在相关日期和时间的可用性可能会受到以下因素的影响：

1）天气、性能问题、燃料可用性；

2）保持机组在下一个小时或次日可用的最低持续生产水平；

3）机组提供辅助服务的能力和合同要求，如无功功率或快速起动容量；

4）水、风或其他间歇性资源在调度期间不同节点的机组出力预测。

发电聚合投标通过集合方式进行优化，得到的最终发电计划通过发电分布因子（Generation Distribution Factor，GDF）分解成单个发电机组计划来进行潮流计算。

5. 输电网络参数和约束

输电网络参数需要将电力系统模型纳入调度问题的数学表示形式中。网络模型能够确保发电和负荷之间的功率流动是物理可行的，同时没有发生越限。对于显式网络模型，用于潮流分析的参数是必要的。为了降低优化步骤的复杂性，对该模型进行了简化，输入参数也进行了同步简化。

输电元件（线路、变压器）典型数据包括阻抗、热稳极限、标记（说明线路约束是否被强制执行、监控或忽略）以及设备中断状态。

如果网络没有显式建模，那么可以将支路对节点的敏感度作为输入来表示公式中的约束。这种情况下通常要考虑功率接近或超过容量约束的线路。

6. 不可调度资源的处理方式

随着系统中不可调度资源的规模逐渐增加，成熟电力市场对其关注也与日俱增。不可调度资源为市场提供计划外的电能，因此有必要制定适当的市场规则，将其视为平等和可削减资源对待。不可调度资源是间歇性的可变资源，与可调度机组相比，这类机组可能出现需要其发电但不可用的情况。电力市场系统需要确保这类发展迅速的不可调度资源也能做出贡献，来提升系统的整体经济效益。有些市场允许这类资源参与日前市场和实时市场。这些资源可以根据价格曲线安排出力计划，也可进行自调度或作为市场价格接受者。一些市场要求这些资源提交其出力预测，这种情况下不可调度资源预测工具的准确性就成了一个非常重要的问题。一些市场已经或正计划每小时进行一次调整。例如，不可调度资源的遥测和短期预测至少每5分钟进行一次。这些额外工具的使用和系统的变化使得将这类资源纳入经济调度并允许其参与市场定价成了可能。

7.3.2 实时电能量市场

一般来说，实时电能量市场是一个平衡市场，该市场出清价格每隔一段时间根据系统实际情况使用某种最优经济调度算法（见前面章节）计算。实际的系统运行条件通常由能源管理系统（EMS）提供，其中包括电力系统中每个节点的状态估计数据。实时市场与日前市场不同，市场参与者之间没有预先安排的电力交易或合同价格。市场需要始终保持电力平衡，并形成固定时间间隔的实时价格。负荷用户或发电商几乎没有时间发现合适的价格，只能遵循由市场形成的价格。实时市场与日前或日内市场合约量的偏差，即为实时市场的交易或合约量。美国的实时电能量市场每3~5分钟出清一次，而电力平衡每秒都要维持。这种时间差异可以通过缩短实时市场出清间隔或通过市场主体聚合手段来解决。实际的财务结算通常按每小时综合市场价格或节点边际电价进行。

就市场模型而言，集中电力库在处理供需平衡和实时市场出清方面优于电力交易所。美国节点市场中，平衡（实时）价格以节点边际电价为基础。平衡结算基于实时电量与日前计划的偏差，按照每小时综合实时价格结算。批发电力用户需要按照实时电价支付超过日前计划部分的电量，同时在实际用电低于日前计划时获得收益。

例如，假设在一个特定的市场间隔（通常是1小时）内，批发电力用户日前需求计划为100MW・h，实际用电量为105MW・h。该用户必须根据实时节点边际电价支付额外消耗的5MW・h费用。对于计划内的100MW・h，支付价格以日前节点边际电价为基础。对于发电商来说，发电量超出日前计划电量部分将按照实时节点边际电价获得收益；如果发电量低于日前计划，则需要按实时节点边际电价支付偏差部分费用。再如，假设特定市场节点发电商日前发电计划为100MW・h，而该特定发电商实时只发电95MW・h，此时发电商必须根据实时节点边际电价支付5MW・h的偏差费用。需要注意的是，发电商已经收到了基于日前节点边际电价的100MW・h日前计划的收入。

对于双边交易偏离日前计划的电量，输电用户还需要根据实时节点边际电价的阻塞价格部分支付阻塞费。对于没有被系统运营商调度的资源，负荷聚集商可以通过自调度减少负荷。平衡市场所有现货的购买和销售均按实时节点边际电价结算。由于实时电力买卖导致的阻塞按照实时节点边际电价中的阻塞价格结算。实时电力买卖造成的网损按实时节点边际电价的边际损失部分结算。

欧洲市场中，平衡市场由TSO组织运营，拥有可调度发电和负荷的主体可以参与平衡市场。在平衡市场投标的同时，市场主体也提供了监管服务，即他们需要在给定运行小时内增加或减少电力生产（或负荷）。

节点市场中，日前市场的节点边际电价形成远期价格，实时市场的节点边际电价形成现货价格。理论上讲，远期价格应跟随现货价格变化。尽管日前市场在财务上约束了市场参与者，但同时也抵御了价格波动风险，因为实时市场中观察到的价格波动通常高于日前市场。市场价格的确定性对任何市场参与者都非常重要。市场价格波动性越大，市场参与者面临的不确定性就越大，这反过来又会给他们带来更大的风险。因此，日前市场交易量远远大于实时市场交易量。通常来说，某些日前市场的电能交易量可能占一天供应或消耗总电能的40%~60%，而实时市场的电能交易量只占5%~10%。显然，电力市场交易规模与电价波动呈反比关系。对于双边交易和自调度，市场运营商并不知道他们的交易价格。双边交易和自调度的价格稳定性高于日前市场和实时市场。因此，一些规避风险的发电商和电力用户更喜欢双边交易和自调度。

1. 实时市场运营

实时市场运营与实时电力系统运营紧密联系在一起。在实时系统运行中，实时发电可立即满足瞬时需求。如果需求下降，则电力供应会立即减少。极端条件下（又称甩负荷），电力系统还根据需要调用相关辅助服务。实时市场运营依赖于网络模型、状态估计解决方案、约束条件、短期负荷预测、物理计划和迭代更新的供应侧报价、日前发电计划，以及新提交的实时报价。实时市场出清引擎计算间隔为5~10分钟，同一时间的交换功率也同步计算得出。

部分电力市场中，市场交易在日前开启，在交易时间前1小时关闭，在交易时间前半小时公布结果。实时机组组合确定15分时段的快起动和短时起动发电机组，并向后计算15分钟。短期机组组合确定每小时的起动机组，并向后计算3小时，计算频率为15分钟一次。

实时市场中，经济调度过程包括对不平衡电量以及辅助服务资源的调度。经济调度算法自动运行，每隔5分钟进行一次调度。在一定的紧急情况下，市场运营商可以每隔10分钟进行一次调度。

电力市场报价受到市场力缓解测试和小时前发电计划的影响。市场报价将为辅助服务的奖惩提供依据，同时为与财务密切关联的发电计划的形成提供基础。

7.4 双结算体系

双结算体系的概念来自日前市场和实时市场。双结算市场体系由日前市场和实时市场组成，两个市场分开结算。日前市场结算基于日前计划的每小时电量和日前每小时电价，实时市场结算基于每小时的实际出力与日前计划偏差，以及实时节点边际电价。

这里用购买机票的例子来类比双结算体系。旅行者旅游可以提前购买机票。提前购票的好处是旅行者知道购买那张机票要花多少钱，这被称为价格的确定性。旅行者也可以等到出发当天购买机票，但是在这种情况下，票价的确定性较低。提前购买机票类似于在日前市场购买电能，而在航班当天购买机票类似于在实时市场购买电能。双结算体系的优点包括：①促进市场发展，增强市场竞争性；②允许市场参与者在实时调度之前获得电价和输电阻塞电价，提交价格敏感需求报价、增量报价、减量报价以及阻塞交易，为市场参与者提供额外的价格确定性。

一般来说，在双结算体系中，对于负荷服务商和发电商可能会分别出现两种情况。

负荷服务商的是：

1）实时需求超过了其日前计划。这种情况下，负荷服务商将按实时节点边际电价购买超过其日前计划的电力需求。

2）实时需求低于其日前计划。这种情况下，负荷服务商将按实时节点边际电价收到低于其日前计划的费用。

发电商的是：

1）实时发电量超过了其日前计划。这种情况下，发电商将按实时节点边际电价获得超过其日前计划发电的收益。

2）实时发电量低于其日前计划。这种情况下，发电商将按实时节点边际电价购买低于其日前计划的发电。

本节给出每种条件下的示例。假定日前和实时市场电价按照节点边际电价结算。示例7.1和示例7.2适用于负荷服务商，示例7.3和示例7.4适用于发电商。

示例7.1中，实时市场的支付以日前和实时市场需求之间的差异为基础。在这种情况下，差值为5MW。

示例7.2中，实际用电需求小于日前市场计划，负荷服务商支付的费用低于上例中的支付费用。

示例7.3中，实时市场中产生的额外5MW发电量按照实时价格出清，发电商总收入增加。

示例7.4中，发电商的实时发电量低于日前市场的计划发电量，其收入较少。

示例7.1　日前市场需求小于实时市场需求

日前市场需求/MW	日前市场电价/[$/(MW·h)]	日前市场支付/$	实时市场需求/MW	实时市场电价/[$/(MW·h)]	实时市场支付/$	总费用/$
100	20.0	2000	105	23.0	115	2115

示例7.2　日前市场需求大于实时市场需求

日前市场需求/MW	日前市场电价/[$/(MW·h)]	日前市场支付/$	实时市场需求/MW	实时市场电价/[$/(MW·h)]	实时市场支付/$	总费用/$
100	20.0	2000	95	23.0	115	1885

示例7.3　日前市场发电小于实时市场发电

日前市场发电/MW	日前市场电价/[$/(MW·h)]	日前市场收益/$	实时市场发电/MW	实时市场电价/[$/(MW·h)]	实时市场价格/$	总收益/$
200	20.0	4000	205	22.0	110	4110

示例 7.4　日前市场发电大于实时市场发电

日前市场发电/MW	日前市场电价/[$/(MW·h)]	日前市场收益/$	实时市场需求/MW	实时市场电价/[$/(MW·h)]	实时市场价格/$	总收益/$
200	20.0	4000	190	22.0	220	3780

7.5　电力市场运行时间表

本节将对不同市场的时间轴示例进行说明。为了更好地帮助读者理解市场运行所涉及的准确性和计算性能，同时也会介绍实时市场和日前市场采用的计算工具。

欧洲日前市场的参与者需在前一天中午之前向电力交易市场提交报价。此后开始计算和检查，这个过程保证了电能平衡和系统安全。约束性计算一直进行到下午 2 点，接着辅助服务市场开启，在下午 4 点结束。根据这些信息，日内市场启动，在实时交割后结束，以 4 个小时为一个阶段。图 7-1 阐述了市场运行的时间轴。

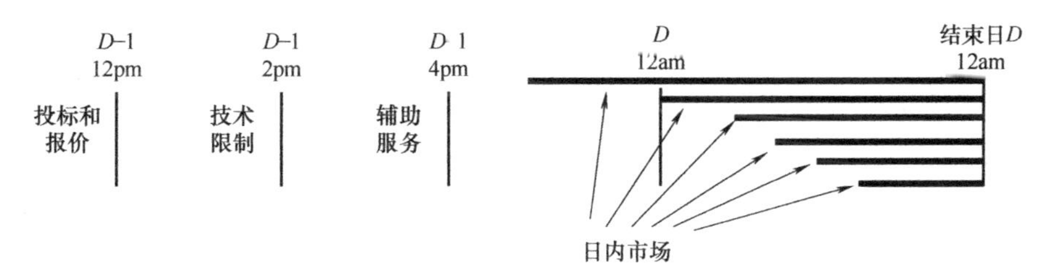

图 7-1　欧洲电力市场时间序列

在一些欧洲市场，电力市场和电力系统的运行都由两个独立的机构负责，市场运营商（Market Operator，OM）负责电力市场，电网运营商或系统运营商（System Operator，OS）根据市场结果验证电力系统运行的技术可行性。市场品种包括中长期物理双边合同、日前市场、日内市场。此外，为了满足电能质量、可靠性和安全性等要求，在不同的市场进行辅助服务交易也是不可或缺的。

市场主体投标也在日前市场的匹配过程中进行。市场参与者需要在每个时间段对自己拥有的每台发电机组投标，包括简单标和复杂标。简单标只包括价格和电能量规模信息，可最多涵盖机组出力范围内的 25 个容量段，每个容量段价格可以不同，按递增方式排序。在供需匹配过程中，这些报价没有考虑其他条件（如系统运行约束等）。

复杂标在满足简单标的条件外，还需要包括以下一个或多个内容，即不可分割性、最低收入、计划停机状态以及发电容量或负荷梯度的变化。从算法角度来看，市场出清步骤如下：

1）确定每个周期的需求和供应曲线；

2）寻找第一个有效解；

3）按条件进行匹配：渐变（向上、向下、向前、向后）；

4）最低收入条件；

5）对第一个有效解的持续改进。

该过程反复进行，最终结果在不到30分钟内得到。

以美国中部独立系统运营商MISO市场为例。市场运行前一天上午10:30之前收到输入数据，下午1:30公布结果，期间进行SCUC、SCED和可行性测试。随后进行机组组合可靠性评估，下午6:00发布机组组合结果，此过程如图7-2所示。这些时间只能作为一个说明性的例子，因为不同市场对它们的设置不同，特别是投标截止时间和日前市场价格的公布时间。表7-1展示了美国一些电力市场的相关时间段。这些市场投标时间段可能会因各种原因发生变化。

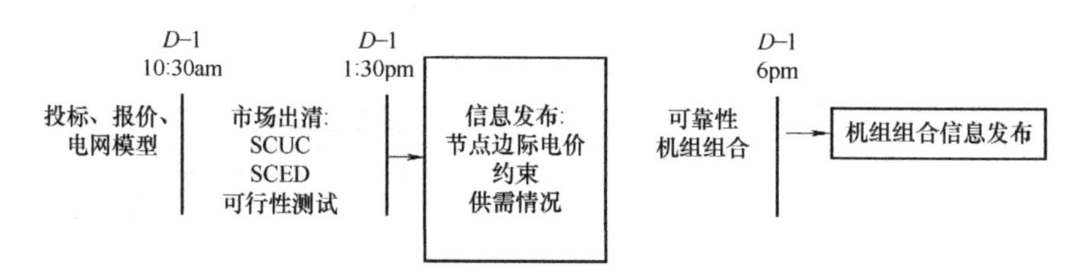

图7-2　美国电力市场时间序列

表7-1　美国日前市场时间序列

市场	投标截止时间	价格发布时间
加州独立系统运营商	10am（PPT）	1pm（PPT）
PJM电力市场	10:30am（EPT）	1:30pm（EPT）
纽约独立系统运营商	5am（EPT）	11am（EPT）
中部独立系统运营商	10am（EPT）	1:30pm（EPT）

在实时市场中，发电调度每5分钟进行一次，之后每5分钟计算并公布节点边际电价。一般情况下，实时市场最初的基准计划和电能量投标将在实时运行75分钟前截止。一小时前，市场运营商会检查电能平衡、电网阻塞情况以及是否有足够的爬坡容量。如果需要进行更改，则将在接下来的5分钟内提交新的计划，市场运营商通常有10分钟的时间来执行一套新的计算，然后再执行小时内第一个15分钟的计算。上述计算需要充分考虑负荷预测、投标情况

和预定义的停机状态。实时前20分钟，公布发电计划和实时第一个15分钟的电价。然后每5分钟进行一次5分钟时间间隔的调度计算。同时计算接下来15分钟的最优潮流，并通常计算至后续4～5小时的结果。图7-3说明了该过程。

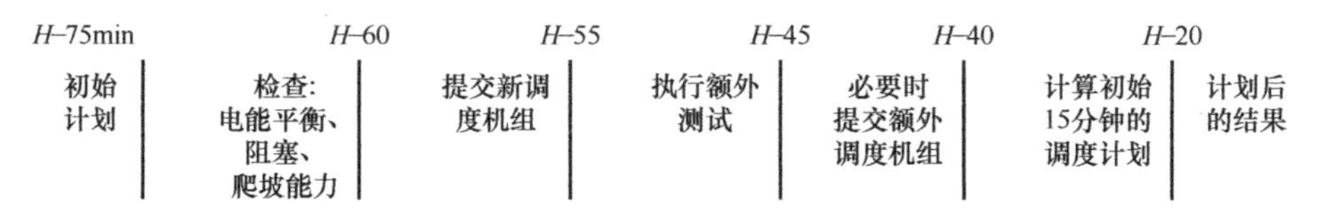

图7-3　实时市场的时间序列

7.6　市场运行工具

系统运营商使用不同的分析工具来运行不同的市场，并做出与机组组合、调度、价格和系统安全相关的决策。本节将简要介绍基于安全约束的经济调度、可靠性机组组合和电网安全分析。

7.6.1　基于安全约束的经济调度

基于经济调度所采用的公式不同，不同市场出清目标也不同。例如，实时市场经济调度可以实现不同的功能：①计算下一时段每个节点的平衡容量需求；②确定下一时段的节点电价；③计算每个机组的辅助服务容量和辅助服务计划。市场目标的类型和约束条件会随市场设计和市场时间范围的不同而变化。根据需要解决的问题，机组组合问题也会相应变化，包括可靠性机组组合、剩余机组组合、短期机组组合和实时机组组合等。

7.6.2　可靠性机组组合

可靠性机组组合（Reliability Unit Commitment，RUC）用于评估电网系统是否以可靠和安全的方式运行，确保电力系统有足够的发电资源和辅助服务来满足需求，以及确保选择正确地理位置的机组来满足负荷。可靠性机组组合的目标函数是在考虑系统和安全约束情况下，总运行成本最低。可靠性机组组合结算使用一种补偿机制，来确保纳入可靠性机组组合的机组运行成本得到合理补偿。可靠性机组组合每天或每小时进行，以确保有充足的发电容量来满足电力需求。一些市场中，可靠性机组组合还用于通过执行网络安全分析来监控和确保输电系统的安全性。

日前市场出清价格基于市场主体报价和负荷投标结果形成。纳入日前市场的机组可能不足以满足实时电能量和辅助服务容量的需求，因此，需要通过

RUC 过程确保有足够的发电容量。可靠性机组组合就像一架桥梁，填补了日前市场完成后和实时市场开始前这段时间的容量差距，确保了系统的可靠运行。最初，满足可靠性需要的机组是在日前市场结果公布后添加，而不是作为机组组合的一部分。后来，市场开始将可靠性机组直接纳入日前市场的机组组合。这样有效减少了日前市场和实时市场结果之间的差异。一些市场采用多通道 SCUC 来满足可靠性要求。

7.6.3 电网安全分析

现代电力系统中断的可能性非常高，所以实时应用程序需要快速可靠的计算方法。然而，应用方法的准确性与计算速度之间存在很大冲突。因此，有些电力市场使用基于近似直流功率潮流的方法来快速识别潜在突发事件，交流功率潮流仅针对紧急停电事件。

7.6.4 对输电阻塞的考虑

电力系统阻塞时，为了系统安全运行，市场运营商需要采取诸如额外发电机组进行调度等纠正措施。这种措施通常会引起电力交易削减和电价上涨。为了充分考虑电网阻塞问题并进行合理建模，不同市场根据可以使用的工具和对于准确性或速度的标准，采取不同的方法。这些方法一般可分为以下三类：

（1）单节点方法　该方法不直接考虑输电阻塞，假设输电系统不会对电力系统产生影响，因此一旦计算出调度结果，电力潮流就会被验证和修改。这种方法适用于阻塞级别较低的电网系统。

（2）显性电网模型　该方法充分考虑电网阻塞，在边际电价计算与调度算法中涵盖电力潮流模型和紧急事件分析。该方法通常用于高度阻塞的电网系统。

（3）区域模型　电力市场按区域或地区划分，每个区域内的模型都是单节点模型，只有区域间的功率交换可能引起阻塞。该模型是介于显性电网模型和总单节点模型之间的一种选择。

7.7 金融输电权市场

市场均衡电价作为任何市场的基础，激励和引导着市场参与者的行为方式，推动实现系统运营商和市场参与者所期望达到的市场结果。但是市场价格并不是静态的，而是动态且波动不定的，电力市场价格也不例外。由于日前市场和实时市场的节点电价（或分区电价）产生于电力市场系统中每个可能的节点（或区域），这些价格可能会发生变化，且有时变化很大。电力市场价格变化可能是因为系统中某个地方发生了输电阻塞，也可能是由于不同时间边际发电成本有所变化。

价格变化导致市场上输电阻塞费用的不确定性，因此，电力用户费用可能会随时间波动。对于高度阻塞的电力系统，为了提高电网利用率，与输电系统使用相关的附加市场是必不可少的。为了对冲这些波动产生的费用，节点市场用户可以购买金融输电权（FTR）。金融输电权相当于在网络中传输、注入和输出电力的权利，是一种金融风险管理工具。拥有金融输电权的用户可获得来自市场的金融输电权阻塞费用，用于抵消市场价格波动可能产生的输电费用。

某些市场中，金融输电权也被称为阻塞收益权（CRR）、输电传输阻塞合同（TCC）或输电阻塞权（Transmission Congestion Rights，TCR），是一种允许市场参与者对冲在日前市场中输电阻塞产生的成本和不确定性的金融工具。FTR有两种类型，即合同和期权。FTR合同允许合同持有者根据日前市场FTR路径的阻塞情况收取费用或获得补偿。如果日前市场中电网上特定节点之间的阻塞方向与市场参与者持有的FTR路径相同，那么合同持有者将获得收入。如果阻塞方向相反，则合同持有者就需要支付费用。FTR期权合同中，如果阻塞方向相反，则合同持有者不承担费用，因此收购FTR期权的价格通常比FTR合同的价格高。

FTR合同和期权可以通过源汇对或点对点（接收点到交付点）方式获得。FTR内容包括输电容量、源汇对和特定时间集（每月、每季度或每年）。FTR的可能来源或汇集库包括发电节点、中枢点、负荷区域和交界点等。FTR包括开始日期和结束日期按阶段可将FTR分为高峰期和非高峰期。图7-4给出了FTR的一个示例，图中FTR从源A到库B的金融输电权规模为100MW，该FTR只适用于特定的时间，比如7月份的所有高峰时间。FTR结算基于源点和汇集点的日前节点边际电价中边际阻塞部分的差值。

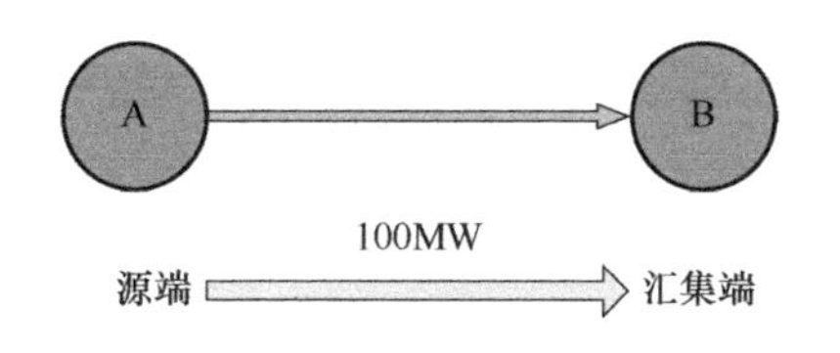

图7-4　金融输电权示例

FTR持有者可通过由市场运营商举行的集中拍卖进行金融输电权买卖，以对冲阻塞费用。拍卖可以基于预计峰值负荷、确定的点对点输电服务，也可以进行月度二次拍卖。

FTR拍卖的目标是在考虑电网传输容量和不同投标节点的功率潮流情况下，使得整体收益最大化。一般来说，FTR基于修正过的考虑安全约束最优潮流计算得出，这些计算可能包括拍卖、初始FTR分配、拍卖收益权（Auction

Revenue Rights，ARR）、扩展 FTR 和收入缺口分析等。

为了确保系统安全，进行输电权优化时，考虑安全约束的最优潮流不仅考虑基本网络，同时对紧急情况（通常是“$N-1$”安全模式）进行建模。基于不同市场，FTR 拍卖的目标函数和约束条件也会发生变化。有些应用工具中会使用直流网络模型。计算成本方面，用 SCOPF 应用程序解决 FTR 问题的效果不如单纯进行 SCOPF 计算，这是因为 FTR 期权和非稀疏约束模型的使用，导致计算成本相当大，并随着电力系统规模大小呈指数级增长。

FTR 的合同值可以写为

$$V_{\text{obligation}} = (\text{MCC}_{\text{sink}} - \text{MCC}_{\text{source}}) \times \text{FTR} \tag{7-1}$$

式中，$V_{\text{obligation}}$ 为 FTR 合同的值；MCC_{sink} 为库节点 LMP 的边际阻塞分量；$\text{MCC}_{\text{source}}$ 为源节点 LMP 的边际阻塞分量；FTR 为市场参与者持有的 FTR 的容量（MW）。

设 V_{option} 表示 FTR 期权的值，则 V_{option} 可以表示为

$$V_{\text{option}} = \begin{cases} (\text{MCC}_{\text{sink}} - \text{MCC}_{\text{source}}) \times \text{FTR}, & 若(\text{MCC}_{\text{source}} < \text{MCC}_{\text{sink}}) \\ 0, & 若(\text{MCC}_{\text{source}} > \text{MCC}_{\text{sink}}) \end{cases}$$

注意，若 $\text{MCC}_{\text{source}} > \text{MCC}_{\text{sink}}$，则 FTR 期权的值 V_{option} 为零。在这种情况下，阻塞方向与 FTR 路径的方向相反。

FTR 作为金融工具而非物理权利，不给予 FTR 持有者安排使用电力系统的物理权利，并且独立于与输电服务预订相关的费用。FTR 是一种对冲机制，允许 FTR 持有者管理在日前市场中使用输电系统可能产生的阻塞费用风险，但是不能保护持有者免受实时调度电源或与日前调度的偏离，也不对冲输电损失的费用。收集到的阻塞佣金将用于支付给 FTR 所有者。

高级 FTR 拍卖是 FTR 市场的中心机制，如图 7-5 所示。每次拍卖都涉及在特定时间段内有效的 FTR，如月、季度或年，以及高峰时间、非高峰时间或两者兼有。美国电力市场上所有 FTR 拍卖都属于密封投标类型。FTR 拍卖的目的是在满足 N-1 安全限额情况下，使得拍卖收益最大化。FTR 持有者可以提交自己出售 FTR 的报价，FTR 买家提交购买 FTR 的报价。拍卖出清后，中标的 FTR 报价被接受。所有 FTR 的市场出清价格都是作为拍卖过程的一部分而产生的。

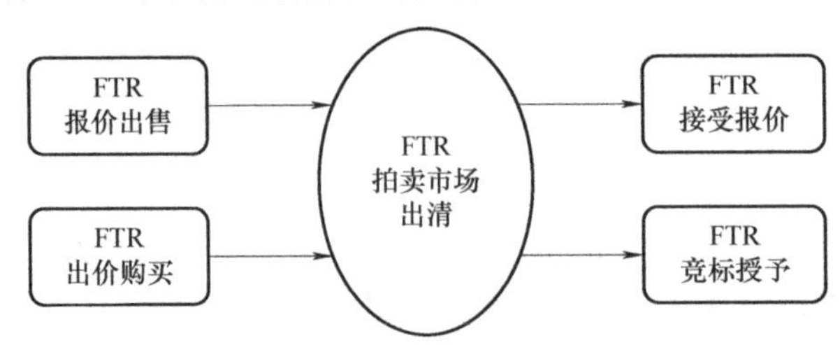

图 7-5　金融输电权拍卖过程

7.8　容量市场

发电机成本包括固定成本和可变成本。一套发电机组在日前电能量市场上运行，获得的价格（收入）应该能够弥补其可变成本。事实上，发电企业获得的收入不仅要满足其可变成本，也要满足其固定成本，以维持发电企业的生存能力。发电商在电能量市场上获得的超过其可变成本的额外收入被称为超边际利润。发电商的基础利润用于支付其固定成本。假设一个边际机组根据其边际成本投标，该机组将获得零经济利润，因为它将获得的收入等于其可变成本。换句话说，发电机没有额外的利润来支付其固定成本。在传统的以费率为基础的制度下，发电厂由国家监管的公用事业公司所有，发电资源的资本成本通过零售费率回收。随着发电侧引入竞争，发电商受到市场环境中短期有效价格的影响。

包括日前市场和实时市场的电能量市场是以实现短期经济效率为前提运行的。在短期经济高效的电力市场中，发电商根据优先发电序位进行调度，以满足电力系统的需求。优先发电顺序意味着优先调度最便宜的发电机，大多数电能量市场都能够实现这个目标。电能量市场的高价格可能是由于电力供应短缺或发电商行使市场力造成的，所以市场运营商在电能量市场实施报价上限或价格上限，以保护消费者免受异常高电价的影响。报价上限是指每个发电商提出的最高报价的上限，而价格上限基本上为市场出清的最终市场价格提供了一个上限。价格上限不是发电商报价的上限，因此不同于报价上限。同样，在考虑输电阻塞的节点市场中，实际市场价格可能高于最大报价上限。例如，如果报价上限为1000 \$/(MW·h)，那么节点的最终市价有可能高于1000 \$/(MW·h)。

然而，由于某些市场有这样的报价上限规则，所以市场价格只能在报价上限允许的情况下尽可能上涨。实际节点市场中，考虑在市场出清中使用的数学模型的性质，故市场价格可能会高于报价上限，这意味着每个发电商的收入都有一个上限。有时，价格上限受发电机组实际运行时间限制，边际利润可能不足以支付其固定成本。对于这些发电商，仅仅依赖来自电能量市场的收入似乎并不足以维持发电企业长期稳定运行。

某些单一电能量市场中，解决这个问题的一种方法是允许报价上限尽可能高。例如，单一电能量市场ERCOT获得了得克萨斯州监管机构的批准，将报价上限从2012年的4500 \$/(MW·h)提高到2015年的9000 \$/(MW·h)。同样，澳大利亚国家电力市场（National Electricity Market，NEM）规定最高现货价格为12500澳元/(MW·h)。这是发电商可以在电能量市场投标的最高价格，也是澳大利亚市场运营商（Austrilian Energy Market Operator，AEMO）指导系统运营商中断电源以保持系统供需平衡时自动触发的价格。

然而在某些市场，不会将报价上限或价格上限提高到非常高的水平，而是通过引入容量市场为发电商提供额外收入，确保其可以在某些峰值条件下正常运行。PJM和新英格兰的电力市场就属于这种情况。PJM多来年来规定每个参与市场的发电商报价上限为1000＄/(MW·h)。但是现在在某些情况下，例如参与市场的发电商合理成本超过1000＄/(MW·h)，1000＄/(MW·h)的报价上限也被提高到2000＄/(MW·h)。在公众看来，尽可能提高电能量市场报价上限并不总是一个可接受的选择。容量市场的目的是通过支付这些资源的固定资本成本，来确保市场系统有足够的可靠发电资源满足峰值需求。容量市场的建立和发展也是围绕怎么解决此类机组的收益保障问题，通过容量市场保障系统发电充裕性，从而确保系统可靠供应。

7.9 辅助服务市场

电力系统除了发电和输电外，还需要提供一些额外的服务以满足负荷需求。这些附加服务统称为辅助服务（A/S）。除了发电来满足用户需求外，辅助服务对于支撑电力传输、保持电力系统可靠运行十分必要。辅助服务需求的主要驱动因素是负荷的瞬时变化、发电商的计划内和计划外、不可预见的系统故障和干扰。辅助服务包括未用于提供电能的发电容量以及负荷削减。美国FERC第888号命令要求输电商提供以下六项辅助服务：

1）计划安排、系统控制和调度服务；

2）无功和电压控制服务；

3）调节和频率响应服务；

4）能量不平衡服务；

5）旋转备用；

6）补充备用。

通常，辅助服务购买有两种方式。

（1）基于成本　按预先确定的管制成本提供服务。

（2）基于市场　服务价格由市场形成，该价格由州或联邦监管机构批准的市场机制决定。

保证系统可靠性和完整性所需的辅助服务包括：

1）调频服务；

2）同步备用；

3）非同步备用；

4）黑启动服务；

5）无功电源服务；

6）电压支撑和调节。

目前许多市场存在调频、同步和非同步备用市场机制，但建立黑启动、无功功率和电压调整服务市场依然具有挑战性，尚未实现市场化的辅助服务仍然由基于成本的方法提供。

7.9.1　调频市场

电力系统中，负荷会瞬间发生变化，用户打开开关的瞬间就会改变负荷。有时即使控制区域的负荷变化幅度非常小（小于 1MW），这种负荷的瞬时变化也必须通过发电的瞬时变化来满足。瞬时负荷和发电的不平衡会导致系统频率偏离其标称值（50Hz 或 60Hz），并可能引起低频或过频事件，导致负荷脱落或发电机停机。调频是指为纠正可能导致电力系统运行低于或高于其标称频率的负荷变化而执行的控制动作。通过尽可能平衡负荷和发电，系统频率将在可接受的范围内使系统平衡稳定。稳定性对电力系统的完整性和稳健性非常重要。平衡发电和负荷所需发电机（和负荷）的变化量称为调频服务。一般来说，发电机组必须满足下列标准才能提供调频服务：

1）ISO 或系统运营商需要时，必须能够立即提供 0.1MW 的调节功率。

2）必须具有 AGC 调节功能。

3）必须能够接收到来自 ISO 的 AGC 信号。出力必须能够以可接受的方式被 ISO 控制中心遥测。

4）必须通过调频性能测试来证明它们符合最低的调频标准。

5）发电过程中始终维持提供调频的能力，优先响应 ISO 发出的调频信号。

假设某个工作日的预测非尖峰负荷为 68MW，而同一工作日的预测尖峰负荷为 195MW。假设可靠性规定要求非尖峰（午夜 12 点至凌晨 5 点）和尖峰（凌晨 5 点至中午 12 点）时段的调频容量需要达到预测非尖峰和尖峰负荷的 0.70%，则该例子中非尖峰时段调频容量需求为 0.476MW，尖峰时段调频容量需求为 1.365MW。

以下类型的资源可以提供调频服务：汽轮机、水力发电、燃气轮机和联合循环机组。电池、飞轮、插电式混合动力电动汽车和各种需求响应也可以提供调频服务。提供调频服务的发电资源需要通过特定的性能测试。

举一个简单的数值例子来说明对于提供调频服务发电机组的补偿机制。假设发电机组提供 1MW 的调频服务，时间为全天。该机组将被补偿为提供 1MW 电能量的可变成本，包括燃料成本、排放成本和可变运维成本。燃料成本的定义是燃料价格（\$/MMBtu）和单位热耗率（MMBtu）的乘积。

假设该发电机：热耗率 = 10000Btu/(kW · h)；燃料价格（天然气）= 5 \$/MMBtu；排放成本 = 3 \$/(MW · h)；运维成本 = 3 \$/(MW · h)。那么燃料成本为 50 \$/(MW · h)（= 5 \$/1000000Btu × 10000Btu/(kW · h) × 1000kW/MW）。因此，该机组的总可变成本成为 56 \$/(MW · h)。所以该机组全天提供 1MW 的

调频电能的成本为56美元。

下一步是将该调频服务成本分配给各自的市场参与者。首先，假设所有负荷用户都将支付调频服务费用。这种情况下，56美元的调频成本将根据负荷实时用电量分配给用户。如果考虑由负荷和发电机组共同承担，则56美元的一半（28美元）将分配给所有用户，另一半将分配给所有发电机。

PJM系统中，所有负荷服务商都有义务根据其占总负荷的比例提供调频服务。一般来说，负荷服务商可以通过自调度资源、与其他参与者进行双边交易或从辅助服务市场购买来履行其义务。

7.9.2 一次备用市场

一般来说，电力系统必须保持一定数量的容量备用，并能在10分钟内投入使用，以弥补发电机突然跳机或其他意外事件。这个容量一般是最大应急事件的150%。最大应急事件是指系统中最大的发电机的容量。美国东部互连电网的最大应急事件大约是1300MW，这是最大核电站的容量。10分钟的电能备用称为一次备用。一次备用包含两部分，即同步备用和非同步备用。

1. 同步备用市场

同步备用也称为旋转备用，是电力系统中在10分钟之内可以充分转换为发电电能容量或在10分钟内可被移除的负荷容量，必须由发电机或需求响应等与电力系统有电气联系的设备提供。

任何电力系统都需要同步备用，以抵消和控制系统中出现干扰的影响。干扰包括发电机的临时跳机、负荷损失和电网元件的损失。如果发电机突然停机，则电力供应将不足，系统频率将下降。几秒钟后，并网（同步）发电机将自动反应，生产更多的电能来维持平衡。系统中所需同步备用容量以及各发电机组需提供的同步备用容量，取决于电力系统特性和运行情况。美国的一个强制性要求是系统频率必须在干扰后10分钟内恢复到应急（干扰）前的水平，因此必须在系统中保持足够的同步备用来确保干扰后的系统频率能恢复到正常可接受范围。

一个大型电力系统可以分解成一组具有独立同步备用要求的较小区域。同步备用子区域还可以根据电力系统需求进行定义。一般来说，最小同步备用需求定义为电力系统中的最大意外事件。最大意外事件通常意味着最大容量发电机组断开。根据其他意外事件发生的可能性，可能需要更大的同步备用。提供同步备用的发电机组必须至少满足以下条件：

1）必须与电力系统进行电力连接；

2）未与电力系统进行电气连接的发电机组不能提供同步备用；

3）必须在经济调度后并网，并能够在10分钟内从当前出力快速爬坡；

4）符合条件的机组将基于响应容量获得补偿。

同步备用需求通过市场机制可以得到满足。同步备用市场主要是购买下一个运行小时或第二天所需同步备用。一些市场中，系统备用需求通过更长时段的出清产生的。例如，新英格兰电力市场设置了远期备用市场（FRM），其目标是为那些提供长期、低成本离线备用需求的发电机组提供投资激励和补偿。FRM为具有特定子区域内的资源容量参与者进行补偿，因为它们可以在10分钟或30分钟内提供电能。为了获得提供每种备用产品预先指定数量的义务，每年ISO进行两次FRM拍卖，即夏季备用期（6月至9月）和冬季备用期（10月至次年5月），计算每个备用区内备用产品的远期备用拍卖出清价格。当远期备用的供应报价无法满足要求时，该产品的出清价格被设置为价格上限，即14.00$/(kW·月)。

2. 非同步备用市场

非同步备用也被称为非旋转备用，是由未与电力系统同步的设备提供的在10分钟内可完全转换为发电容量或在10分钟内可被完全移除的负荷容量的备用服务。同步备用不足以支撑一次备用需求的余量一般由非同步备用来补充。例如，如果系统一次备用需求为系统中最大应急容量的150%，而同步备用为相同应急容量的100%，则非同步备用为相同最大应急容量的50%。

系统运营商将根据发电资源运行特性来确定每个机组的容量，利用这些信息来确定哪些机组可以提供非同步备用，并通过一些标准来为系统中的某些资源分配非同步备用兆瓦的机组组合，一般情况下选择最经济的一组非同步备用资源。非同步备用资源通常包括径流式水电、抽水蓄能电站、工业燃烧涡轮机、喷气发动机/膨胀机涡轮机、联合循环发电机和柴油发电机。整个电力系统一般都有一个非同步备用区。根据系统特性和要求，可以定义非同步备用的更小子区域。由于一般同步备用容量就能够满足一次备用需求，因此对非同步备用容量没有明确要求。如果非同步备用具有经济性，则可用于弥补一次备用和同步备用之间的差额。

提供非同步备用的发电资源必须至少满足以下条件：

1）发电资源必须与电力系统进行电力连接。

2）发电资源必须满足提供非同步备用的资格要求。具体为，如果资源在响应开始时没有与系统同步，则能够在10分钟的时间内增加电能输出。

3）将其全部发电指定为紧急情况的发电资源将没有资格提供非同步备用。

4）无法提供电能量的发电资源将没有资格提供非同步备用。

7.10　其他服务

无功电源、电压调节和黑启动服务是电力系统可靠运行的关键组成部分。然而，由于各种原因，这些服务的市场机制目前并不存在。

7.10.1 无功电源服务和电压控制

系统输电设备上的电压必须保持在可接受范围内。整个系统的电压可以通过调节不同位置无功功率的注入和输出来进行控制。为了维持系统需求，系统需要连接发电资源来产生或吸收无功功率。除了来自发电机的无功功率外，还可采用其他无功电源装置，如同步冷凝器、静态无功补偿器（Static Var Compensator，SVC）和负荷分接开关（On-Load Tap-Changing，OLTC）变压器。发电电源必须为输电供应商的输电设备提供无功功率和电压控制。具体的无功功率供应量和电压值需要根据输电供应商所在地区输电网可接受的电压范围及其保持电压稳定的无功功率需求确定。

发电商应通过某些机制更新无功容量曲线（D 曲线），以确保系统运营商和输电商的 EMS 安全分析结果的准确性。D 曲线也被称为连续机组无功容量曲线，是指发电机组实际可向系统运营商提供的无功输出，并能在机组的稳态运行范围内维持该输出。

通常在每个月底，系统运营商计算每个市场参与者的无功服务的信用。发电机实际电能输出根据系统运营商要求而改变，以保持系统无功可靠性，如果发电机出力减少或暂停发电，则每小时记入发电机损失的机会成本；如果发电机出力增加，则根据平衡运行备用的信用计算记账计算中所需电量以发电机节点上的每小时集成的实时 LMP 为基础，并根据任何有效的调频或同步备用分配进行调整，并仅限于机组经济最大出力或机组最大出力中的较小值。

7.10.2 黑启动服务

黑启动没有被定义为辅助服务的一部分，但当系统面临完全停电时，它是一项必要的服务。黑启动功能对于大停电后的电能恢复非常必要。输电系统运营商和输电发电的所有者应指定一组特定的发电机作为黑启动机组，其位置和容量足以使输电系统重新供电。这些指定的资源可以在没有外部电源供应的情况下起动。黑启动机组还包括发电利用小时数较高的机组。电网自动断开时，这类机组可以在较低的水平上保持运行。规划和维护足够的黑启动容量以恢复电力系统的平衡区域对所有输电用户都有利。因此，所有输电用户都应当能从系统运营商那里获得这项服务。提供黑启动服务的机组有资格获得黑启动服务下的补偿。如果发生部分或系统范围的停电，则黑启动服务发电机组可以帮助恢复平衡区域供电。

7.11 进一步讨论

本章介绍了电力市场的关键组成部分。随着电力市场发展，部分市场机制的内容也会不断发生改变。

美国的基本市场设计是有鲁棒性的，其元素包括日前和实时市场模型、节点定价、FTR 交易和容量市场。但其市场设计仍有改进空间，例如容量充足性、上浮电价和气-电协调。风险从市场转移到可靠性风险。

一些经济学家认为，没有必要建立容量市场来确保电网长期可靠性，容量市场会造成电力系统效率低下，也会阻碍市场的充分竞争，还可能会增加消费者用电成本。例如，ERCOT 仍在讨论是否需要一个类似于美国其他电力市场的容量市场来为发电投资提供足够激励。最终单一电能量市场是否还需要容量市场仍有待观察。

一方面，理论上一个没有容量市场的单一电能量市场仍然可以实现系统可靠性目标。例如在供应小于需求时，减少用电需求即可。这可以通过激活需求侧响应或简单地削减负荷来实现。这仍然是一个系统甩负荷成本的问题。

另一方面，容量市场和运行良好的单一电能量市场将一起为保持系统可靠性这一具有挑战性的任务提供额外的缓冲。消费者必须支付额外的成本才能获得该缓冲效益。这就像一个溢价支付，以确保系统远离可能危及系统可靠性的崩溃点。这是一个选择特定市场设计的问题。

由于天气极端寒冷，美国东北部最近的运营挑战强调了协调电力供应和天然气供应的必要性，称为气-电供应协调工作。由于天然气供应中断导致无法启用燃气机组，这促使 PJM 市场运营商修改其容量市场结构，对在系统高峰时间可用的发电资源给予更多奖励，并对无法发电的资源给予更多惩罚。

经济学家们认为，市场是组织批发电力供应的最佳方式。整个市场可能具有竞争性，但局部地区可能由于发电商的市场力问题导致竞争力匮乏，因此市场力的缓解至关重要，市场参与者具有竞争力的市场行为才能产生具有竞争力的市场结果。

章节问题

7.1　现有电力市场中，双边合同在以合适的价格撮合合适的买卖双方方面发挥着关键作用。实时市场中，电力交付是根据这些双边合同进行的。向最终用户供电真的需要双边合同吗？为什么？

7.2　交易所是否只允许简单标（部分电能/价格对投标）？

7.3　双边市场在实时平衡市场中是否可行？为什么？

7.4　假设市场参与者从 X 点（源）至 Y 点（汇）持有 100MW 的 FTR。日前市场出清结果显示，节点 X 总价为 27 美元，MCC 为 5 美元，MLC 为节点 2 美元，Y 节点总价为 39 美元，MCC 为 15 美元，MLC 为 4 美元。如果 FTR 是合同类型，则该 FTR 的值是多少？如果参与者持有 200MW 而不是 100MW，那么该 FTR 的值是多少？如果 FTR 是期权类型，则该值是什么？

7.5　一般来说，市场参与者必须支付比 FTR 合同更高的价格才能获得 FTR 期权。为什么？

7.6　作为远期市场，目前只有日前市场存在。是否有可能建立 3 天前或 7 天前市场？为什么？建立这样的远期市场的利弊是什么？

拓展阅读

1. Hogan WW. Contract networks for electric power transmission. *Journal of Regulatory Economics* 1992;4:211–242.
2. Chao HP, Huntington HG. *Designing Competitive Electricity Markets*. New York: Springer US; 1998.
3. Rosellón J, Kristiansen T. *Financial Transmission Rights: Analysis, Experiences and Prospects*. London: Springer-Verlag; 2013.
4. Stoft S. *Power System Economics: Designing Markets for Electricity*. John Wiley & Sons; 2002.
5. Einhorn MA. *From Regulation to Competition: New Frontiers in Electricity Markets*. Netherlands: Springer; 1994.
6. Rudnick H, Varela R, Hogan W. Evaluation of alternatives for power system coordination and pooling in a competitive environment. *IEEE Transactions on Power Systems* 1997;12(2):605–613.
7. Shahidehpour M, Yamin H, Li Z. *Market Operations in Electric Power Systems: Forecasting, Scheduling, and Risk Management*. John Wiley & Sons; 2002.
8. Buzoianu M, Brockwell A, Seppi DJ. A dynamic supply–demand model for electricity prices. Technical Report, Carnegie Mellon University, 2005. [Online]. http://repository.cmu.edu/statistics/134/
9. Brinckerhoff P. Electricity generation cost model. Department for Energy and Climate Change, UK, 2012. [Online]. https://www.gov.uk/government/uploads/system/uploads/attachment_data/file/65713/6883-electricity-generation-costs.pdf
10. Patrick RH, Wolak FA. Estimating the customer-level demand for electricity under real-time market prices. NBER Working Paper 8213, National Bureau of Economic Research, Cambridge MA, 2001. [Online]. https://www.nber.org/papers/w8213
11. Midcontinent Independent System Operator. [Online]. https://www.misoenergy.org/Training/Pages/Training.aspx
12. California ISO. [Online]. http://www.caiso.com/market/Pages/TransmissionOperations/Default.aspx
13. PJM. [Online]. http://www.pjm.com/markets-and-operations.aspx
14. OMI-Polo Espa nol S.A. (OMIE). [Online]. http://www.omie.es/inicio/mercados-y-productos
15. Alsaç O, Bright JM, Brignone S, Prais M, Silva C, Stott B, Vempati N. The rights to fight price volatility. *IEEE Power and Energy Magazine* 2004;2(2):47–57

第8章 电力市场的定价、建模与仿真

本章涵盖电力市场三个关键问题，即定价、建模和仿真。对于任何一个电力市场，定价机制都是整个市场建立的根本和关键基础。目前实际市场中使用的定价机制比本章中描述的更为复杂。在一些先进电力市场中，定价机制包括电能电价，还包括需求响应定价、备用定价、稀缺定价和其他辅助服务定价等。电力市场建模和仿真对于理解和回答许多假设情景下的问题也十分重要，包括市场主体并购的影响、建立或加入电力市场制度的经济评估、结构变化或市场设计变化对电力市场的影响，以及其他与政策相关的问题。在应用于实际市场前，可以先对这些问题的解决方案进行建模仿真。

8.1 市场出清

经济学理论认为，自由市场中存在一个使供需平衡的单一价格，称为均衡价格。市场中，买方产生购买稀缺资源的需求，进而激励卖方参与市场交易。在最简单的形式下，通过买卖双方一段时间的持续互动能够使均衡价格逐步浮现。市场出清时的均衡价格也称为市场出清价格，因为在这个价格下，生产者生产的商品将刚好全部由消费者购买而不会有任何剩余。这种情况下既不存在供应过剩和生产浪费，也不存在短缺，市场实现有效出清。这是定价机制的核心特征与优势。要想让市场发挥作用，买方和卖方之间的有效信息交互至关重要。

由于电能大规模存储成本较高，电力需求和供应必须保持实时平衡。因此输电约束以及市场环境中对输电约束的管理方式往往会对市场价格有很大影响。电力市场中，市场出清价格是平衡需求（买方想要购买的电量）和供应（卖方想要出售的电量）的价格。电力市场出清过程可以描述为一个优化问题的求解过程。例如，实时电力市场通过安全约束经济调度（SCED）算法进行出清。SCED 是一个优化问题，其目标是在各种系统可靠性约束条件下实现总生产成本最小化（或总社会福利最大化）。SCED 的结果是各电源出力（以

MW 为单位的调度计划）和系统中各区域或节点的市场价格［以 $/（MW·h）为单位］。电力市场有两种主要的定价机制，即分区定价和节点定价。

8.1.1 分区定价

对于目前大多数电力市场来说，分区定价机制是定价机制解决电网容量问题的第一选择。分区定价机制中，特定区域内的市场价格是统一的，且不考虑区域内发生的输电阻塞。如果涉及多个区域，则通常会考虑区域间的传输约束，这可能会导致不同区域的电价不同，电价差异具体取决于约束情况。一般的区域可以是一个大的电网运营区，也可以是一个州或一个国家。这种分区定价设计最大限度地降低了与节点定价相关的市场出清价格的复杂性。在一个州或一个国家内实行统一价格，政治上也更容易接受，这是大多数欧洲国家电力市场采用分区定价方案的主要原因。例如，1994 年挪威电力市场开始运营，采用分区定价的方法来对日前电力市场进行阻塞管理。同样，美国电力市场在建设初期，也是采用分区定价机制，但是美国电力市场后来转向了节点定价机制，以更有效地发现价格。一些市场，如得克萨斯州电力市场（ERCOT）在转向节点定价方案之前，会采用分区定价来获取更多的市场经验。

一般而言，分区定价市场出清步骤如下：

1）市场主体根据供应和需求进行报价（固定投标和/或价格响应性投标）。市场以这些投标为基础进行出清，同时忽略各区域内部的网络约束。

2）这种市场出清过程会产生系统边际电价，它代表了供应和需求报价的交点（给定供需曲线的情况下确定市场出清价格，见第 3 章）。

3）如果市场出清结果所产生的潮流导致区域内的网络出现阻塞，那么电网的节点就被划分为多个子区域。

4）如果只考虑两个区域，则将净供给区域定义为低价区域，将净需求区域定义为高价区域。这是因为电力进口受限区域中需要更昂贵的供应资源来满足净需求。

虽然分区定价机制具有明显的简单性优势，但该定价机制的局限性与存在问题也较为突出。分区定价机制的问题之一是如何定义分区边界。首先，任何分区定义都存在一定的随意性。由于输电阻塞的存在会产生不同价区，因此在定义分区边界时最常用的标准是输电阻塞。然而动态变化的输电阻塞使得分区边界的再定义存在难度。从节点市场的经验可以清楚地看出，阻塞可能发生在系统中的任何时间、任何位置，这是因为输电网比分割后的两个或三个单独的区域要复杂得多。分区定义的一种合乎逻辑的方式是基于节点价格差异，该差异包括所有与网络相关的成本信息。其他以市场集中度、流动性或交易成本为基础的定义方法效果可能更差。总的来说，采用分区定价方案的电力市场很难界定分区数目和分区边界。

分区定价机制也存在其他缺点。美国电力市场早期采用分区电价，在实时市场的分区电价公布后，当一个区域内的一个或多个输电设备超载时，系统运营商必须对发电机组进行再调度。发电机组的再调度通常需要增加电力进口受限子区域的发电量，并减少电力送出受限子区域的发电量以缓解输电阻塞。这种再调度情况下使用的补偿机制通常不在分区定价机制的范围内，因此，事后的再调度对供应商在分区市场投标不会产生影响。区域内出现输电阻塞间接造成了该区域受限和不受限子区域的价格不同。而节点定价机制通过明确对任何可能出现阻塞的系统节点进行定价，使得这个问题得以解决。

一些研究工作也指出，节点定价在防止市场力方面优于分区定价。一个大区域使用统一的价格只会阻碍对该区域内供应商行使市场力的检测。选择节点定价还是分区定价机制对于社会剩余及其分配（剩余再分配）的影响将是巨大的。通常认为由于节点价格由节点所在位置和节点确定，因此能够提供更精确的投资信号。此外，分区定价不再适用于拥有越来越多波动性发电资源的市场系统，如远离负荷中心的风力发电。

8.1.2　节点定价

节点定价的概念最早由麻省理工学院的弗雷德·施韦普教授及其同事提出。他们建立了一个受多约束限制的社会福利最大化问题模型，并由该模型推导出了现货价格。任何两个位置之间的现货价格差值对应两个节点之间的传输成本。电网是非线性交流模型，为简化分析通常采用基于直流模型的潮流方法对网络进行线性近似。后来，人们结合输电阻塞和输电损耗相关的技术外部性，提出以直流潮流为基础的节点定价机制（DC Load Flow-based Nodal Pricing，DCOPF）。在该定价方案基础上设计了可交易的输电容量权，并制定了相应的交易规则来对电力传输产生的输电损耗进行补偿。

从本质上讲，节点定价比分区定价更复杂，计算量也更大。这是因为节点边际电价（LMP）定价机制中，电价是由各节点的边际成本确定。在一个覆盖大规模电力系统的大规模电力市场中，电力节点的数量可能有数千个。分区定价机制的电价也是根据边际成本确定的，但区域划分范围更大。节点定价中可用价格信息的颗粒度在分区定价方法中一般不可用。通常情况下，分区电价可通过某种方式由节点电价聚合形成，例如负荷加权节点电价的聚合。

在节点定价下，边际电价一般由三个部分组成，即系统边际电价（System Marginal Price，SMP）、边际阻塞（Marginal Congestion Component，MCC）和边际网损（Marginal Loss Component，MLC）。选定参考节点上的边际电价代表系统边际电价。在标准分解方法下，参考节点的选择非常重要，因为不同参考节点可能会对标准边际电价中的各组成部分带来不同的结果。无论选择哪个节点为参考节点，最终的边际电价都是相同的。

目前，阿根廷、智利、爱尔兰、新西兰、俄罗斯、新加坡和美国的电力市场都采用节点边际电价（LMP）方法。这种设计明确了电气节点的重要程度并应反映在价格中，所有主体根据所在节点对应的节点价格进行结算。

1. 数学公式

为便于理解电力市场下的节点电价，这里提供了一个基本的、简短的节点电价数学公式。一个节点的边际电价指在不违反任何预先确定的系统安全限制的情况下，在该节点提供额外负荷增量的边际成本。利用最优潮流（OPF）问题的拉格朗日解法，通过采用公式中等式和不等式约束相关的拉格朗日乘子（影子价格）可以确定边际电价。

计算边际电价所需的关键输入变量包括机组报价、负荷报价（固定报价或响应型报价）、发电机组运行约束（每台机组最小和最大出力限值、适用的爬坡限值）、输电网参数和拓扑，以及线路潮流限值（最小和最大）。其他例如节点的电压限值或环境约束等并没有明确地包含在边际电价计算中。每台机组的环境约束被假定隐含在机组报价曲线模型中。

目前工程实践和主流研究中，节点边际电价的主要计算方法是在基于最优潮流的市场模型基础上，利用拉格朗日公式形成目标函数。节点边际电价的一般公式可以写成如下的最优潮流问题：

$$\text{最小化}\ F(p^g) = \sum_{i \in G} c_i(p_i^g) \tag{8-1}$$

约束条件：

$$-p^g + p^d + g(\theta) = 0 \longleftrightarrow \lambda^e \tag{8-2}$$

$$h(\theta) \leqslant \bar{s} \longleftrightarrow \mu \tag{8-3}$$

$$p_i^{g-} \leqslant p_i^g \leqslant p_i^{g+} \longleftrightarrow \eta_i^-, \eta_i^+ ; \forall i \in G \tag{8-4}$$

$$p_i^g = 0, \forall i \notin G \tag{8-5}$$

式中，$\theta \in \Re^n$ 为状态变量（节点的电压相角，参考节点的角度除外）；函数 $g(\theta): \Re^n \longmapsto \Re^{n+1}$ 为所有节点的有功功率潮流函数，包括非零支路电阻造成的损耗；$p^g(p^d) \in \Re^{n+1}$ 为每个节点注入（或输出）功率，并且有 $p_i^g \equiv 0 (i \notin G)$；$p_i^{g-}$ 和 p_i^{g+} 为节点 i 处发电机发电功率的下限和上限；函数 $h(\theta): \Re^n \longmapsto \Re^{|B|}$ 为以电压相角表示的电力支路有功潮流；$\bar{s}$ 为电力支路有功潮流的限值。

2. 基于直流最优潮流的节点电价公式

目前美国的所有节点市场采用的都是基于直流潮流的节点电价公式。为了使直流潮流模型能够近似交流电力系统，需要提出以下几个假设：

1）无功平衡方程可以忽略；

2）所有节点的电压标幺值均为 1.0（p.u.）；

3）线路功率损耗可以忽略；

4）有载调压开关和移相变压器的电抗或串联阻抗可以忽略。

基于以上假设，并使用上一节公式中类似的符号，基于直流最优潮流（DCOPF）的最优潮流问题可以表述为

$$\text{最小化}\ F(p^g) = \sum_{i \in G} c_i(p_i^g) \tag{8-6}$$

约束条件：

$$-p^g + p^d + g(\theta) = 0 \longleftrightarrow \lambda^e \tag{8-7}$$

$$\mathbf{Hp} \leqslant \mathbf{Z} \longleftrightarrow \mu_{dc} \tag{8-8}$$

$$p_i^{g-} \leqslant p_i^g \leqslant p_i^{g+} \longleftrightarrow \eta_i^-, \eta_i^+; \forall i \in G \tag{8-9}$$

$$1_q^{\mathrm{T}} = 0 \tag{8-10}$$

式中，$\mathbf{p} = [p_1 \quad p_2 \quad \cdots \quad p_n]^{\mathrm{T}}$为节点注入有功功率；$\mathbf{H}$ 为一个 $m \times n$ 的功率转移分配因子（Power Transfer Distribution Factor，PTDF）子矩阵，也称为发电转移因子（Generation Shift Factor，GSF），对应于传输约束和非松弛节点容量约束的子矩阵；$\mathbf{Z}$ 由非松弛节点的传输容量限制和发电容量限值组成。

如前所述，节点边际电价通常由三个部分组成，即系统边际电价、边际阻塞和边际网损。功率平衡约束式（8-2）和式（8-7）中的拉格朗日乘子 λ^e 表示满足用电需求的系统边际电价（SMP），而线路潮流限值不等式约束式（8-3）和式（8-8）中的拉格朗日乘子 μ 代表边际电价公式中的部分边际阻塞分量。因此，任何节点 ϕ 处的边际电价在数学上可以定义为

$$\lambda_i = \lambda^e + \lambda^c + \lambda^l \tag{8-11}$$

式中，λ^l为边际网损分量；边际阻塞分量 λ^c 由不等式约束 j 的拉格朗日乘子（由影子价格 μ_j表示）和每个非边际节点 k 的转移因子 SF_{jk}计算得到

$$\lambda^c = \sum_{j \in N} \mu_j \times \mathrm{SF}_{jk} \tag{8-12}$$

转移因子可以用数学公式表示为

$$\mathrm{SF}_{jk} = \frac{\Delta F_j}{\Delta P_k} \tag{8-13}$$

式中，SF_{jk}为线路 j 相对于节点 k 的转移因子；ΔF_j为当节点 k 产生 ΔP_k的功率增量时线路 j 上对应的功率变化量。转移因子表示特定线路上的电力流相对于特定节点处单位功率变化的线性灵敏度因子。节点可以是负荷节点，也可以是发电机节点，功率变化通常以 MW 为单位。此处假设单位功率变化由系统参考节点上功率的相反变化补偿。转移因子可以从直流或交流潮流中计算得出。

3. 边际网损组成部分

节点定价需要选择参考节点或负荷加权分布松弛节点。根据定义，参考节

点上的电能价格代表系统边际电价，并用于计算整个市场系统中所有其他节点的节点价格，参考节点上的网损和阻塞分量为零。在其他节点，输电网的状态决定了传输网损，传输约束决定了阻塞量。

网损是由输电线和变压器的电阻（或阻抗）产生的。与距离负荷中心较远的地区相比，离负荷中心较近的发电节点网损较低。如果电力系统中没有输电约束，那么阻塞部分为零，节点间差价将完全来自网损成本。这种情况下，靠近负荷中心的发电最有价值，因为向用户提供能源的损耗非常低。某些情况下，发电量的增加可能减少系统的总损耗。离负荷最远的发电价值最小，因为其将电能输送到负荷的损耗会很大。

当电能从电源流向负荷时，输电系统中就会发生损耗，这些损耗表现为额外的电力负荷，需要发电机产生额外电力来补偿。在任何时间，输电线路或输电网络区域的损耗量取决于网络拓扑结构和当时用来满足负荷的电源。定义影响网损的两个重要因子如下：

（1）惩罚因子　一般情况下发电机 i 的惩罚因子 PF_i 是指在所有其他节点负荷保持不变的情况下，为应对参考节点的负荷增量 ΔD，节点 i 发电机需要增发的电力 ΔG_i。

$$\mathrm{PF}_i=\frac{\Delta G_i}{\Delta D} \tag{8-14}$$

基于电能平衡关系，惩罚因子也可以定义如下：

$$\mathrm{PF}_i=\frac{1}{1-\dfrac{\Delta \mathrm{Loss}}{\Delta G_i}} \tag{8-15}$$

发电机的电能报价乘以惩罚因子用以计算调度过程中的输电传输损耗。

（2）网损因子　发电机 i 的网损因子 DF_i 定义如下：

$$\mathrm{DF}_i=\frac{\Delta D}{\Delta G_i} \tag{8-16}$$

这是惩罚因子的倒数

$$\mathrm{DF}_i=\frac{1}{\mathrm{PF}_i} \tag{8-17}$$

网损因子用于计算节点边际电价的边际网损分量。由于 $\lambda^l=[\mathrm{DF}_i-1]\ \lambda^e$，因此对于节点 i，式（8-11）可转变为

$$\lambda_i=\lambda^e+\lambda^c+[\mathrm{DF}_i-1]\lambda^e \tag{8-18}$$

4. 三节点系统示例

为了说明电力系统节点边际电价的基本计算方法，以图 8-1 所示的三节点网络系统为例，相应网络参数如图所示。该电力系统有两台发电机，一台发电机位于节点 1（机组 1），另一台发电机位于节点 2（机组 2），负荷位于节点 3。假设

节点 1（机组 1）的发电机是一台廉价燃煤机组，边际成本为 20 $/MW，装机容量为 100MW。节点 2（机组 2）的发电机是一台昂贵燃气机组，边际成本为 40 $/MW，装机容量为 100MW。初始负荷需求为 100MW（节点 3）。节点 1 为参考节点。

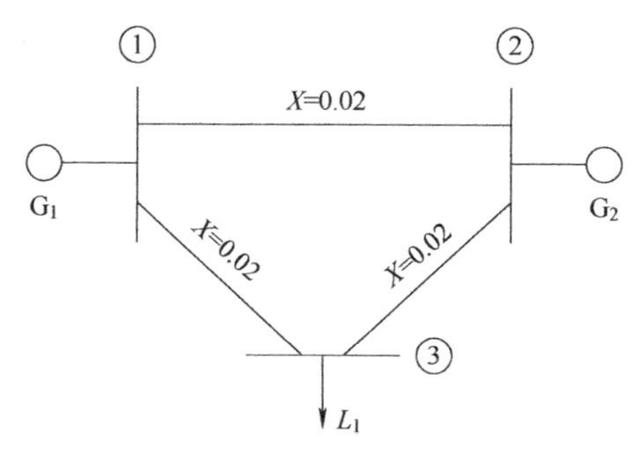

图 8-1　三节点网络系统

（1）无约束案例　在给定网络和发电商报价信息的情况下，如果系统中没有网络阻塞并且忽略边际网损，则可以很容易地确定系统节点电价。表 8-1 显示了无约束情况下在节点 3 上针对不同用电负荷水平的节点价格。对于 200MW 及以上的负荷，由于系统中没有额外的电力可用来满足该增量负荷，所以节点边际电价未被定义。

表 8-1　不同负荷水平下无约束网络的节点价格［$/(MW·h)］

负荷水平/MW	节点 1	节点 2	节点 3
0～99	20	20	20
100～199	40	40	40

再次假设节点 3 负荷水平为 100MW。根据总供电曲线，机组 1 将提供满足该负荷所需的全部 100MW 电力，而机组 2 无需出力。在上述网络中，使用任何潮流软件，分支上的潮流都可以很容易地计算出来，如图 8-2 所示。

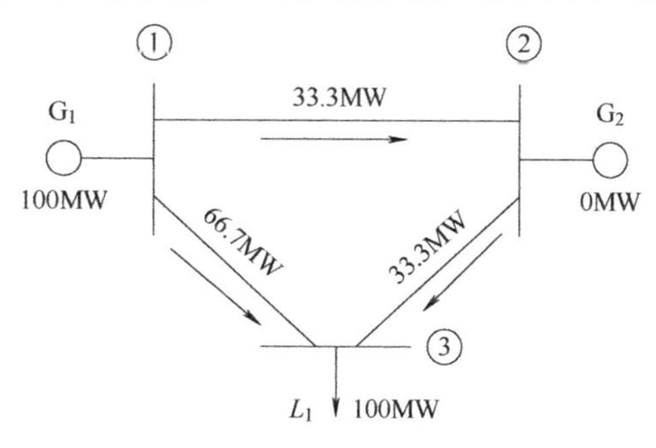

图 8-2　100MW 负荷下无约束网络的支路潮流

（2）有约束案例　再次假设从节点 1 ~ 节点 3 的支路有 60MW 的输电限制。为了网络安全运行，必须通过减少机组 1 的功率并增加机组 2 的功率来减少该支路的传输功率。通过再调度方式能够将该支路传输功率控制在 60MW 的限制范围内，如图 8-3 所示。这种情况下，系统中有两个边际机组。

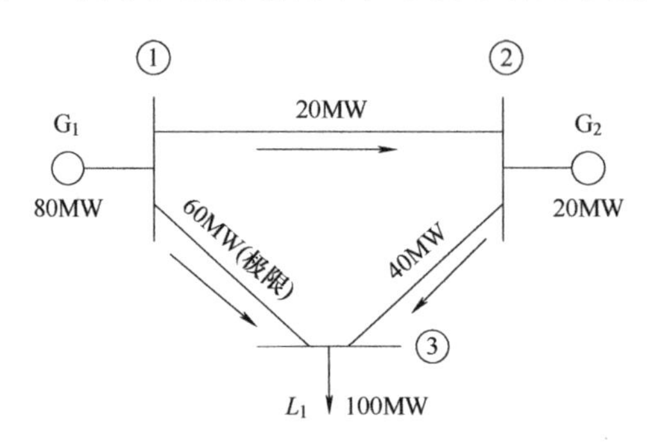

图 8-3　100MW 负荷约束下的支路潮流

根据上节所述的节点定价方法，100MW 负荷下无约束和有约束网络的最终节点边际电价见表 8-2。对于节点 1 ~ 节点 3，可以发现与线路 1 ~ 3 相关联的发电转移因子分别为［0，−0.3333，−0.6667］。节点边际电价的阻塞分量分别为 0、20 和 40 \$/(MW · h)。从表中可以看出，由于网络阻塞，节点之间价格产生了差异。

表 8-2　100MW 负荷下无约束和有约束网络节点价格［\$/(WM · h)］

电网状态	节点 1	节点 2	节点 3
无约束网络	40	40	40
约束网络	20	40	60

（3）不同参考节点的含约束网络案例　在上述无网络约束案例和有网络约束案例中，都以节点 1 为参考节点。即使选择了另一个不同的节点作为参考节点，最终节点价格（LMP）也不会改变。但是，如果使用不同节点作为参考节点，则最终节点价格的一些分量（如 MCC）将发生变化。

同样使用前面小节中的三节点网络，这里假设节点 2 是本例中的参考节点。由于参考节点发生变化时，转移因子也会发生变化，1 ~ 3 号线对应的新发电转移因子分别为［0.3333，0，−0.3333］。再次注意，参考节点（节点 2）的转移因子为零，因为转移因子是基于特定参考节点计算的。同时与前面案例类似，假设支路 1-3 的输电极限为 60MW，节点 3 的负荷为 100MW。

在本例中使用相同的节点价格公式后，可以发现 1、2、3 号节点的最终节点价格分别为 20、40 和 60 \$/(MW · h)，与前一个案例中价格相同。但是在本例中，最终节点价格的阻塞分量分别为 -20、0 和 20 $/(MW·h)，这与前面案例存在很大不同。这种情况下，系统边际电价，即参考节点价格是 40 $/(MW·h)。

5. 电能量-备用协同优化

电力批发市场节点定价的最新趋势是电能量和备用（一种辅助服务）共同优化。电力系统实时运行中必须同时满足电能量和备用要求。尽管电能量市场和备用市场看起来是独立的，但电能量和备用需求之间是自然耦合的。电能量和备用的供应可以来自同一台发电机，因此当面对两个市场时，该发电机必须做出一些权衡决策。如果不受爬坡能力约束，发电机任何 1MW 潜在可发电能都能成为备用市场可交易的 1MW 潜在备用容量。发电机组出于利润最大化目标，会在生产电能或提供备用之间进行决策，因此必须协调同一发电机的电能供应和备用供应。这就要求电能量市场和备用市场以最低竞价的方式共同出清，同时进行电能量和备用的协同优化。电能量-备用协同优化通过建模来优化系统运行，以实现电能量和备用的协同调度。通过电能量-备用协同优化，能够实现各台机组电能量和备用的最优分配。最优解决方案还能够为所有可分配资源提供最佳结果。若按顺序依次进行电能量和备用出清，则既无法体现电能量与备用价格之间的自然耦合效应，也无法提供激励促使电源遵循调度指令，更无法实现社会福利最大化。

从系统运行角度来看，电能量与备用协同优化的效益包括：

1）以最经济方式满足电能需求，同时保持系统可靠性；

2）有效同时确定电能量和备用市场出清价格；

3）为执行调度命令提供激励；

4）有效确定系统再调度机组以及适当的补偿；

5）加强备用短缺定价。

从市场参与者角度来看，这种协同优化的好处包括：

1）提供最优的电能量和备用分配，使发电机组总投标收益最大化；

2）提供最优的电能量和备用分配，使可调度负荷总投标收益/效用最大化。这种协同优化的输出结果包括电能量和备用的发电计划和价格。

电能量与备用协同优化的目标是使基于投标的总生产成本最小化（等价于社会福利最大化），约束条件包括：

1）电能平衡约束；

2）系统范围的备用约束；

3）区域备用约束；

4）输电约束；

5）发电机组约束（联合容量、爬坡、调频、备用能力等）。

这种协同优化的结果如下：

1）所需的调度计划；
2）节点电能量价格；
3）所需的备用计划；
4）备用出清价格。

电能量与备用共同优化的最优潮流问题可以表述为

$$最小化\ F(p^g,r) = \sum_{i\in G} c_i(p_i^g) + \sum_{j\in R} r_j * b_j \tag{8-19}$$

约束条件：

$$-p^g + p^d + g(\theta) = 0 \longleftrightarrow \lambda^e \tag{8-20}$$

$$h(\theta) \leqslant \bar{s} \longleftrightarrow \mu \tag{8-21}$$

与备用市场出清相关的约束为

$$\sum_{j\in R} r_j \geqslant R_{sys} \longleftrightarrow \alpha \tag{8-22}$$

$$p_i^g - r_i \geqslant p_i^{g-} \longleftrightarrow \eta_i^- \tag{8-23}$$

$$r_i + p_i^g \leqslant p_i^{g+} \longleftrightarrow \eta_i^+ \tag{8-24}$$

$$p_i^g = 0, \forall i \notin G \tag{8-25}$$

式（18-19）~式（18-25）中，r_j 为备用供应商 j 提供的备用规模；b_j 为备用供应商提交的备用价格；$j\in R$，R 为参与备用市场的备用供应商集合，系统中发电机集合为该集合 G 的子集；R_{sys} 为系统备用需求；r_i 为发电机 i 出清的备用。式（8-23）和式（8-24）表示任何参与的发电机出力和出清备用之和不应小于其最小出力或大于其最大出力。与系统备用需求相关的影子价格 α 代表整个系统的备用市场出清价格。这也相当于（固定）备用需求每次增量变化的最小总成本增量。

8.1.3 统一价格拍卖

基于分区或节点定价方法的市场出清过程会产生市场出清价格，该价格表示需求与供给相交点。然而这一过程本身并没有说明哪些市场参与者在消费或生产电力时按何种价格支付或收取费用。如果市场出清规则基于统一价格拍卖，同时假设系统中没有阻塞，那么报价等于或高于出清价格的买家将按出清价支付所购买电量，报价等于或低于出清价格的供应商将按出清价获得费用。例如，当电能量市场出清价格为 50 \$/(MW·h)，一个边际成本为 20 \$/(MW·h) 的发电机组将按 50 \$/(MW·h) 获得收入。30 \$/(MW·h) 的超边际利润用于弥补机组固定成本。事实上，所有市场上出清的供应商都按最后边际机组对应报价进行结算。

对于节点定价机制，如果系统发生阻塞，那么系统中每个节点的市场出清价格都可能会不同。这种情况下，每个用户按照负荷节点出清价格进行支付，每个发电机组按照机组所在节点出清价格获得收入。此时市场出清仍然基于统一价格拍卖规则，只是由于输电阻塞导致不同位置形成了不同的市场价格。

目前，美国所有电力批发市场都采用基于节点的统一价格拍卖。这种方案中，市场运营商从最低报价（如核电机组）开始，逐步调度系统中更高报价（如燃气发电机）的发电机，直到系统有足够的发电量满足用户电力需求。这一过程被称为优先发电序位调度或经济调度。统一价格拍卖下，无论每台发电机报价如何，都根据满足电力需求的最后一台发电机的价格获得相同的（统一）价格。因此，电力批发价格由满足电力总需求的最后一台发电机的报价决定。

大多数商品市场都是在统一价格拍卖体系下运行的。对于商品而言，不论如何生产，一个产品与另一个产品的属性效用是一样的。电力市场中，不管是什么类型的机组，一个机组的电能与另一个机组的电能都是一样的。尽管不同发电机组成本不同，但每台发电机组都面临相同的市场价格。

对于旨在向用户提供经济可靠电力的电力市场而言，基于统一价格拍卖的市场出清机制是其基本特征。统一价格拍卖在电源经济性调度中起着至关重要的作用，它为短期和长期投资激励提供了必要的价格信号。主流经济学研究认为，统一价格拍卖规则能够最大化社会福利，提高经济效益。这种定价方案下，发电商更倾向于按照接近或等于其边际成本进行报价。另一种定价模式被称为差别定价，将在下一小节中进行介绍。

8.1.4 差别定价

差别定价也称为按报价支付定价机制。英国和伊朗电力市场目前采用的都是差别定价。在差别定价下，发电商按自己的报价获得收益，而非统一市场价。一些电力市场采用差别定价的假设是低成本供应商的报价低，因此得到的报酬低，这可以为用户和拍卖商提供更高的福利。

用一个简单例子来理解差别定价的含义。假设低成本供应商边际成本为 20 $/(MW · h)。按照差别定价市场假设，即使市场出清价格较高，主体仍按照其边际价格报价，所以在差别定价规则下，供应商将获得 20 $/(MW · h) 的价格。然而，供应商会采取利润最大化的市场行为，如果预期出清市场价格要高得多，则低成本供应商将提交一个更接近预期出清价格的报价。因此在按报价支付情况下，除非供应公司被迫以其边际成本报价，否则每个供应商报价方式将与统一价格拍卖完全不同。

具体来说，在按报价支付的市场中，发电商提交的报价反映了对系统边际结算价格的预测值，而不是像在统一价格市场中那样按实际成本报价。因此在按报价支付模型中，所有报价将达到近似相同的水平，并且这种拍卖的成本本质上与统一价格拍卖中的结算价格相同。因此在按报价支付的拍卖方式下，价格不一定会下降。某些情况下，低成本供应商报价可能比高成本供应商报价高得多，此时高成本机组将被调度，导致调度效率低下。

经济学研究理论和实践都表明，统一价格和按报价支付方法几乎导致相同的预期价格。假设不存在市场支配力问题，统一价格拍卖便可以产生经济有效的竞争均衡，达到社会福利最大化。这种情况下，系统所需电力由成本最低供应商生产，并被出价最高用户使用。在两种拍卖方式预期成本相等的情况下，统一价格拍卖是首选，因为统一价格拍卖具有透明度，并能够确保选择最便宜和最有效的资源。

8.2 电力市场建模与仿真

电力市场建模与仿真可以应用在许多场景中，其最基础的目的是研究分析与电力市场相关的各类问题，包括市场经济性评估、市场价格预测、输电阻塞预测、发电资产估值、可再生能源影响以及政策分析等。电力市场建模还可以帮助回答其他类型的研究问题。

电力市场具有复杂性，所以电力市场建模通常也十分复杂。市场建模通常需要大量的合理假设来模拟底层电力系统运行。没有一个单一模型能够准确复制实际市场运行，原因有两个：①市场实际数据通常为保密数据，难以获取；②实际电力市场十分复杂，几乎不可能建立一个准确的市场模型。如果建模能捕捉到市场的关键属性，且产生相当好的结果，那么它就是一个合格的模型。电力市场建模是一门艺术，而不仅仅是科学或工程。

电力市场模型一般分为两大类，即基础模型和市场均衡模型。针对市场、规划、政策和研究问题，需要运用不同模型和方法进行不同类型的研究和分析。

8.2.1 基础模型

基础模型广泛应用于当前电力市场建模，用来支撑开展电力市场基础分析。一般来说，基础分析是指对影响市场结果的各种基础因素的分析。在金融领域，基础分析是一种通过关注影响公司实际业务和未来前景的潜在因素来确定证券价值的技术。在更广泛的范围内，基础分析可用于对行业或整个经济进行分析。电力市场基础模型是指那些能够对市场供应、需求、网络拓扑等关键输入进行建模并且能够合理地复制同一市场的内部运行情况的模型。如果这两个步骤做得正确，那么这个模型应该会产生相当好的结果。

市场建模首先要进行基础案例建模。基础案例通常代表当前电力系统情况，分为运行电力市场和没有电力市场两种。其主要区别是经济效率，通常认为没有电力市场的电力系统经济效率较低，而有电力市场的电力系统经济效率较高。建立电力市场的主要目标就是提升电力系统的经济效率。

在没有电力市场的电力系统中，经济低效是由各个控制区试图平衡当地负荷和发电以及出口和进口电力（如果有的话）而进行的独立运营决策中无意造成的。某个对于单个控制区而言的最优运行决策，对更大的运行区域而言可能并不是最为优化的。一些现有电力库或系统运营商的运营决策也是如此。基于单个电力库的最优决策对于包括多个电力库的更大范围可能也不是最佳选择。经济低效的另一个原因是市场参与者无法识别和实现所有可能的有益交易。因此，无论是否有电力市场，进行电力系统案例建模都需要在模型中引入适量的经济低效因素。两种情况下相关指标（如生产成本）的差异通常体现了市场提升效率带来的好处。

经济低效建模的关键控制变量是门槛回报率。市场建模面临的主要挑战是找到真实市场中必然存在的经济低效的合理表征，更重要的是找到在市场体系变化时经济低效的变化规律。正如在基础分析中建模的描述，门槛回报率可作为贸易壁垒用来表示市场低效，它包括完成交易的实际直接成本（如过网费）和非现金壁垒。

门槛回报率由三种门槛组成，即进口门槛、贸易门槛和增量损失门槛。进口门槛用于模拟机组自组合，体现了各自控制区内当前运行、双边交易成本以及偏向内部机组组合和调度情况。贸易门槛反映了基于进口门槛机组自组合情形下的不同控制区之间电力传输的障碍。贸易门槛主要是为了体现过网费（获得固定输电服务的成本）和贸易障碍。随着跨区域电力传输增加，贸易障碍将逐步变小。增量损失门槛是通过增量损失障碍来模拟增量损失的影响。进口门槛、贸易门槛和增量损失门槛适用于跨省跨区电力交易或者穿越电力库的交易。

由于双边市场缺乏透明度，因此人们很难详细了解控制区之间的电力交易情况。这些交易的净影响是控制区之间由此而产生的电力潮流。基于跨区电力潮流，可以通过系统仿真建模优化形成区域交易计划，进而估算经济门槛回报率。提高两个相邻控制区之间的门槛回报率将阻碍这两个控制区之间的电力交易。因此，可以使用试错法（一种启发式方法）来确定所需的门槛回报率，以近似体现观测到的区域间电力潮流。

通过下面例子来说明门槛回报率的概念，如图8-4所示。在某个时间点，假设A区边际成本为5 \$/(MW·h)，B区边际成本为10 \$/(MW·h)。如果门槛电价低于5 \$/(MW·h)，则电力将从A区经济地流向B区。B区将降低发电量，A区将增加发电量，直到B区边际发电成本等于A区的边际发电成本加上门槛电价。然而，如果门槛电价超过5 \$/(MW·h)，那么电力将不会从A区流向B区。因为B区边际成本高于A区，所以经济因素也不会驱动电力从B区流向A区。

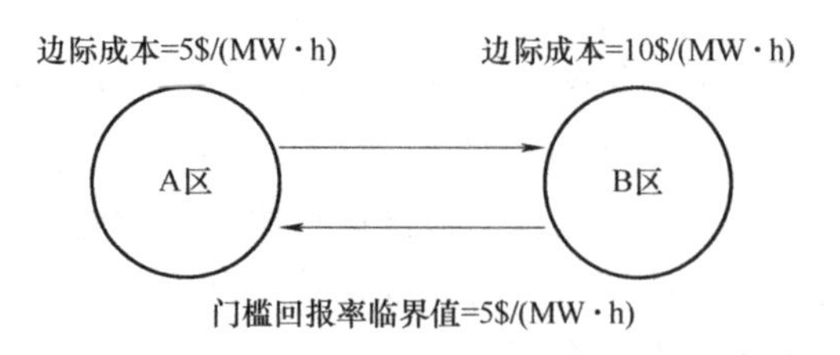

图 8-4　门槛回报率对两个区域间潮流的影响

机组组合和调度决策的门槛回报率也包含上面提到的三个门槛回报率。机组组合和调度决策中增加的门槛回报率幅度不一定相同。每个控制区的调度人员以天为单位，在考虑旋转备用、火电机组约束和其他约束（如水电机组）的情况下，按照经济性原则确定机组组合。为了反映控制区内机组自组合特性，通常用于确定机组组合的门槛回报率设定值要高于调度采用的门槛回报率。实时阶段，电力调度通过发电安排以最经济的方式满足实时负荷，因此调度采用的门槛回报率要低于确定机组组合的门槛回报率。

特定系统的机组组合和实时调度门槛回报率是通过反复试验确定的。如果门槛回报率设置得太高或太低，则控制区域之间的电力潮流将与观察到的电力潮流不匹配。通过调整门槛回报率，可以使基础案例下控制区域之间的电力潮流模式符合历史实际情况。

假设基础案例为没有电力市场的电力系统，那么基础案例模型需要充分还原历史发电模型。为此需要进行一系列基础案例模拟仿真，以确定与历史发电模型及区域间电力传输密切匹配的门槛回报率。由于发电成本变化是直接经济效益的主要衡量标准，所以校准对象必须以那些在发电成本方面有可能产生巨大差异的设备为主。许多类型的发电机组在有无市场情况下都会出现相似的运行情况，例如传统水电机组和核电在两种情况下的年发电量水平基本相同。原因是这些基础负荷机组在上述两种情况下都不是边际发电机组。通常两种案例的成本差异主要是低成本机组替代高成本机组发电带来的，对于以核电（法国）或水电（巴西）占主导地位的电力系统除外。一般来说，在天然气价格高于煤炭价格的情况下，发电成本差异主要由低成本燃煤发电代替高成本燃气发电产生。因此校准工作应侧重于燃煤和燃气机组运行模式，这些机组在许多电力市场中都是边际机组。有些电力系统拥有不同成本特征的发电类型，对于这些系统，发电成本变化可能由其他发电类型机组低成本和高成本电源之间代替形成。

多区域发电成本计算模型是众多基础模型中的一种，该模型包含了整个输电系统的详细内容，采用基于安全约束的机组组合和经济调度算法。该模型本质上是对系统运行进行时序仿真，同时识别输电约束和其他机组运行约束，如最小起停时间。多区域发电成本计算模型假定机组按边际成本报价，同时充分考虑热力和紧急事件约束，通过经济调度形成小时节点边际电价，其中边际成本报价可以被更复杂的报价模式所取代。图 8-5 所示为节点市场的市场仿真过程。

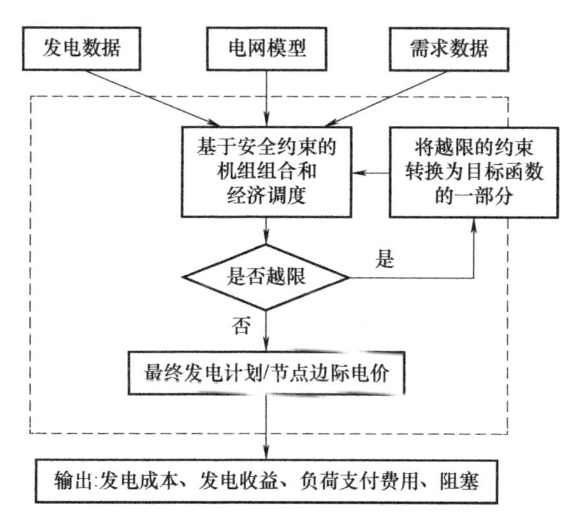

图 8-5　节点市场的市场仿真过程

另一种模型是基于市场的模型，该模型假设电力系统中已经存在运行的电力市场。基于市场的模型需要对竞争性市场环境下运行的电力系统进行仿真，即电力系统仿真应当模拟市场运行，并使用相似的机组组合和经济调度算法。为此，经济分析中的市场模拟部分采用基于安全约束的机组组合（SCUC）和基于安全约束的经济调度（SCED）算法，这是市场运行、节点边际电价确定和阻塞定价的核心。电力行业中许多商用软件也可以对基础模型进行建模，并运用于各种问题的研究。

8.2.2　市场均衡模型

从基本模型中可以看出，电力市场建模至少需要反映电力系统的本质技术特征、实物资产和约束。市场参与者行为是电力市场建模的重要组成部分，但适用于其他环境的单一经济或金融模型不适合对市场参与者行为进行建模。更好的模型应该至少有物理网络系统的详细描述，并尽可能包括企业行为建模。之前章节已经介绍了基础模型，与均衡市场模型的不同之处在于基础模型一般不包括企业行为的建模。

市场均衡模型试图通过考虑所有市场参与者之间的竞争来表现整体市场行为。换句话说，均衡模型考虑的是在市场上竞争的所有企业同时利润最大化的问题。均衡模型基于均衡的概念，同时形成一系列代数和/或微分方程。有时这些微分代数方程组（Differential-Algebraic Equations，DAE）很难求解。

市场均衡模型以博弈论为基础。电力市场既不是纯垄断市场，也不是完全竞争市场。许多人认为，电力市场属于不完全竞争市场，因为他们认为电力市场是少数公司主导市场的寡头垄断市场。不完全竞争的市场模型十分复杂，目前有两种主流模型，即古诺模型和供给函数均衡（Supply Function Equilibrium，SFE）模型。古诺模型中企业以规模作为决策变量进行竞争，SFE 模型中企业的决策变量包括数量和价格。此外两种模型还考虑了网络结构来计算阻塞电价。古诺模型由于灵活性和更易于处理而得到更广泛的应用。尽管古诺模型和 SFE 模型所使用的战略决策变量不同，但纳什均衡概念都是两个模型的基础。纳什均衡中，没有企业愿意偏离最优策略，这是对所有竞争企业最优策略的最优响应。通过这种方式市场达到均衡状态。市场均衡模型可用于分析企业行为、市场力行使问题以及长期规划。此外，这些模型也可用于解决市场设计相关问题。

优化模型是一类特殊的市场均衡模型。优化模型重点关注单个企业的行为，是一个单一优化问题，主要解决单一企业如何实现自身利润最大化。优化模型在考虑一系列技术和经济约束下形成单一目标函数。该模型可帮助市场环境下的发电企业形成日报价曲线。通过改进优化方法可以使其更好地反映市场均衡模型，解决市场均衡相关问题。下面将介绍这些方法。

1. 带均衡约束的数学规划

带均衡约束的数学规划（Mathematical Program with Equilibrium Constraints，MPEC）是一类用变分不等式定义约束集的含约束非线性规划问题，该问题可分为两个嵌套问题，即上层优化问题以及下层变分不等式问题。带均衡约束的数学规划使用的一个前提是经济和电力市场相关问题可以使用均衡约束的数学规划进行建模。MPEC 模型一般表述如下：

$$\text{最小化} f(x,y) \tag{8-26}$$

约束条件：

$$g(x,y) \in Z$$
$$y \in S(x)$$

式中，$S(x)$ 为由 x 参数化的关于变量 y 的参数约束，它是由 $F(x,.)$ 和有界集 $\Omega(x)$ 定义的混合互补问题（Mixed Complementarity Problem，MCP）的解。当且仅当 y 是 $\Omega(x)$ 中的元素且满足下列条件时，$y \in S(x)$：

$$F(x,y)^{\mathrm{T}}(v-y) \geqslant 0, v \in \Omega(x) \tag{8-27}$$

带均衡约束的数学规划是一个很难解决的问题，因为：①低级互补约束一般是非凸的，②它有一个开可行集，③函数 $S(x)$ 每个变量 x 可以有多个元素，并且可能不可导。基于 $F(x,.)$ 表达式的不同，MPEC 公式可以代表若干实际情景。例如，$F(x,.)$ 可以是关于变量 y 和另一函数 ϕ 的梯度。

尽管双层问题存在固有困难，但是目前已经开发出基于隐式枚举、分支定界、惩罚方法和分解法的若干方法，还包括解决凸情况的双层算法。最近，针对更大规模系统的算法也已成功开发，其中提出了基于惩罚内点算法（Penalty Interior-Point Algorithm，PIPA）隐式规划和序列二次规划（SQP）的迭代算法。

带均衡约束的数学规划的一个特殊应用是基于博弈论的竞争性电力市场分析。该场景下，一个领导者和多个追随者的优化问题可表示为用带均衡约束的数学规划表示的斯塔伯格博弈。斯塔伯格博弈假设有一家领导者率先行动，其余企业紧随其后行动。领导者的行为会根据预期的追随者行为进行优化，追随者按照纳什均衡行动。此外，假设所有主体都是供需平衡的价格接受者。

商业求解器使用过程中，会采用一些基于非线性规划（Nonlinear Programming，NLP）的标准算法。两个规划案例如下所示：

（1）等效非线性规划公式　最简单的方法之一是将带均衡约束的数学规划问题表示为单一 NLP 问题

$$\text{最小化} f(z) \tag{8-28}$$

约束条件：

$$\begin{gathered} g(z) \leqslant 0 \\ h(z) = 0 \\ G(z) \geqslant 0 \\ H(z) \geqslant 0 \\ G(z)H(z) \leqslant 0 \end{gathered}$$

然后，采用序列二次规划（SQP）方法求解 NLP 问题。

（2）惩罚　根据惩罚方法的主要原则，可以在原目标函数中加入互补约束。该数学问题可表示为

$$\text{最小化} f(z) + \lambda \sum_{i=1}^{m} G_i(z) H_i(z) \tag{8-29}$$

约束条件：

$$\begin{gathered} g(z) \leqslant 0 \\ h(z) = 0 \\ G(z) \geqslant 0 \\ H(z) \geqslant 0 \end{gathered}$$

（3）示例　考虑一个双层优化问题，主目标函数是发电商参与者利润最大化

$$\text{最大化（发电收益）} \tag{8-30}$$

约束条件为发电机组约束。

$$最大化（社会福利） \tag{8-31}$$

约束条件为市场出清价格。

这个双层问题可以用数学形式表示为

$$最大化 f(x,y)$$

约束条件：

$$g(x,y) \geqslant 0$$

$$h(x,y) = 0$$

$$y 解出\left[\begin{array}{c} 最小化\ F(x,y) \\ 约束条件: \\ H(x,y)=0, G(x,y) \geqslant 0 \end{array}\right]$$

如果下层优化问题可以线性化

$$\nabla_y F(x,y) - \nabla_y G(x,y)^{\mathrm{T}}\mu + \nabla_y H(x,y)^{\mathrm{T}}\lambda = 0 H(x,y) = 0, 0 \leqslant G(x,y)\mu = 0$$

式中，μ 和 λ 为拉格朗日乘数或影子价格，则该问题可以转化为一个单层次问题，用带均衡约束的数学规划模型表示如下：

$$最大化 f(x,y)$$

约束条件：

$$g(x,y) \geqslant 0$$

$$h(x,y) = 0$$

$$\nabla_y F(x,y) - \nabla_y G(x,y)^{\mathrm{T}}\mu + \nabla_y H(x,y)^{\mathrm{T}}\lambda = 0$$

$$H(x,y) = 0, 0 \leqslant G(x,y)\mu = 0$$

2. 带均衡约束的均衡问题

带均衡约束的均衡规划（Equilibium Problems with Equilibium Constraints, EPEC）是工程和经济应用中存在的一类数学规划，例如经济学中的领导者-跟随者博弈。每个领导者-跟随者博弈都是一个斯塔伯格博弈问题，可通过带均衡约束的数学规划方法求解。基于前面描述的带均衡约束的数学规划模型，所有主体的带均衡约束数学规划联合组成了带均衡约束的均衡问题，即 EPEC 问题是多个带均衡约束数学规划问题的集合，通过求解可以同步得到这些问题的最优解。在放松管制的电力市场中，带均衡约束的均衡模型对于研究多主体策略行为十分有用。

根据 8.2.2 节 1. 中的示例，假设有 N 个主体，那么相应的带均衡约束的均衡模型就是考虑上一节中描述的所有带均衡约束数学规划问题（$1 \sim N$）的博弈总和。通常采用基于对角化算法的数值方法来解决带均衡约束的均衡模型问题。但这些方法不能保证全局收敛性。另一种方法是基于序列非线性互补问题（Nonlinear Complementary Problems, NCP），该方法近期得到改进，并成为求解 MPEC 和 EPEC 问题的替代方法。

8.3 进一步讨论

经济学家认为，市场是分配社会中稀缺资源的最佳途径。市场中最关键的结果是市场出清价格（市场均衡价格）。市场价格包含有关消费者需求和资源需求强烈位置的信息。如果消费者愿意并有能力支付让供应商获利的市场价格，这就表明供应商生产了市场所需合理资源。如果供应商正在亏损，则提供另外的信号。电力市场环境下，统一拍卖价格机制相对于差别定价机制在调度效率和经济效率方面是有优势的。

现货市场价格涨跌受实时供需平衡等因素影响。价格高时，供应商利润大，这将吸引更多新供应商进入。随着供应增加，价格和利润将会下降。价格较低时，由于利润较低或没有利润，不会有额外供应进入市场，这将导致供应紧张，进而推动价格和利润上涨。均衡状态下，现货市场价格刚刚好，反映了长期平均成本（Long-Run Average Cost，LRAC）。在有效市场中有两个因素可能会造成市场扭曲：①进入门槛高；②对电力供应商的高额补贴。

电力市场建模和仿真是研究人员或从业者必备工具包中不可或缺的一部分。如果做得不好，则在新市场制度设计或结构调整过程中将会产生高额成本。在特定市场实施之前，对市场设计进行建模和仿真有助于减少成本。许多其他与政策、经济和监管问题相关的问题都可以通过广泛使用建模和仿真进行回答。

章节问题

8.1 采用分区定价机制的优缺点分别是什么?

8.2 采用节点定价机制的优缺点分别是什么?

8.3 为什么全球许多电力市场普遍采用统一价格机制而不是差别定价?

8.4 在三节点系统案例中，当节点3负荷水平为100MW、从节点1到节点3的输电限额为70MW时，计算节点边际电价（LMP）。

8.5 在三节点系统案例中，当节点3负荷水平为100MW、从节点1到节点3的输电限额为50MW时，计算节点边际电价（LMP）。

8.6 图8-6所示为一个五节点网络。系统中有两台发电机，一台发电机位于1号节点（1号机组)，另一台发电机位于5号节点（2号机组)，负荷在2号节点（200MW)、3号节点（100MW）和4号节点（300WM)。假设1号节点上的发电机是一台低价燃煤机组，边际成本为40 \$/MW，容量为400MW。5号节点（2号机组）发电机是高价燃气机组，边际成本为80 \$/MW，容量为600MW。假定3号节点是参考节点。

a. 在无网络约束情况下，确定总发电成本和线路d上的功率潮流。

b. 如果线路d上的输电限额为60MW，那么总发电成本是多少?

c. 如果每个节点在线路d上的转移因子分别为0.1818、0.3636、0.0000、-0.1818和

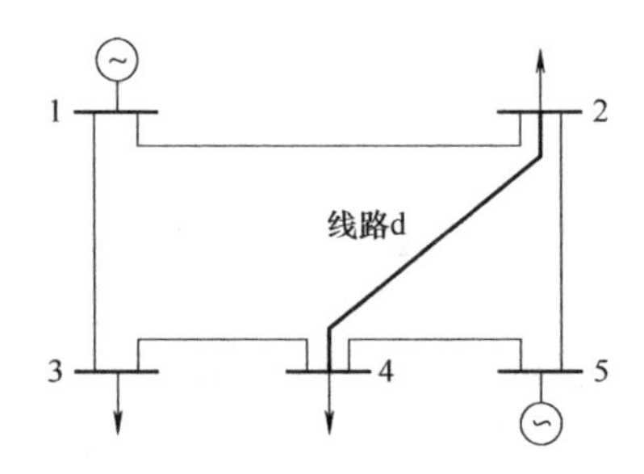

图8-6　五节点系统

0.0909，确定系统中每个节点的最终节点价格。

8.7　选择一个实际电力市场，并分析历史年份的市场价格（日前或实时电能量市场）。你观察到了什么？请解释该价格水平存在的原因。

8.8　编写一个最优潮流问题的替代数学公式，目标函数中既包括发电机在电能量和备用市场报价，也包括用户侧的需求响应报价和备用市场报价，同时在公式中加入相关的等式和不等式约束。

拓展阅读

1. Bjørndal M, Jørnsten K. Zonal pricing in a deregulated electricity market. *The Energy Journal* 2001;22(1):51–73.
2. Hogan WW. Nodes and zones in electricity markets: seeking simplified congestion pricing. In: *Designing Competitive Electricity Markets*, Chao HP, Huntington HG, editors. Kluwer Academic Publishers; 1998. Chapter 3, pp. 33–62.
3. Schweppe FC, Caramanis MC, Tabors RD, Bohn RE. *Spot Pricing of Electricity*. Boston: Kluwer Academic Publishers; 1988.
4. Hogan WW. Contract networks for electric power transmission. *Journal of Regulatory Economics* 1992;4:211–242.
5. Chao HP, Peck S. A market mechanism for electric power transmission. *Journal of Regulatory Economics* 1996;10:25–59.
6. Chen L, Suzuki H, Wachi T, Shimura Y. Components of nodal prices for electric power systems. *IEEE Transactions on Power Systems* 2002;17(1):41–49.
7. Rivier M, Pérez-Arriaga IJ. Computation and decomposition of spot prices for transmission pricing. In: Proceedings of 11th PSC Conference, 1993.
8. Wood AJ, Wollenberg BF. *Power Generation, Operation, and Control*, 2nd edition. New York: John Wiley & Sons; 1996.
9. Tierney SF, Schatzki T, Mukerji R. Uniform-pricing versus pay-as-bid in wholesale electricity markets: does it make a difference? Report by Analysis Group and NYISO, March 2008.
10. Cramton P, Stoft S. The convergence of market designs for adequate generating capacity. White Paper for the California Electricity Oversight Board, 2006.
11. Cramton P, Stoft S. Uniform-price auctions in electricity markets. Mimeo. March 2006.
12. Lin Y, Jordan G, Zhu J, Sanford M, Babcock WH. Economic analysis of establishing regional transmission organization and standard market design in the Southeast. *IEEE Transactions on Power Systems* 2006;21(4):1520–1527.

13. Lin J. Market-based transmission planning model in PJM electricity market. In: Proceedings of 6th International Conference on European Energy Market, May 2009.
14. Lin J. Modeling and simulation of PJM and Northeastern RTOs for interregional planning. In: Proceedings of IEEE Power Engineering Society General Meeting, July 2013.
15. Lin J. Impact analysis of Entergy– MISO integration on power system economics. In: Proceedings of IEEE Power Engineering Society General Meeting, July 2014.
16. Ventosa M, Baillo A, Ramos A, Rivier M. Electricity market modeling trends. *Energy Policy* 2005;33(7):897–913.
17. Smeers Y. Computable equilibrium models and the restructuring of the European electricity and gas markets. *Energy Journal* 1997;18(4):1–31.
18. Hobbs BF. Linear complementarity models of Nash– Cournot competition in bilateral and POOLCO power markets. *IEEE Transactions on Power Systems* 2001;16(2): 194–202.
19. Day CJ, Hobbs BF, Pang JS. Oligopolistic competition in power networks: a conjectured supply function approach. *IEEE Transactions on Power Systems* 2002;17(3): 597–607.
20. Klemperer PD, Meyer MA. Supply function equilibria in oligopoly under uncertainty. *Econometrica* 1989;57(6):1243–1277.
21. Rudkevich A, Duckworth M, Rosen R. Modeling electricity pricing in a deregulated generation industry: the potential for oligopoly pricing in a Poolco. *Energy Journal* 1998;19(3):19–48.
22. Gabriel SA, Conejo AJ, Fuller JD, Hobbs BF, Ruiz C. *Complementarity Modeling in Energy Markets*. New York: Springer; 2013.
23. Ehrenmann A. Equilibrium problems with equilibrium constraints and their applications to electricity markets. Ph.D. dissertation, Fitzwilliam College, Cambridge University, 2004.

第9章 电力市场评估

本章主要涵盖电力市场评估重点问题以及评估方法，用来判断电力市场竞争力水平及其运行情况。本章重点在于呈现电力市场评估的基础理论，而不是评判现有电力市场的优劣。通常，评估电力市场的标准方式（或称为黄金法则）是采用结构-行为-绩效评估模型。电力市场评估既包括对电能量市场和容量市场的评估，也包括对其他相关市场的评估。电能量市场中，最主要的是评估发电商是否能保持充足收益以保持其长期经济活力。节点电价市场中，金融输电权（FTR）的收益充分性也是一个重要评估点。如何评估容量市场的有效性。上述问题都是本章将探讨的重点。

9.1 市场竞争力

评估电力市场时，首要问题就是市场是否具有充分的竞争力。经济学家认为，只有当市场具有一定竞争力时，社会福利才能最大化。如果市场竞争力不足，则社会福利就会受到影响。建立电力市场的根本目的是提供竞争力。本书第三章讨论了市场和市场竞争力的基本理论。竞争性市场是指市场中买卖双方数量足够多，以至于没有任何一个买方或卖方能够影响或控制市场或价格。竞争性市场的定义也适用于电力市场。如前所述，市场或价格行使控制权的能力与市场力有关，因此市场是否有利于市场力的存在与发挥是评估市场竞争力的关键。

9.2 市场力

根据美国反垄断机构使用的定义，市场力是指一个或一组供应商长时间保持市场价格高于竞争水平的能力。对于电力系统，这个时间段可以短至价格飙升的几个调度时段。简单来说，市场力通过减少电力供应商之间的竞争来降低电力市场的竞争力。本节将重点讨论市场力。

如前所述，电力系统主要包括发电、输电、配电及供电环节。如果市场力问题只与电力系统中特定环节（如发电）有关，那么称这种市场力为横向市场力。如果一家公司试图在市场上拥有大量发电机以获得显著市场份额，那么这家公司就会拥有相当大的横向市场力。另一种市场力为纵向市场力。一家公司参与电力系统的多项环节（如发电和输电），如果该公司利用其在一个环节的支配地位来增加自己其他环节的利润，那么这家公司就具备纵向市场力。

随着电力市场越来越复杂，市场操纵也成为另一种形式的市场力滥用。例如节点市场中，一家公司可以人为地在一个地区造成输电阻塞，从而让阻塞区域的发电机受益。

9.3　结构-行为-绩效模型

这里采用结构-行为-绩效模型的分析框架来分析电力市场和电力行业。该框架是产业组织理论的支柱，由经济学家乔·贝恩于1959年提出，主要内容是市场结构决定行业内的企业行为，企业行为进一步决定着行业的绩效。

9.3.1　结构

市场结构包括一系列相对稳定、能够影响卖方和/或买方行为的变量。市场运作方式是否遵循完美的竞争模式，很大程度上取决于供应集中程度、需求集中程度、产品差异化和市场准入条件。例如，如果一小部分公司控制着大部分供应（供应集中），或者供应准入条件很高，则市场竞争力可能不充分。除此之外，市场结构也取决于产品性质和现有技术。因此评估电力市场结构时，需要充分考虑电力产品的独特性质和特点，以及不同发电类型的发电方式。

评价市场结构竞争力的指标有很多，常见指标有市场份额、Top-m 指数和赫芬达尔-赫希曼指数（Herfindahl-Hirschman Index，HHI）。这些指标也可应用于计量经济学和反垄断分析，作为市场力的潜在分析指标。

1. 市场份额

市场份额是衡量市场供应商集中度的指数之一。供应商集中度越高，这些供应商就越有可能行使市场权力。市场份额指的是任何一家公司 i 在市场上所占市场份额的百分比。i 公司的市场份额为

$$\beta_i = \frac{q_i}{Q} \tag{9-1}$$

式中，$i=1$，…，F；$\sum_{i=1}^{F}\beta_i=1$；β_i 为 i 公司的市场份额；F 为市场或行业中公司的总数；q_i 为 i 公司的产品数量；Q 为市场中的产品总数。

使用市场份额指数时，必须明确定义市场产品和市场边界。对电力市场中

不同市场产品应用该指标不是一个简单的工作。例如容量和电能量显然是两种不同的产品。而且，每个小时的电能量不能相互替代，因此它们也是不同的产品。所以市场份额指数的使用必须仔细考虑上述因素。

2. Top-*m* 指数

Top-*m* 指数与市场份额类似，它指的是一个市场或行业中给定数量的大型企业合计市场份额，这个比例也可以用来衡量市场集中度。Top-*m* 指数计算公式如下：

$$R_m = \sum_{i=1}^{m} \beta_i , m \leqslant F \tag{9-2}$$

式中，R_m 为 Top-*m* 指数；β_i 为 i 公司的市场份额；F 为市场或行业中公司的总数。

例如，Top-4 指数为行业中最大的四家公司的合计市场份额与该行业总规模的比例。比例越高，行业越集中，行使市场力的可能性就越大。

3. 赫芬达尔-赫希曼指数

作为著名的结构性指数，赫芬达尔-赫希曼（HHI）指数广泛应用于监测市场集中度，评估某一特定市场的集中程度时，该指数的接受程度较高。HHI 的基本假设是，如果一个市场集中度较低，那么其竞争力较强；如果一个市场是中度或高度集中，那么其竞争力较弱。HHI 公式如下：

$$\mathrm{HHI} = \sum_{i=1}^{F} (\beta_i)^2 \tag{9-3}$$

式中，β_i 为在公司 i 的市场份额；F 为该市场上公司的总数。

接下来通过数值算例说明 HHI 的概念。假设一个特定市场由五家公司组成，市场份额分别为 10%、20%、20%、20% 和 30%。那么，这个市场的 HHI 指数是 2200。HHI 考虑到市场上企业的相对规模分布。如果电力市场由一家公司控制，则 HHI 值将为 10000（纯垄断），如果市场上有许多规模相对等同的竞争公司，则 HHI 值就会变小，甚至接近零（原子型市场），美国司法部（Department of Justice，DOJ）和联邦贸易委员会（Federal Trade Commission，FTC）提供了解释 HHI 值的使用指南，即 HHI 超过 2500 点，市场高度集中；HHI 在 1500 和 2500 点之间，市场中度集中；HHI 低于 1500 点，市场不集中。作为竞争分析的组成部分之一，市场集中度或市场力的量化标准经常用于评估横向兼并的影响。美国竞争管理机构利用 HHI 指数筛选合并，并确定哪些需要进一步调查。此外，高度集中的市场中，能够将 HHI 提高 200 多点的交易可能会被认为使用了市场力。

电力市场的独特性体现在单一电力市场可以根据输电阻塞分成多个较小市场（至少在节点市场中是这样）。这种情况下，阻塞地区的小市场可能会变得高度集中，也就更容易受到市场力的影响。因此需要采取其他措施或衡量标准来检测可能存在于阻塞地区电力市场中的市场力。

4. 熵指数

熵指数（Entropy Index，EI）是知名度相对较低的供应商集中指数。熵测度在信息论中有其理论基础，它度量的是市场分配前的期望信息量。熵指数为市场份额与其对数值乘积之和的负数，如下：

$$EI = -\sum_{i=1}^{F}[\beta_i \times \log(\beta_i)] \tag{9-4}$$

相关变量如前几节中的定义。所有公司的份额相等时，EI 等于 $\log(F)$；只有一家公司控制所有股份时，EI 为零。熵值与集中度成反比，EI 数值越小表示集中水平越高。与 HHI 相反，较小的公司获得更大的 EI 数值权重，较大的市场份额获得较小的权重。

市场集中度的各项指标包括市场份额、Top-*m*、HHI 和熵指数，主要用于衡量电力市场供给侧。为了将市场需求侧也纳入衡量潜在市场力的范围，需要采取其他措施。结构性市场力的检测方法包括寡头测试法、剩余供给指数和剩余需求分析。

5. 寡头测试法

寡头测试法用于测量结构性市场力，其关键特征在于衡量市场力时既考虑供给条件也考虑需求条件，可用于电能量市场和容量市场。该方法衡量给定发电机在特定时间对于满足用电需求是否必要或关键。具体来说，它主要检测发电机的容量是否大于电力批发市场的剩余供应（总供应和总需求之间的差额）。供应商可以在系统和（或）节点发挥关键作用。如果发电容量对于满足系统或节点要求是必需的，则供应商被视为寡头。换句话说，如果取消该发电容量，系统或节点的发电要求无法得到满足，那么这个时候供应商就被视为寡头。就节点电力市场而言，如果需要供应商的发电设施输电来缓解输电阻塞，那么该供应商也是寡头，它们就有能力将电力市场价格提高到竞争水平以上。

下文的示例用于解释说明寡头测试的概念。假设特定电力市场在某时段的负荷需求为1000MW，有五家供应商提供了以下容量，见表9-1。

表9-1 市场供应商提供的容量

供应商	容量/MW
供应商1	150
供应商2	200
供应商3	400
供应商4	300
供应商5	200

如果将所有供应商的竞标容量计算在内，则总竞标容量为1250MW，这就超过了负荷需求。对特定供应商进行寡头测试的必要步骤如下：

1）计算所有供应商的总投标容量；

2）从总投标容量中减去相关供应商的兆瓦容量；

3）重新计算剩余供应商的总投标容量；

4）确定供应商是否为寡头。

在步骤4）中，如果总竞投标容量，即步骤3）经过重新计算小于需求，那么供应商就是寡头。但是，如果重新计算的总容量超过负荷需求，那么供应商就不是寡头。所以在给定的数值示例中，供应商3和4是寡头。

除此之外，也可以通过找出过剩供给的方法来判断寡头，即总供给与总需求之差。如果一个供应商的容量超过了过剩供给，那么该供应商就是寡头。在给定的示例中，过剩供给为250MW。因此，由于供应商3和4的单独投标容量都超过了过剩供给，所以他们是寡头。对于这些寡头来说，需要采取某些市场力缓解机制来缓解市场力问题。

在给定的寡头测试示例中，一次只关注一个供应商，特别是最大的供应商。因为一般来说，最大的供应商更有可能成为寡头。但是在特定情况下，对多个供应商进行联合测试也是很有价值的。以下是对多个供应商运用寡头测试的拓展测试：

（1）双寡头测试　该测试去除两个最大供应商的总容量后得到剩余供应容量，再与市场需求进行比较。如果去除两个最大供应商后剩余供应不足以满足需求，那么这两个供应商就是寡头。否则他们就不是寡头。该测试也可以确定最大供应商和其他供应商（不一定是第二大供应商）是否同为寡头。从概念上讲，该测试法可以对任何规模的任何两个供应商的组合进行测试，来确定他们是否同为寡头。

（2）三寡头测试　与双寡头测试类似，三寡头测试在确定剩余供应容量时，需要去除三个最大供应商的总容量。如果剩余供应容量低于需求，则认为三个最大供应商是寡头。三寡头测试在市场力测试中显性考虑过剩供应所产生的影响，并隐性考虑需求价格弹性的影响。电力系统中，通常会在特定输电阻塞区域采用三寡头测试。这种情况下，阻塞区域测试的三个供应商包括两个最大供应商和一个可能拥有市场力的供应商。

美国现有电力批发市场，如PJM、得州电力市场和加州电力市场都采用寡头筛选测试来识别和缓解市场力。此外，联邦能源管理委员会（FERC）利用寡头测试以及其他测试来确定发电公司是否为寡头，以此为基础来决定是否批准公司收取电能量市场费用。

6. 剩余供应指数

剩余供应指数（Residual Supply Index，RSI）由加利福尼亚州ISO制定，

用于计算除某个供应商之外的所有供应商的总容量与总需求的比值。供应商 j 的 RSI 公式如下：

$$\mathrm{RSI}_j = \frac{\sum_{i=1}^{F} S_i - S_j}{\sum D} \tag{9-5}$$

式中，S_i 为供应商 i 的容量；F 为包括供应商 j 在内的供应商总数；S_j 为供应商 j 的容量；D 为电力系统的总需求量。

如果 RSI 小于 1，则供应商 j 是寡头，供应商 j 的容量对于满足电力市场需求是必需的。如果 RSI 大于 1，由于除供应商 j 外剩余容量仍能够满足市场的需求，那么供应商 j 对电力市场结算价格影响较小或几乎没有影响。市场上 RSI 最低的供应商就是容量最大的供应商，较低的 RSI 值可以为供应商带来更大的市场力，赚取更多的利润。Cal-ISO 已经在加州市场广泛应用了该系数，发现每小时的 RSI 和每小时的价格-成本之间有很强的相关性。研究表明，在任何给定周期内，为避免出现负荷损失，RSI 值不得低于 1.1。

7. 剩余需求分析

剩余需求曲线是个别企业的需求曲线，它是电力市场需求中未被市场上其他企业提供的部分，即市场需求函数减去其他公司在每个价格下的电力需求。公式为

$$D_i(p) = D(p) - S_{-i}(p) \tag{9-6}$$

式中，$D_i(p)$ 为公司 i 面临的剩余需求曲线；$D(p)$ 为市场需求曲线；$S_{-i}(p)$ 为除公司 i 外其他企业的用电需求曲线。

使用剩余需求分析的前提是公司市场力在很大程度上由公司特定的需求曲线决定，需求曲线可以有助于洞察公司的市场力。市场理论认为，在竞争市场中，企业面对的是一条具有高度弹性的剩余需求曲线，因此企业几乎没有或根本没有能力将市场价格提高到竞争水平以上。而在非竞争性市场中，处于关键地位的企业面对的是高度非弹性的剩余需求曲线，所以公司可以提高价格而不会损失太多产量。换句话说，一家公司通过提高价格行使市场力的程度取决于该公司剩余需求的弹性。因此，剩余需求分析既包括对一家或多家公司面临的剩余需求分析，也包括对其剩余需求弹性的分析。

9.3.2　行为

行为指买卖双方自己以及买卖双方之间的行动方式。企业行为包括选择自己的策略、研究投资、广告水平以及串谋等，通常重点关注的是与实际执行市场力相关的企业行为。公司以利润最大化为目标，而利润由公司总收入减去电力生产成本得出，所以提高市场价格是增加利润的合理途径之一。电力市场

中，发电企业试图将报价提高到远高于竞争水平的程度，或期望其他公司也采取相同措施以获得更高的市场价格。电力市场价格由市场运营商通过市场出清形成，若供应商普遍提高报价，则供应曲线左移，出清价就会高于供应商在竞争水平时的价格。在分区定价市场中，电力公司将获得分区出清价。在节点定价市场中，发电公司将获得机组所在节点的出清价。

因此，调查发电企业（或售电公司）在电力市场中的行为时，应重点检查买卖双方的投标（价格和数量），以及它在电力市场相关产品市场上的收支。除此之外，判断特定企业策略行为是否损害市场竞争力时，也需要详细了解特定产品市场的具体特征。例如，某节点出现输电阻塞时，网络阻塞区域内的非寡头也可能具有重要的市场力，这时电力公司之间就很有可能存在隐性串谋，必须进行深入分析。但是由于这些协议是私下签订的，所以这种串谋可能很难得到证实。下列指数通常用于确定供应商是否具有行使市场力的潜在可能。

勒纳指数

勒纳指数（Lerner Index，LI）由经济学家阿贝·勒纳于 1934 年提出，该指数通过衡量公司的价格超过其边际成本的程度来描述公司的市场力，也就是商品或服务价格与其边际成本之差与价格的比值。勒纳指数公式如下：

$$\mathrm{LI}=\frac{P-\mathrm{MC}}{P} \tag{9-7}$$

式中，P 为商品或服务的价格；如电力市场价格；MC 为公司的边际成本，这里假设 $P>\mathrm{MC}$。

LI 的关键变量是市场价格。如果需求（买方）对价格较为敏感（即具有弹性需求），则市场价格可能不会像需求没有弹性时那么高。从某种意义上来说，弹性需求可以减弱供应商的市场力。

勒纳指数越高，价格高于边际成本的幅度就越大。勒纳指数较高也表明市场力较大。然而，较高的 LI 并不一定意味着该公司正在行使市场力。由于某些合法因素，勒纳指数的价值也会上升：①公司的市场份额增加；②需求的市场价格弹性下降；③竞争对手的供应弹性下降。

同时，企业也需要赚取高于边际成本的收入来弥补那些高额固定成本。评估勒纳指数的困难在于难以计算公司的边际生产成本。所以要对勒纳指数进行修改，修改后的勒纳指数（LI_2）公式如下：

$$\mathrm{LI}_2=\frac{P-\mathrm{MC}}{P}=\frac{1}{\epsilon}=\frac{S}{\epsilon_{\mathrm{M}}+(1-S)f} \tag{9-8}$$

式中，P 为市场的价格；MC 为边际或增量成本；S 为市场份额；ϵ 为需求的价格弹性；ϵ_{M}是需求的市场价格弹性；f 为竞争边缘的供应弹性。

9.3.3 绩效

通常采用多个指标来评估不同电力市场的绩效。例如，评估电能量市场的绩效指标包括市场价格的衡量和分析，发电公司溢价，日前、日内和实时市场之间的价格趋同程度，以及评估时段内是否存在稀缺状况。价格是市场的关键结果之一，也是反应市场竞争程度的指标。所以在竞争激烈的电力市场中，价格与边际机组的边际成本直接相关，在任何给定时段内，边际机组都需要满足最后一次负荷增量。一般情况下价格取决于市场供需的情况，这也反映了需求价格弹性与价格之间的关系。市场价格可以按小时、日、月和年计算。价格的统计方法包括平均值、最小值、最大值以及标准差值。

容量市场中的绩效指数与电能量市场中的绩效指数相似。评估容量市场的绩效指标包括市场价格和发电公司的收入。类似的绩效指标也可以应用于评估与电力市场相关的其他产品市场。电力市场的总体绩效也可以通过比较电力行业各公司的不同效率来衡量，可以利用不同比例来评估发电公司的盈利水平。评估电力市场的整体绩效时存在许多属性和变量，需要重点关注发电公司的净收入、金融输电权的收入充分性和容量市场绩效的评估。

1. 发电机组净收入分析

发电机组净收入分析在电力市场整体健康评估中发挥着重要的作用。发电机组种类众多，通常包括核能机组、燃煤机组、燃气联合循环机组、太阳能发电和风能发电等。与年化固定成本相比，净收入作为发电投资盈利的指标，为衡量整体市场绩效提供了标准，也为新发电技术提供了投资激励。

由定义可知，净收入等于总收入减去电能生产的可变成本。换句话说，净收入是指从总收入中减去电能生产的短期可变成本后用于支付固定成本的剩余金额，固定成本包括投资回报、折旧、税收及固定运营和维护费用。通过比较预测收入和预测总可变生产成本，可以估算出未来发电机组的净收入。发电机组 i 的净收入公式如下：

$$\pi_i = \sum R_i - \sum C_i, \forall i \in G \tag{9-9}$$

式中，π_i为发电公司 i 的净收入；G 为电力市场中的发电机组集；$\sum R_i$为发电公司 i 获得的总收入，即$\sum R_i = (R_e + R_c + R_{as} + R_o)$，其中$R_e$为公司在电能量市场中的收入，$R_c$为容量市场中的收入，$R_{as}$为辅助服务市场中的收入，$R_o$为公司在其他服务中的收入；$\sum C_i$为所有可变成本，其公式为$\sum C_i = (C_f + C_{om} + C_e + C_o)$，其中$C_f$为燃料成本，$C_{om}$为运营和维护成本，$C_e$为排放成本，$C_o$为其他可变成本。

在单一电能量市场中，发电机组可以从电能量市场、辅助服务市场（如果存在的话）以及提供黑启动和无功服务中获取收入。而在电能量-容量市场中，机组可以从电能量市场、容量市场、辅助服务市场和其他服务提供中获得收入。这些收入主要由每个市场最终出清价决定。对于大多数发电机组，可变生产成本主要由机组燃料价格决定，所以燃料价格估算在发电机组净收入分析中显得尤为关键。不同时期燃料价格会发生变化，所以发电机组净收入也会出现大幅变化和波动。

可变生产成本不变的情况下，电力市场价格越高，发电公司净收入就会越高。而电力市场收入不变的情况下，投入成本（如燃油成本）变高，公司净收入就会降低。除此之外，电力系统中的极端事件也会导致净收入的大幅波动。

如果单一电能量市场的竞争力处于长期均衡状态，那么电能量市场的净收入预计等于边际机组年化固定成本，包括竞争性投资回报。如果电能量-容量市场的竞争力处于长期均衡的状态，那么从电能、容量和辅助服务支付获得的净收入预计等于边际机组的年化固定发电成本。

净收入可以衡量发电企业是否能够从投资资本中获得具有竞争力的回报，以及市场价格是否高到能够激励新发电机组进入。实际电力批发市场中很少出现均衡的情况，所以净收入会根据市场的实际情况围绕均衡水平线上下波动。

2. 金融输电权的收益充分性

美国节点电力市场引用金融输电权（FTR）市场产品，帮助市场参与者应对市场价格波动带来的风险。市场价格不仅会随燃油价格波动而变化，也会由于系统输电阻塞而有所起伏。一般来说，在系统边际电价固定的情况下，系统阻塞地区的市场价格通常较高。由于潮流通常从发电机组流向用电负荷，所以阻塞也是沿着这个方向，因此用电负荷的市场电价通常高于发电侧电价。在不同运行状况下，功率反向流动以及由此产生的阻塞是完全有可能发生的。

FTR 产品首次推出时有一个假设，即市场参与者购买 FTR 会获得全额资金。该假设也被称为 FTR 收益充分性原则，即通过经济调度获取的阻塞收入足以支付购买 FTR 所需的资金。该理论认为，对于给定的电网配置，如果 FTR 可行，那么在任何给定负荷和发电水平下，基于节点电价的经济调度所产生的收益都足以支付 FTR 购买资金。该理论的基础是经济调度必须可行，且经济调度应当与其他可行解决方案一样能够反映系统价值。换句话说，日前市场经济调度至少应与隐性 FTR 可行调度同样反映系统价值。因此必须有足够的经济剩余价值来购买所有的 FTR，并根据经济调度重新分配潮流。

然而，金融输电权收益充分性理论在实际市场应用中困难重重。造成 FTR 收入不充分的原因有很多，例如，由于输电线路升级改造或意外中断，导致 FTR 拍卖时和日前市场出清时使用的网络状态不同，因为这些 FTR 产品是基于早期网络模型进行补偿的，所以这会出现实时阶段部分 FTR 产品不可用。此外，网络状态的不确定性也会随着时段延长而增加。

同时可行性测试（SFT）是 FTR 拍卖初始阶段的关键步骤之一。该测试既不是测试电力系统可靠性，也不是模拟实际电力系统，而是确保所有已购的输电权能得到现有输电系统支撑，并确保电能量市场在正常情况下的收益充分性。同时可行性测试在 FTR 拍卖初始阶段运行时，需要输入以下关键信息：

1）无补偿平行注入功率（环流）；

2）已知输电线路检修；

3）现有金融输电权；

4）设备额定数值；

5）网络模型；

6）预想事故清单；

7）无功设备额定值（如果有）。

如果这些变量数值在 FTR 拍卖与日前出清结果之间产生偏差，则将有可能会造成 FTR 收益不充分。

FTR 收益不充分会增加市场的总体不确定性，降低市场效率。例如，FTR 收入不充分会导致远期 FTR 价值的高度不确定性，以及破坏 FTR 套期保值和规划功能。保持 FTR 收益充分性有助于提高电力市场的流动性和效率。为弥补 FTR 资金不足，可以通过在拍卖初期对 FTR 进行保守分配，以应对未来网络的不确定性。

3. 容量市场的绩效

容量市场的目的是满足未来负荷需求的电源释放长期价格信号，确保长期供电可靠性。换句话说，容量市场必须确保能够为供应商提供适当激励以解决电力供应问题，确保容量可靠性。

电力稀缺的情况下，容量可用性尤为重要。如果容量市场没有达到预期效果，则应该考虑重新设计容量市场。

在使用结构-行为-绩效模型评估容量市场时，首先要确保容量市场在结构上具有竞争力；其次，必须确保没有市场参与者（供应商）行使市场力，如果供应商行使了市场力，则必须采取某种形式的缓解措施；第三，容量市场价格结果必须体现市场竞争性。

容量可靠性是最终电力系统可靠性的关键，容量可靠性不足将对终端用户产生不利影响。由于容量可靠性是电力用户获益，因此容量市场成本最终由电力用户承担。

从高层次来看，容量市场绩效的首要问题是，是否能够在保留当前发电容量基础上吸引足够数量的新发电容量建设。容量市场中标的容量资源并不一定意味着在对应中标年份一定可用。事实上，市场出清是一回事，容量资源绩效是另一回事。这就是为什么一些容量市场会设置发电机组容量不可用的相关惩罚机制，通常的惩罚方式是对假定可用但实际不可用的发电容量施加惩罚。当对发电机组绩效的惩罚与激励相当时，能够达到最优的市场效果。

市场力问题在容量市场中也处于重要地位，必须确保单个供应商或一系列供应商对容量市场和最终市场结果没有任何影响。

9.4 其他市场力相关问题

现如今电力市场错综复杂，可能会存在其他形式的市场力滥用情况。事实上，在实际电力市场中就出现过类似市场力滥用的情况，其中一种称作关联公司市场力滥用。

美国电力市场下，输电业务受到监管，发电业务必须参与竞争市场。在严格的联邦制度监管下，输电公司与其在同一控股公司下的关联发电公司串谋利用纵向市场力的可能性极低。然而，参与电力市场竞争的发电公司或金融公司之间利用横向市场力串谋是很有可能发生的。例如，金融公司母公司会拥有两家或多家关联公司。从表面上看，这些关联公司似乎在独立行事，但实际上这些关联公司可能存在串谋，通过一家公司的行为使另一家关联公司受益。

9.5 进一步讨论

电力市场正在演变，所以评估标准也在不断变化。电力市场是动态的，这些指标也应不断完善以适应动态的市场。对于考虑输电约束的电力市场，在进行市场力评估时应该把输电阻塞考虑在内，该领域仍然是目前研究热点。

实际的电力市场很复杂，检测市场力和市场力滥用的方法比本章提到的还要广泛。在现实中经常需要通过诉讼来解决市场力问题，因为现实中所涉及的相关经济奖惩都相对较高。

章节问题

9.1 市场份额作为电力市场的结构性指标有哪些局限性？

9.2 电力市场中，使用HHI作为检测市场力行使的结构性指标有哪些局限性？请举出实验性证据。

9.3 电力市场中，市场参与者的结构性竞争行为是否能够产生非竞争性市场结果（绩效）？

9.4 计算下列市场的HHI值：①市场A：该市场有七家公司，市场份额分别为5%、5%、10%、15%、20%、20%和25%；②市场B：该市场中只有三家公司，市场份额分别为30%、30%和40%。你如何评判这两个市场？

9.5 发电公司在电力市场中的市场份额分别为10%、15%、15%、20%、20%和

20%。现有两家发电公司决定合并。HHI 从合并前到合并后会增长多少？重新选择一个不同的合并方式，合并后的 HHI 与合并前相比有多少变化？你能观察到什么？

9.6　某一输电阻塞地区在特定时期的负荷需求为 10000MW。表 9-2 给出了该负荷节点内供应商的容量。请确定哪一个（或多个）供应商在满足负荷需求方面起关键作用。忽略该区域的输入容量和输入电能。如果在这个特定市场中有寡头，那么应该采取什么措施？

表 9-2　市场供应商提供的容量

供应商	容量 MW
供应商 1	1500
供应商 2	2000
供应商 3	2000
供应商 4	1000
供应商 5	1000
供应商 6	2000
供应商 7	3000

9.7　作为检测市场力的方法，剩余需求分析有哪些优点和缺点？

9.8　在一个行业或市场中，供应商高度集中会为公司带来高利润。请举出实验性证据。

9.9　证明古诺竞争情况下，勒纳指数的平均值等于 HHI 指数与需求弹性的比值。

9.10　电力市场的市场力监测中，HHI 指数比熵指数应用范围更广的原因是什么？

拓展阅读

1. *Horizontal Merger Guidelines*. U.S. Department of Justice and the Federal Trade Commission. Available online at https://www.justice.gov/
2. Twomey P, Green R, Neuhoff K, Newbery D. A review of the monitoring of market power: the possible roles of TSOs in monitoring for market power issues in congested transmission systems. MIT Center for Energy and Environmental Policy Research, 05-002 WP, March 2005.
3. Baker JB, Bresnahan TF. Empirical methods of identifying and measuring market power. *Antitrust Law Journal* 1992;61(1):3–16.
4. Bain JS. *Industrial Organization*, 2nd edition. New York: John Wiley & Sons; 1968.
5. Bushnell J, Day C, Duckworth M, Green R, Halseth A, Read EG, Rogers JS, Rudkevich A, Scott T, Smeers Y, and Huntington H. An international comparison of models for measuring market power in electricity. EMF Working Paper 17.1, Energy Modeling Forum, Stanford University, 1999.
6. Sheffrin A. Predicting market power using the residual supply index. Presented to FERC Market Monitoring Workshop, December 3–4, 2002.

7. Sheffrin A. Empirical evidence of strategic bidding in California ISO real-time market. In: *Electric Pricing in Transition*. Norwell, MA: Kluwer; 2002. pp. 267–281.
8. Wolak FA. An empirical analysis of the impact of hedge contracts on bidding behavior in a competitive electricity market. *International Economic Journal* 2000;14(2):1–39.
9. Wolak FA. Measuring unilateral market power in wholesale electricity markets: the California market 1998–2000. *The American Economic Review* 2003;93(2):425–430.
10. Lerner AP. The concept of monopoly and the measurement of monopoly power. *The Review of Economic Studies* 1934;1(3):157–175.
11. PJM state of the market. Monitoring Analytics. [Online]. http://www.monitoringanalytics.com/home/index.shtml
12. Hogan WW. Financial transmission rights, revenue adequacy and multi-settlement electricity markets. March 2013. [Online]. http://www.hks.harvard.edu/fs/whogan/Hogan_FTR_Rev_Adequacy_031813.pdf
13. California ISO. [Online]. http://www.caiso.com/market/Pages/TransmissionOperations/Default.aspx

第10章 电力市场环境下的输电规划

本章将重点讨论在竞争性电力市场环境下的输电网规划以及影响电网规划的各种因素，同时将详细介绍基于可靠性和市场环境下的输电规划及所需要的分析和方法论，对跨省跨区电网规划提供合理的规划方法，以促进跨省跨区输电项目的提出、方案选择和建设，最后展示一个充分市场竞争环境下的输电网规划，在这个环境中，增量电网企业可以与存量电网企业在公平环境中竞争。尽管本章中的输电规划主要借鉴美国的经验，但相关分析和方法同样适用于世界各地的其他市场。

10.1 简介

电力系统有两个主要阶段，即规划和运行。前面几章已对电力系统运行进行了讨论。对于电力系统规划，一般可分为三类，即发电系统规划、输电系统规划和配电系统规划。本章主要介绍电力市场体制下的输电系统规划，并对发电系统规划进行简要介绍，配电系统规划则不在本书讨论范围之内。

在传统的公用事业模式下，电力公司是垂直一体的，有时也被称为垂直一体化公用事业。这种模式下，一家公用事业公司拥有并规划电力供应链的所有环节，即发电、输电和配电。发电和输电系统的综合规划也可称为综合资源规划（Integrated Resource Planning，IRP）。20世纪90年代以来，部分地区将电力市场作为电力工业改革的一部分，将发电和输电业务进行了重组或拆分，发电和输电资产归属于不同的企业或实体，由不同的公司或同一公司的不同子公司进行规划、运营和管理。在电力市场体制下，由于发电行业是开放竞争的，故新增电源取决于独立发电开发商或发电业主的商业决策。

通常，寻求利润的电源开发商基于市场价格信号激励来决定发电机的建设位置、容量大小和并网电源类型。新电源建造计划提出后，独立系统规划商（Independent System Planner，ISP）就会进行建造可行性、接入影响分析、设备选型等必要的技术研究，以确定每台拟接入系统中的发电机满足现行的可靠性标准。如果计划新建的发电机不满足可靠性相关规定，则需要对涉及的电网进行升级改造，相关成本将由对应发电机承担。在这个过程中，发电开发商可以选择是否将发电机接入电网。开发商可以通过支付适当的电网升级改造费用，确保计划新建的发电机并网后不存在可靠性问题。同时，开发商在任何阶段都可以决定停止发电机并网，在这种情况下，计划建设的发电机将退出并网流程。

电力市场环境下的输电系统规划方法与电源规划方法大相径庭。输电业务由于其自然垄断属性，在改革重组后仍需受到行业监管。不同于新增电源需要依赖各个发电开发商的决策，输电系统的规划需要由专业的规划机构或实体（即独立系统规划商）集中组织管理。输电系统规划的基本目的是在保证系统可靠性的同时，尽可能经济地发展输电系统。维持输电系统可靠性分两个主要步骤：①基于现行行业的可靠性相关标准和导则评估输电系统；②针对当前存在或未来可能存在可靠性相关问题的地区提出推荐的输电解决方案。输电系统的发展通常与替代方案、扩建及改造等决定，以及这些决定的实施时间相关。老化系统设备的退役或更换也是输电系统规划的一项重要任务。

根据联邦能源管理委员会（FERC）的要求，区域电网组织（RTO）的八项基本职能之一是规划和扩建。为了履行这一职能，RTO必须考虑所有可能的替代方案，在支撑市场交易组织的同时满足未来新增负荷。这些替代方案并不局限于电网侧的解决方案，还应包括电源侧的解决方案（商用发电，包括传统技术发电、分散式发电或可再生发电）、能效/节能解决方案，甚至需求侧响应项目方案。基于经济性或可靠性因素，RTO会通过比选找到一种最佳的输电系统规划或扩建方案。本章将重点介绍电网侧的解决方案。

10.2 输电规划的关键驱动因素

以PJM的区域输电网发展规划（Regional Transmission Expansion Plan, RTEP）为例，图10-1显示了输电系统发展关键驱动因素的示意图。从图中可以看出，输电系统发展受到多种因素驱动，而且图中列出的因素仍不详尽。这些因素将在下文进一步解释。

10.2.1 负荷预测

负荷增长是推动发电和输电系统发展的关键因素之一。准确的负荷预测是输电规划的必要条件。负荷预测的目的是预测系统在未来某一时刻或某一阶段的负荷水平。除了输电拓扑模型和发电模型外，预测负荷值也是系统规划研究

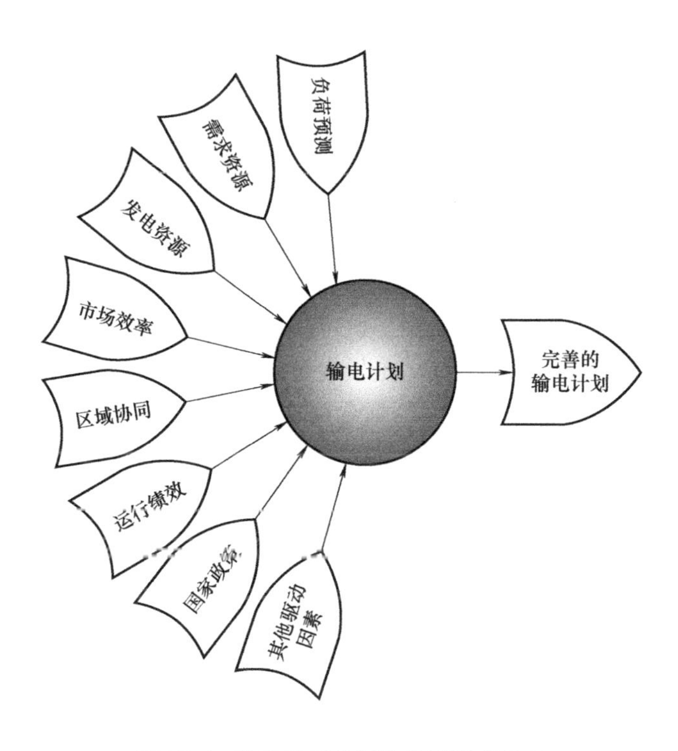

图 10-1　输电拓展计划的关键驱动因素

中的关键输入。

根据预测的时间范围，负荷预测可分为以下三类：

1）短期：通常为一小时至一周；

2）中期：通常为一周至一年；

3）长期：一年以上。

短期负荷预测主要依靠天气预报，而长期负荷预测则取决于其他宏观经济因素，如人口增长、经济发展等。一般来说，系统规划阶段只研究中期和长期负荷预测。

大多数预测方法使用统计技术或人工智能算法，如回归、神经网络、模糊逻辑和专家系统法。终端用户法和计量经济法两种方法被广泛用于中期和长期负荷预测。短期负荷预测则发展出了多种方法，包括相似日方法、多种回归模型、时间序列、神经网络、统计学算法、模糊逻辑和专家系统。其中回归分析既可以是线性的，也可以是非线性的，既可以是单变量的，也可以是多变量的。概率时间序列可以代替确定性时间序列方法。负荷预测的准确性不仅取决于负荷预测技术，还取决于模型中输入参数的准确性，例如天气预报的准确性。

10.2.2 需求侧资源

需求侧资源与负荷预测密切相关，因为这些资源会影响预测或最终的实际负荷。目前，有多种选择和方法可供电力用户更好地管理他们的负荷曲线和尖峰负荷。这些资源统称为需求侧响应资源（Demand Response Resources，DRR）或需求侧响应（Demand Response，DR）。

需求侧响应可定义为任何能够在给定时间改变或减少用电量的电力负荷，其改变用电量的方式可以是即时的，也可以是预先安排的。需求侧响应是负荷侧资源，其主体是电力消费者而不是供应者。通常需求侧响应主体为居民、商业和工业电力用户，也可通过负荷聚合商来代表多个居民用户参与需求侧响应。需求侧响应包括调峰型、分时段型、负荷管理型和价格响应型等类型，其中价格响应型用户根据价格信号自行安排用电计划，这不同于由电力公司管理和控制的可中断负荷。通过需求侧响应资源，用电负荷或负荷聚合商可以完全控制其电力消费。

随着电力市场的发展，需求侧响应主体也可以参与电能量、容量等市场。需求侧响应资源参与容量市场出清，不仅有效地改变了系统的高峰负荷需求，而且缓解了对昂贵发电资源的需求。电力系统需求侧响应资源增长也降低了供电负荷（峰值和电量），从而达到缓解输电网扩建的要求。需求侧响应资源的变化量也会对电力系统潮流产生影响。系统运营主体还可以使用需求侧响应资源来应对供应紧缺的状况，并尽可能减少停电计划。

10.2.3 发电侧资源

整个电力系统的可靠性在很大程度上取决于发电系统的可靠性。系统中的发电侧资源应在任何时刻都能满足机组停机、非计划停运和计划检修情况下的电力供应需求。为了满足不确定的负荷增长情况，电源规划需要对发电机组的退役和扩建进行管理。在传统的公用事业模式下，通常由电力公用事业单位针对其运行区域编制电源规划。

在市场环境下，电力系统中发电机组的新建和退役由电源开发商或其所有者的商业决策决定，设备老化、经济性原因或所在地区的环境政策都可能会使发电资源退役。前面提到，一些电力市场是单一电能量市场，而其他市场是电能量-容量市场。在任一市场中，独立系统规划者（ISP）必须确保电源装机总量能够满足预测负荷加上备用裕度。由于发电业务是开放竞争的，故电源开发商或其他电源所有者可以新建发电机组接入系统。

ISP 还会对新建机组、商业输电以及其他输电服务需求对电力系统的潜在影响等系统接入问题开展研究。新建发电机组接入系统研究的关键步骤包括可行性分析、系统影响分析和建设时序研究，这些研究明确了需要进行的输电升级改造，以确保新增电源可以在不影响系统可靠性的情况下接入电网。风电、太阳能发电等 20MW 以下的小型机组可通过简化流程来加快并网。

对于由多重因素引发的大规模容量快速变化，可能需要开展多次输电网改造升级才能确保系统可靠性。这种容量变化的原因包括页岩气开发引起的燃气发电机组激增，或是由于更严格的环境法规出台而导致的数万兆瓦燃煤发电机宣布停用。可再生能源配额制（Renewable Portfolio Standards，RPS）也是其中一个影响因素。尽可能准确地对新增和退役机组进行建模对于输电规划十分必要。

10.2.4　市场效率

市场效率在输电网规划过程中是较新的驱动因素，其目标是识别由输电阻塞导致的电力系统传输的薄弱环节，并提出缓解输电阻塞的解决方案来提高市场效率，增加社会福利。市场效率驱动因素仅适用于有电力市场运行的输电系统，特别是采用节点电价机制的电力市场。因为在节点电价机制下，电力系统内部阻塞可以被明确地识别和量化。市场效率模型又称为基于市场的输电规划经济模型。

市场效率研究需要进行生产成本分析，基于输电网升级改造对缓解持续性输电阻塞的能力来评估其经济价值。该模型的显著特点是基于对未来几年系统阻塞的预测，以及可能的最佳运行拓扑和发电场景，以最小可靠备用裕度来满足现行可靠性标准。市场效率研究中使用的生产成本分析采用基于安全约束的机组组合和经济调度（Security Constained Unit Commitment and Economic Dispatch，SCUC/ED）算法，该算法是确定节点电价（LMP）和关键阻塞信息的核心，其目标是模拟实际的市场运行。

市场效率分析的经济目标是利用合理的预计折现率和净现值（Net Present Value，NPV）法比较拟建输电项目的效益和成本，从而确定输电升级的经济可行性。美国各 ISP 在估算新增输电项目将带给系统的经济效益时使用的度量标准略有不同。用于衡量经济效益的指标通常包括生产成本、负荷支付和电网阻塞的减少量等。通常以 1.25 为利润率阈值，用来对提议项目进行筛选。对于效益成本比等于或超过该阈值的项目，将进一步评估该项目是否存在其他对系统的额外影响。为确定影响经济结果的各种关键驱动因素还需进行敏感性分析。市场效率分析的详细过程将在后续章节进一步描述。

10.2.5　跨区域协调

大多数电力系统都是互连的。在一个系统边界或边界附近的输电项目规划可能会影响邻近的电力系统。因此，系统边界或边界附近的输电项目规划必须由 ISP 与可能受影响的相邻电力系统协调完成。这就是区域间或跨区域输电网规划的作用。在美国联邦监管机构颁布的1000号法令下，输电网规划（升级改造或新建输电设施）有必要考虑多个区域实体。

在改革环境下，跨区域输电规划不仅要提高系统可靠性，还要减少跨区域的输电阻塞。随着相邻电力市场在市场关键机制、经济活动等方面的不断融合，RTO/ISO之间的电力交易行为逐步增加。这一现象导致更多的电能在相邻电力市场间交易，有时会造成跨区域的输电阻塞。假设这些电力交易是基于企业的自发行为，跨区域输电阻塞会影响这些电力自由交易的经济性。在这种情况下，输电网规划或发展应该跨多个电力市场区域进行，目标是减少甚至消除跨区域输电阻塞。一些成熟市场，如PJM和MISO已经制定了一些正式的规程来处理每天的跨区域输电阻塞问题。为了减少或消除这种阻塞，升级或扩建跨区域输电设施将可能会是一个更好的解决方案。

除了联合跨区域输电网规划之外，相邻电力系统之间还需要建立规范的协调流程来处理包括互连项目建设、市场间阻塞管理、RPS等可能对多个市场产生影响的公共政策制定等一系列问题。相邻电力系统进行跨区域输电网规划是一个非常耗时的过程，因为它需要各方之间的协调、合作和统一。相邻系统之间不同的运行规则和协议可能会阻碍或复杂化联合规划进程。ISP必须找到切实可行的方法来应对这些障碍，并有效地推进跨区域输电网发展以实现效益提升。在不久的将来，特别是在不同地区或不同电力系统规划主体由于各种原因需要互连的情况下，电力系统内部与相邻系统之间的跨区域协调将变得更加重要。

10.2.6 运行性能

有许多可能的系统状况会对电力系统的运行性能产生重大影响，一些典型运行状态包括：

1）酷暑期间的异常高峰期负荷；

2）严寒冬季的严重停电；

3）大量天然气发电机的燃料短缺；

4）轻载期间的高压状况；

5）输电负荷切除（Transmission Loading Relief，TLR）；

6）事故后的本地负荷缓解预警（Post-Contingency Local Load Relief Warning，PCLLRW）事件；

7）市场价格的持续提升；

8）极端天气事件，如海啸或超级风暴等可能对电力系统设施造成严重损害的事件。

这些运行状态可能导致有功短缺、无功短缺、电压异常（高电压/低电压）以及其他相关系统问题。在这些事件期间，系统操作员会尝试多种工具和方式来解决这些问题，例如断开/闭合一条或多条线路、无功补偿装置的接入或退出、发电有功功率管理和需求侧响应、改变有载分接变压器（On-Load Tap-Changing，OLTC）的分接头位置或者使用调相机等。部分情况下以上方式可能仍然无法解决系统运行问题，这种特殊情况下，就可能需要增加一条新的传输线或对一条或多条现有线路进行升级改造，从而有效地解决长期存在的运行问题。一般而言，输电网升级改造或扩建是解决某些运行问题的有效措施。

10.2.7　公共政策

在系统规划领域，公共政策也是一个相对较新的驱动因素。公共政策要求定义为由相关的司法管辖区制定和颁布的法律法规，包括州立法律法规和联邦法律法规。这些政策举措是由其他外生因素推动的，如全球变暖、技术进步和人类行为的变化。

例如，美国许多州都颁布了法律和政策指令，要求各州一定比例的发电量来自可再生能源（RES）。这种政策被称为可再生能源配额制（RPS）。虽然每个州在定义具体符合条件的可再生能源资源方面有所差异，但人们普遍认同风能和太阳能发电量将在可再生能源发电中占据较大比例。其他类型的可再生能源，如地热能和生物质能，可能会起到一些次要的作用。

截至 2016 年 8 月，美国各州可再生能源配额制实施情况如图 10-2 所示。与其他州相比，加利福尼亚州是最激进的州之一，该州预计到 2030 年约 50% 的能源都来自可再生能源。类似地，伊利诺伊州可再生能源目标是到 2026 年达到 25%。相比之下，部分州可再生能源发展目标相对较低，例如对于俄亥俄州，2026 年有 12.5% 的能源来自可再生能源即可满足其发展目标。

这些政策出台将会增加各自地区可再生能源发电装机占比。然而大量可再生能源会对电力系统产生重大冲击，从而影响输电系统。某些情况下，为使系统可靠地将可再生能源提供给客户，需要大规模新增或扩建输电网络。因此，政策制定者、系统规划者和其他利益相关者比较关心大规模集中风电或其他可再生能源（通常远离他们服务的负荷中心）对电力系统的影响，并进行了大量的系统研究，包括输电需求评估和可能的解决方案。因此，公共政策问题成为输电规划的另一个重要驱动力。

10.2.8　其他因素

还有一些其他因素驱动输电网的发展，例如老化的基础设施。电力系统中每一台设备都有其使用寿命，在接近或超过其使用年限时，老旧设备继续运行可能对输电系统可靠性造成一定负面影响，因此必须对其进行拆除或更换。同样，当输电线路接近其使用标准年限时也需要一条新的输电线对其进行替代。

图 10-2　美国可再生能源配额制政策

来源：ce：http://www. dsireusa. org/resources/detailed-summary-maps/ Public domain.

标准年限一般由行业相关标准导则确定，如木质结构寿命为 35～55 年，导体和连接器为 40～60 年，瓷绝缘子为 50 年。

10.3　基于可靠性的输电规划

基于可靠性的输电规划主要对输电设施扩建或改造项目进行热力、电压、暂态稳定性和短路性能等可靠性评估。类似的分析方法也会应用于电力系统实际运行中以解决运行问题。

10.3.1　建立参考系统

ISP 或任何负责系统规划的主体需要根据行业和其他适用的可靠性和设计标准评估相关输电系统。在此基础上，判断该系统是否能够满足特定时间框架内的负荷预测、发电资源并提供稳定的输电服务，并找出不符合标准的环节，制订改造计划以满足相关要求。

可靠性分析可按年度、连续或根据需要进行。为了给后续可靠性分析提供参考，有必要建立参考系统并对系统充裕性和安全性进行基本分析，目的有以下三个：

1）识别系统中不符合可靠性标准的环节。对于基准系统和计划新增并网项目影响的评估采取相同的分析标准和方法，以保证对基准系统和新增项目改造方案是以公平一致的方式确定的。

2）辨识并提出设施改造计划，包括成本估算和预计启用日期，使其符合标准要求。

3）确定满足系统可靠性的基础设施和成本需求。这为辨识因并网而需要新建和扩建电力设施的额外建设成本测算提供了参考。参考系统的基本分析和由此产生的扩建计划是所有计划建设的发电和/或商业输电设施并网项目进行可行性研究和随后的系统影响研究的基础。

10.3.2　参考系统的可靠性分析

ISP 最基本的职责是通过公平方式进行规划方案比选，规划一个安全、可靠、能够长期稳定提供输电服务的输电系统。该职责通过编制可靠性输电网规划来实现。基于可靠性的输电规划包括一系列详细的分析，以保证其满足区域或地方标准下严格的可靠性要求。输电网扩建规划必须每年或持续性进行更新，以满足未来一定时间范围的输电要求。规划过程涉及若干步骤，每个步骤都有各自的评估、流程和标准。

可靠性规划涉及短期和长期评估，具体采用何种评估由各自 ISP 根据多种因素综合确定。例如，短期评估适用于当前年度至未来五年；较长期评估适用于未来 6 ~ 15 年或更长的时间周期。每次输电规划评估涉及多个分析步骤，具体标准取决于设施及分析类型。对于建议的输电改造和设施新建，每个 ISP 都有自己的评估流程。通常，ISP 的独立董事局拥有批准输电网规划的最终权力。其他规划主管部门对此类审批可能有不同的习惯和程序。

10.3.3　短期可靠性评估

短期可靠性评估主要针对事故分析及其他分析中暴露的违反安全标准的情况进行改正。分析中使用的网络设施限值与实际标准要求一致。次年短期分析中，应根据需要对处于违规边缘的系统状况进行监控和补救。对于单个或多个输电区域发生的违规情况，可通过长期分析来加强系统鲁棒性。假设短期分析涉及从本年度到未来五年，那么系统评估就应涵盖当年或次年的系统峰值负荷，同时包括第五年系统峰值负荷。

对于短期评估中的年度评估，灵敏度案例可用来演示模型中基本假设变化给系统带来的影响。为实现该目标，在灵敏度分析当中，必须使单个或多个变量发生足够变化。这些变量包括：

1）有功和无功预测负荷；

2）预期内的功率转移；

3）预期内的新建或改造输电设施的投产日期；

4）无功资源容量；

5）发电新增、退役或其他调度场景；

6）可控负荷和需求侧管理；

7）输电检修的时间或持续时段。

有时，输电拓扑中的发电计划调整可能会引发规划的重新研究和发布修编。每一年（或必要时）必须对短期内所有年份的参考案例进行重新评估，以决定是否需要调整规划方案。对于短期方案分析中违反热稳定和过电压状况，通常使用交流潮流算法来计算。原始大规模故障筛选可以使用直流潮流算法。短期可靠性评估涉及的关键步骤如下：

1）参考系统潮流案例；

2）参考系统热分析；

3）参考系统电压分析；

4）负荷供应能力分析（热力和电压）；

5）发电能力分析（热力）；

6）参考系统稳定性分析；

7）其他分析。

可靠性相关步骤后需要进行情景分析来确保规划的鲁棒性，情景分析通过查看关键参数变化产生的影响来实现。

1. 参考系统潮流案例

参考系统潮流案例和分析技术构成了可靠性分析的一整套分析假设和参数。ISP 需要结合当前电力系统参数和假设，开始开发参考系统潮流案例的过程。这些假设包括负荷、装机容量、输电和发电检修、系统拓扑和交易。各市场主体也会对参考电力系统模型的建模方式和假设进行评估与反馈。

对于具有容量市场的输电系统，各节点竞价结果可当作发电或用户侧资源申报电力和位置的子集纳入可靠性建模。同时，可靠性模型中要排除未报价或未出清的发电或需求侧资源。

可靠性分析中的意外事件定义必须与行业标准一致。如果开关或断路器的物理设计导致在其出现故障时会引起其他设备同时故障，那么根据意外事件定义，应当将与其关联的设施也同步停止使用。例如，如果变压器由于故障断开，则该线路和变压器应视为同一个意外事件而一同切断。

双回铁塔线路停运的意外事件定义应包括同一结构上的任何两条相邻（垂直或水平）线路，但应排除共用一英里或更短距离的线路。同一结构中两条以上线路的故障将构成极端事件。ISP 应当与相邻系统的输电规划相互协调，以确保相邻系统上对自身可能产生影响的意外事件也被包括在应急列表中。

2. 参考系统热稳定分析

基准热稳定分析是对参考潮流案例的全面性分析，以确保系统具有充分的热裕度。基准热稳定分析依据是输电设施特定的正常（事故发生前的系统正常情况）和紧急（事故发生后）热额定值，它基于最新负荷预测，统筹采用 50/50 方法，即实际负荷高于或低于预测值概率均为 50%。基准热稳定分析包含对所有可信事件和共同模式停运的详尽分析，最终分析结果基于交流潮流解决方案得出。

正常情况下，所有设施负载应在其正常热额定值范围内。对于单一事故，所有设施应在其应急热额定值范围内。每次发生事故并采取移相器调整、再调度和拓扑更改措施后，所有设施事故后负荷应在正常热额定值范围内。更严重的意外情况下，仅能启用变压器分接和开关分路调整，此时所有设施事故后负荷应在紧急热额定值范围内。

3. 参考系统电压分析

参考案例的电压分析与热稳定分析是并行的。同一类可靠性事件下的电压分析使用相同的潮流，同时要进行电压标准测试。电压标准检测按照规定是必须进行的。电压分析主要模拟现有和计划中设备预期的自动运行状况。这些设备包括移相变压器、有载调压变压器以及开关电容器和电感器，主要用于提供电力系统稳态控制。压降准则（如果适用）和绝对电压准则下的系统性能也会被检测。

压降计算主要计算从初始稳态潮流到事故后潮流的母线电压减少量。事故后潮流主要通过将发电机节点电压保持在事故前水平求得，大多数情况下该电压为事故前发电机母线电压。事故后电压计算时认为所有移相器、变压器分接头、开关分路器和直流线路都保持不变，但允许静止无功补偿器（SVC）和快速开关电容器的使用。

通常，对于相同事故进行的绝对电压标准检测试，是通过允许采用变压器分接头、开关分路器和 SVC 来调节锁定移相器，以及允许发电机保持稳态电压标准（通常是发电机节点高压母线上的允许电压）来实现的。

所有情况下，电压结果观察都是结合系统或区域适用的电压标准进行的。所有电压异常都会被记录和报告，同时会提出试探性解决方案。此外，对于模拟的发电机母线电压或升压变压器高压侧情况不明或假设处于电压越限的最小稳态时，事故后电压分析还应包括跳闸发电机影响分析。

4. 负荷供应能力分析

负荷供应能力测试旨在确保输电系统提供相当的输电功能，即确保输电系统足以满足每个负荷区的用电需求。这些测试通过一系列调度模拟生成一个预期负荷值，并以此来确定热力极限。在测试中，确定性调度方法被用于创建电压标准测试导入。负荷供应能力测试采用的输电系统可靠性标准是 25 年内发生一次故障，比发电系统可靠性标准规定的十年一次故障事件更加严格。

通过对负荷和发电系统进行概率建模，可以确定各负荷区为达到输电可靠性标准所需的供应目标转移水平。这里描述的负荷供应能力测试用来衡量输电系统的设计输电能力，以便与目标输电能力进行比较。为达到目标转移水平，需要对输电网升级改造情况进行明确规定。

负荷供应能力分析中的热力测试主要用于监测在90/10夏季负荷预测（只有10%可能性会超过预测负荷）情况下的供电能力。通过成千上万次以事件概率计算为基础的负荷调度，才能确定系统在正常和单一事故情况下的负荷转移极限。负荷区域调度根据每个发电机组可用数据随机形成。通过比较生成预期的系统传输能力值与目标水平，可以确定系统的充裕性。分析过程涉及正常和各种事故等级下的输电系统。求解稳态和单次事故潮流采用的方法与参考系统算例热力分析中的求解方法一致。电压分析测试类似于热负荷供应能力测试，不同之处在于需要计算电压标准及使用确定性调度程序来增加输入，此处的电压测试和标准与参考系统案例电压分析中的情况相同。

5. 发电传输能力分析

可靠性分析中的发电传输能力测试是为了保证在与负荷供应能力单一事故测试程序一致的情况下，输电系统能够在所有可靠输电服务建模下传输高峰负荷时系统所需的全部发电容量。该过程确保在系统所有区域中存在足够传输能力，以支撑各区域额定发电装机对应的电能输送。发电传输能力测试中的区域特性取决于地区电力系统特性，地区选择不同可能会影响发电传输能力。对于发电机的供电能力分析，区域的确定取决于每个可能限制发电容量传输的输电线路元件。起始点潮流与参考案例分析潮流相同。参考案例下的相同负荷和额定标准同样适用于起始点潮流，以及负荷供应能力测试的相同意外情况，也适用于相同的单一意外事故潮流求解技术。

在确保发电传输能力与负荷供应能力测试一致后，系统可靠性要求采取额外的步骤，这些标准要求确保断供期间输电充裕性和安全性。该步骤反映了单一事故情况下的发电供应情况，单一事故情况下对传输能力的要求随事故严重程度增加而下降。

6. 参考系统稳定性分析

ISP需要通过对每台新发电机进行并网分析来确保发电机和电力系统的稳定性。此外，发电机稳定性分析还应涵盖任何对稳定性影响重大的发电机。稳定性分析需要在建立参考系统稳定案例的基础上进行，通过稳定性分析可以确保系统是暂态稳定的，并且所有系统振动都表现出具有适当阻尼比的正阻尼。发电机稳定性研究针对关键系统工况，包括正常切除的三相故障和延迟切除的单线接地故障的轻负荷和高峰负荷。此外，稳定性分析还会检查发电厂所在区域的电网指定故障。最后，ISP可以根据需要启动专门的稳定性研究，此类研究的触发因素通常包括（但不限于）运营绩效评估或重大设备故障引发的状况。

为保证系统可靠性，可能需要开展额外的分析。这些分析包括：①轻负荷可靠性分析；②冬季高峰可靠性分析；③备用设备可用性分析；④最大可信扰动评估。

7. 轻负荷可靠性分析

对输电系统进行轻负荷可靠性分析，可以保证输电系统在轻负荷时能够传输系统所需电力。通常选择 50/50 夏季高峰需求水平的 50% 作为平均轻负荷条件的代表。轻负荷可靠性分析下的系统发电能力建模基于以下假设，即假设该建模可以反映分燃料发电类型机组在轻负荷需求下的历史运行水平。

起始点潮流与参考算例分析建立的潮流算例相同，但针对轻负荷需求水平、功率交换和发电调度对模型进行了调整。此外，还对模型研究区域以及周围影响研究区域设施负荷的区域进行了调整。各系统分区的互连程度反映了前几年非高峰时段的典型互连值的统计平均值。外部区域影响系统设施的负荷水平、功率交换和发电调度，通常基于之前非高峰时段的平均值统计。因此，适用于参考系统的网络模型和标准是相同的。在轻负荷可靠性分析中最终使用的关口是通过运行所有突发事件并监控所有市场监测设施和所有分散电力系统（Bulk Electric System，BES）设施来确定的。在其他参考系统可靠性试验中使用的单故障潮流求解技术也同样适用。

8. 冬季峰值可靠性分析

冬季峰值可靠性分析保证了输电系统在冬季高峰时段能够传输系统所需电力。通常选择 50/50 的冬季高峰需求水平作为典型冬季高峰条件的代表。冬季峰值可靠性分析下的系统发电能力建模基于以下假设，即假设该建模可以反映分燃料发电类型机组在冬季高峰需求下的历史运行水平。

起始点潮流与参考算例分析建立的潮流算例相同，但针对冬季高峰需求水平、冬季高峰负荷断面、冬季额定功率、功率交换和发电调度模型进行了调整。同时，该分析对模型的研究区域进行了调整，并对相邻系统区域采用了相应的冬季模型。各个系统区域的功率交换水平反映了所有年度长期可靠（Long-Term Firm，LTF）传输服务或历史平均情况。影响系统设施的外部区域负荷水平、发电调度是基于前几个冬季高峰期统计的平均值。因此，适用于参考系统案例的网络模型和标准也适用于冬季峰值可靠性分析。冬季峰值可靠性分析中最终使用的潮流是通过运行所有适用的意外情况并监控所有市场监测设施和所有 BES 设施来确定的。在其他参考系统可靠性试验中使用的相同的单故障潮流求解技术也同样适用。

9. 备用设备可用性

某些主要输电设备的停电维护期很长，期间需要尽快用备用设备取代。有时更换设备（如电力变压器）的提前期可能超过一年，因此有必要审查和评估此类设备是否可用，并使用意外情况评估其对系统性能的影响。评估应考虑系统在设备不可用期间预计会遇到的情况。必要时可以对其造成的经济影响进行评估。这种经济分析结果可以帮助使用者确定购买和维护备用设备的经济性。

10. 最大可信扰动评估

极端事件（这类事件被称为最大可信扰动）有时是不可避免的，需要评估其对系统可靠性的影响。如果初始分析显示极端事件的发生会导致连锁故障，系统规划者应对旨在降低事件可能性或减轻事件后果的可能行动进行评估，其中包括对该地区的稳定性分析。因此，使用稳定性分析来评估极端事件的影响是十分必要的。

10.3.4 长期可靠性评估

除了短期可靠性分析外，还需要进行长期可靠性评估。长期规划范围可以是6~15年或更长。未来几年或任何一年的参考案例都可以用来开发和评估。开展中长期视角下的评估和模型开发十分必要。

由于随着时间推移，分析中各因素发生变化的可能性增加，所以系统可靠性的中长期规划将受到更多不确定性影响。长期评估的目的是预测系统发展趋势，这需要周期更长的解决方案。长期评估使得ISP在预料到远期潜在问题时，可以在短期内采取适当措施。对于未发现的规划问题可在问题出现后在规划滚动修编中解决。

对于15年远期规划分析，涉及单个和多个事故分析的可靠性评估可以用来查明系统状况，有时这些状况需要超过五年的运行周期来找到解决方案。通常可以用两个过程作为指标来衡量是否需要开展较长时段的事故分析：第一个是近期评估，用于检测在多个区域发生的故障或单一区域发生的多重故障，该评估适用于大规模的项目，因为通过评估可以解决一类共性问题；第二是热力分析，包括15年后100kV以上双回铁塔线路停运。通过评估当年期15年后规划分析结果，来确定是否需要更长周期的规划解决方案。

在评估是否需要更长周期解决方案时，可以采用减少负荷和/或减少公司交易来缓解潜在的违规行为。由于不确定性与较长的时间范围相关，故采用线性直流分析更为合适。对于违反正常和事故情况下短期热力额定标准的所有单一事故，通常采用较长时间尺度分析进行评估。有时长时间尺度分析还包括无功分析。

10.4 基于市场的输电规划

通常在市场环境下，输电规划产生的输电解决方案和发电解决方案不仅是竞争的，而且是相辅相成的。因此，在竞争激烈的市场环境下，输电规划变得更加重要和复杂。这种环境下，使用综合资源规划（IRP）的传统方法不再适用，长周期输电规划也存在更大的不确定性。由于这些原因，输电规划不仅要进行传统可靠性分析，还要进行基于概率学的未来可能情景下的经济分析。

与传统输电规划方法类似，基于市场的输电规划既包括可靠性分析，也包括经济性分析。可靠性分析侧重于系统可靠性的技术评估，与传统方法相比变化不大。然而，考虑到市场运行特性，特别是对于使用节点电价机制处理阻塞问题的市场，经济性分析部分已经发生了重大变化。进行经济分析的主要目的之一是评估拟建输电项目可能给系统带来的预期经济效益，并将收益与项目估算成本进行比较。经济效益远远超过成本的输电工程为电力系统提供了更好的经济收益，这些项目被选为基于市场的输电解决方案。

10.4.1　市场效率模型

输电规划不仅可以用来维持电力系统可靠性，还可以用来减少电力市场下的输电阻塞。在市场环境下，稳健的输电系统可以增强市场竞争并缓解市场力。基于市场的输电规划经济模型也称为市场效率模型。市场效率分析研究需要进行生产成本分析，根据输电线路缓解持续输电阻塞的能力来评估输电改造措施的经济价值。减少电力市场中的输电阻塞会增加消费者剩余，从而增加社会福利。

该模型的显著特点是它基于对未来几年市场输电阻塞预测和可能的最佳系统拓扑及发电情景，同时以最小可靠备用裕度满足当前可靠性标准。未来几年所需发电能力是根据目前基于市场环境的发电能力扩建添纳入电力系统中的。通过采用合理的折现率估计法和净现值（NPV）法对拟建输电扩建项目的效益和成本进行比较，从而确定输电扩建项目的经济可行性。敏感性分析通常是为了确定影响经济性的各种关键驱动因素。市场效率分析必须根据既定的效益成本衡量标准进行。

基于电力市场下的节点电价机制可以形成新的经济指标，这有助在满足当前和未来可靠性标准下，选择更经济的市场化输电升级方案。经济分析通过基于节点的市场价格预测，可以展现系统的整体经济效益，包括能源价格变化、单个发电机收入、用户支付费用和系统总生产成本。

市场经济模式下的经济分析要求对电力系统在竞争市场环境下的运行进行仿真，即电力系统仿真应该使用类似的机组组合和经济调度算法模拟实际市场运行。为此，经济分析的市场模拟部分使用了安全约束机组组合（SCUC）和安全约束经济调度（SCED）算法，这是市场运行、LMP 计算和阻塞定价的核心。读者可以参考前面几章了解该算法的详细内容。为评估输电系统改造的经济影响，需要对改造计划执行前后的电力市场运行进行仿真。仿真所需要的各类数据及其流程图如图 8-5 所示。

10.4.2 模型基准

市场经济分析模拟的关键步骤之一是对正在建立的模型进行基准测试。分析人员、工程师或建模师应该认识到这样一个事实，即对未来的系统建模始终是一个挑战。根据历史年份已知结果对该模型进行测试和评估会有助于对未来系统的建模。考虑到模型的复杂性，为了有效实现仿真目标，一般使用最近一年的年度市场结果数据进行模型基准测试，因为这是来自同一系统的已知输入和输出。从历史情况和系统运行来看，以下信息将对模型基准很有用：

1）每台发电机的发电量；

2）每条输电线路的阻塞情况；

3）市场价格（日前、实时）；

4）输电停电计划；

5）发电停电计划；

6）其他关键系统参数。

通过使用所有已知输入参数，该模型可以模拟历史年份来查看关键输出数据是否合理，例如分类型发电机组发电量、平均市场价格、输电约束和阻塞值总量。如果一个模型包括多个电力库或电力市场，那么对历史联络线进行基准分析也将非常重要。通过这种方式，可以在模型中找到合理的跨区域输送电力。考虑到电力库的门槛收益率会影响跨区电力流形成，熟悉正在建模的电力库或电力市场的机构设置或规则将对建模者十分有帮助。

10.4.3 市场效率分析

对拟建输电项目进行经济分析的流程如图 10-3 所示。对输电项目进行经济分析涉及的关键步骤如下：

1）确定输电阻塞约束；

2）提出可能缓解阻塞的输电改造方案；

3）对于有无拟建输电线路改造两个场景，进行项目全生命周期年份或选定年份的市场模拟；

4）估计模拟年份的预计经济效益，并将这些收益转换为等效现值；

5）估计拟建输电改造项目的预计成本并将其转换为等效现值；

6）计算拟建输电改造项目的效益成本比，并将其与既定指标进行比较；

7）若该项目的效益成本比超过预定义阈值，则选定拟建输电改造项目。

在步骤 3）中，理想情况下必须对拟建改造项目投入使用的每一年进行模拟。然而由于计算负担和输入数据准备的复杂性，实际市场模拟只能在有代表性的几个年份内进行。这种情况下，可以通过对模拟年份的结果进行插值计算

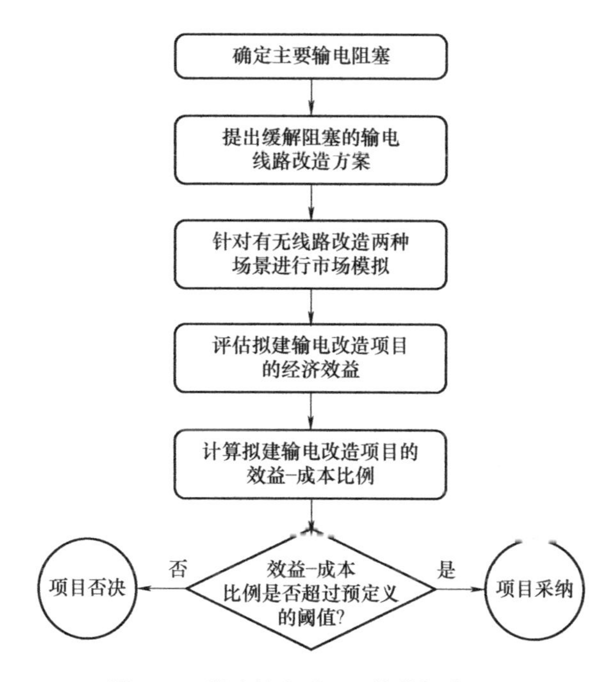

图10-3 拟建输电项目经济分析流程图

来获得中间年份的结果。还要注意的是，越远期的模拟结果往往表现出越高的不确定性。

在第三步中对每个代表性年份进行市场模拟后，可以得到发电计划和系统每个节点的LMP价格。LMP由三个部分组成，即系统出清价格、阻塞价格和网损价格。LMP价格用于计算阻塞费用、每个发电商收益及负荷支付费用。

10.4.4 系统经济变量

在定义经济分析中可能使用的最终经济标准之前，更重要的是定义一些相关的系统经济变量。

1. 生产成本

生产成本是指在每个模拟周期内以期望水平发电满足用电需求的成本。发电生产成本是系统中每台机组的小时燃料成本、运行维护成本、起动成本和排放成本的总和。通常燃料成本是总生产成本的最大组成部分，式（10-1）中的所有变量都以$/(MW·h)为单位。

$$\mathrm{PC}_i = \mathrm{FC}_i + \mathrm{OM}_i + \mathrm{ST}_i + \mathrm{EC}_i, i \forall G \tag{10-1}$$

式中，PC_i为发电机i的生产成本；FC_i为发电机i的燃料成本；OM_i为发电机i的运行维护成本；ST_i为发电机i的起动成本；EC_i为发电机i的排放成本；G

为发电机的总数。

2. 负荷支付费用

负荷支付费用是指每个负荷节点每小时消耗的能量（MW · h）与该节点每小时的 LMP[$/(MW · h)] 模拟期间总和的乘积。

$$LP_k = L_k \times LMP_k, k \forall D \tag{10-2}$$

式中，LP_k 为节点 k 处的负荷支付（ $）；$L_k$ 为节点 k 处的负荷需求（MW · h）；LMP_k 为节点 k 处的 LMP[$/(MW · h)]；$D$ 为需求节点的总数。

3. 发电收入

发电收入是指每台发电机组每小时发电量（MW · h）与发电节点每小时 LMP [$/(MW · h)] 在模拟期间总和的乘积。发电收益等于发电收入减去发电机生产成本。

$$GR_i = G_i \times LMP_i, i \forall G \tag{10-3}$$

式中，GR_i 为发电节点 i 的发电收入（ $）；$G_i$ 为发电节点 i(MW · h) 的发电量；LMP_i 为发电节点 i 的 LMP[$/(MW · h)]；$G$ 为发电机的总数。

4. 阻塞成本

两个节点之间的阻塞成本是这两个节点的 LMP 价格差值（边际损耗分量忽略不计）。

阻塞成本通常由电力用户承担，而发电商则获得阻塞收益。

$$CC_{ik} = LMP_i - LMP_k \tag{10-4}$$

式中，CC_{ik} 为节点 k 和节点 i 之间的阻塞成本 [$/(MW · h)]；$LMP_i$ 为节点 i 处的 LMP；LMP_k 为节点 k 处的 LMP。

10.4.5 经济效益的多种定义

基于模拟仿真中系统输出的基本概念，可以定义输电改造项目的经济效益指标。这些指标的制定和使用主要取决于特定电力市场决策和利益相关者的投入。在竞争充分的市场环境下，可以选取以下指标来估算输电改造项目的经济效益：

1）生产成本节约量；

2）考虑生产成本和负荷支付费用权重的综合节约量；

3）考虑生产成本、负荷支付费用和阻塞成本权重的综合节约量；

4）任意关键输出变量的任意组合。

例如，以下两个主要变量的综合节约（减少）量可作为经济效益衡量指标：

$$\text{经济效益} = \alpha \times (\Delta PC) + \beta \times (\Delta LP) \tag{10-5}$$

式中，$(\alpha + \beta) = 1$；α，β 为加权因子；ΔPC 为由于输电改造项目而导致的生产成本变化量（减少量）；ΔLP 为由于输电改造项目而导致的负荷支付费用变化量（减少量）。

10.4.6　经济标准

在任何经济分析中，系统收入必须超过成本才能增加系统的经济价值。在输电项目经济分析中，输电项目预期收益也应超过其建设成本。为了对经济收益和成本进行合理比较，必须采用适当的折现率将年度经济效益转换为现值，这种方法被称为净现值（NPV）法。通常，效益成本比 1.25 被用作筛选拟建输电项目的门槛，其中 25% 考虑了未来的不确定性。换言之，效益成本比（现值）超过这一门槛的输电项目可被选为基于市场的输电解决方案。

10.5　跨区域输电规划

有时，电力系统需要与相邻系统增加或扩大输电互连。跨越两个或多个相邻系统边界的输电互连或扩展规划称为跨区域输电规划。在一个系统封闭边界内进行输电规划已经很有挑战，而跨越两个相邻系统边界的输电规划挑战性更大。在两个或多个相邻系统边界进行跨区域输电规划至少要考虑两个主要因素，即可靠性和经济性。电力系统互连可以提高两个系统的可靠性。例如，如果一个系统面临电力供应短缺等紧急情况，则相邻系统可以通过输电线路提供额外电力供应。经济性因素包括促进两个系统间电力的经济配置和减少两个市场体系之间跨区域阻塞。跨区域输电规划的其他考虑因素还包括通过建立输电互连将一个系统的电力向相邻系统中的特定负荷输电。例如，纽约市负荷中心有多个从邻近电力系统到负荷中心的直流输电线路。跨越系统边界或区域边界的输电互连在世界各地相当常见。然而，这样的跨区域输电规划可能需要很长时间才能实施，因为各方（系统）必须就互连互通计划、互连互通规则、投资和联合运营规则的条款和条件达成一致。跨区域输电规划对两个具有不同管辖要求的相邻系统提出了独特的挑战。

10.5.1　可靠性

基于可靠性输电规划的主要目标是确保系统有足够的输电能力，能够支持从发电资源向负荷节点的电力输送。电力系统还应该能够承受至少一个设备（传输线、变压器或发电机）断开而不会产生任何与可靠性问题相关的不良后果，此标准称为 $N-1$ 标准。输电规划者还必须考虑未来一段时间所有可能的不确定性，例如来自可再生能源发电、发电机退役以及负荷增长的不确定性。有时，通过输电线路将相邻两个电力系统互连可以提供更强的系统可靠性、鲁棒性和弹性。这种互连方式将允许一些应急电源从一个系统转移到另一个系统，以防一个系统出现发电短缺。

10.5.2 经济性

实施跨区域输电的另一个原因是经济效益。例如，假设一个系统有充足的低成本发电供应，而其邻近系统发电供应成本较高，两个系统都有新增或扩大互连的动机，以促进电力从一个系统向另一个系统流动。电力一般是从成本较低的系统向成本较高的系统传输。

与这种电力流动相似的是在两个相邻市场系统中减少阻塞的概念。例如，在两个相邻市场系统的边界（如 PJM 和 MISO 之间）可能会出现输电阻塞。尽管通过每日的金融交易方能够一定程度来缓解跨区域阻塞，但跨区域线路中的部分输电受限情况仍然存在，可以称其为长期的跨区域阻塞。在这种长期阻塞的特殊情况下，更有效的解决方案似乎是在两个系统之间建立更多的输电线路。由于阻塞代表着消费者剩余的减少，所以输电服务提供商有动力建造能够缓解阻塞的输电线路以降低相关阻塞成本。这种输电规划的首要目的是通过提高市场效率来增加社会福利。通过增加输电线路来减少阻塞意味着减少电力负荷的消费成本，这将增加消费者的剩余。

然而，由于这类输电规划涉及两个或多个不同规划机构或系统规划商，因此需要制定一种适用于双方或多方均可接受的通用方法。下面将提出一种在两个相邻电力市场系统交接处促进跨区域输电的方法。

10.5.3 跨区域输电规划方法

跨区域输电可以是任何输电或与输电相关的项目，这些项目可能在任何两个或两个以上输电系统或市场交汇处建设。这样的跨区域传输设施应实际跨越两个或两个以上相邻和相连电力市场的边界。此外，这并不是一个单一市场问题，因为相邻电力市场是截然不同的两个市场。这就是问题的独特之处。

如前所述，跨区域输电项目有许多优点。主要优点包括缓解跨区域输电阻塞，从而增加社会福利。此外，还包括促进更多电力在不同区域间流动，增强一个或多个输电系统可靠性，从而提高电力系统运行的安全性。输电规划方法基于共同适用于两个相邻电力市场的经济标准，输电项目将在这两个市场上提出、规划和建设。与目前在每个市场系统内规划基于市场或基于可靠性的输电项目方法相比，该方法也有不同之处。跨区域输电规划方法是一种可行的跨区域输电线路建设计划，以帮助两个市场提高系统可靠性和经济效益。这种方法也适用于其他电力市场或输电制度下的跨区域输电扩建需求。

此方法基于多个与两相邻系统相关的假设：

1）两个系统都必须有电力市场。

2）这些市场应包含基于节点定价机制的日前市场和实时市场。

3）这些市场可能包括强制性容量市场、金融输电权权（FTR）市场和其他辅助服务市场，但并非必须条件。

4）每个市场体系对该体系内输电项目至少有一套可行的经济分析方法。

5）每个市场体系都必须有能力和权威机构能批准符合经济标准的跨区域输电项目，以便项目可以最终实施。

图 10-4 显示了在集中组织市场环境下进行跨区域输电规划经济分析的方法框架。图中，基本案例代表了联合市场的当前或未来输电系统。以电网、发电、需求和约束信息为输入进行市场出清优化，形成各种经济指标输出。变动案例代表增加一个新跨区域输电项目的新输电系统。对于变化后的系统情况，使用新的网络进行同样的市场出清优化，其中包括拟建跨区域输电项目和一组新的约束条件。

下面对该框架中涉及的关键输入数据和步骤进行进一步的说明。

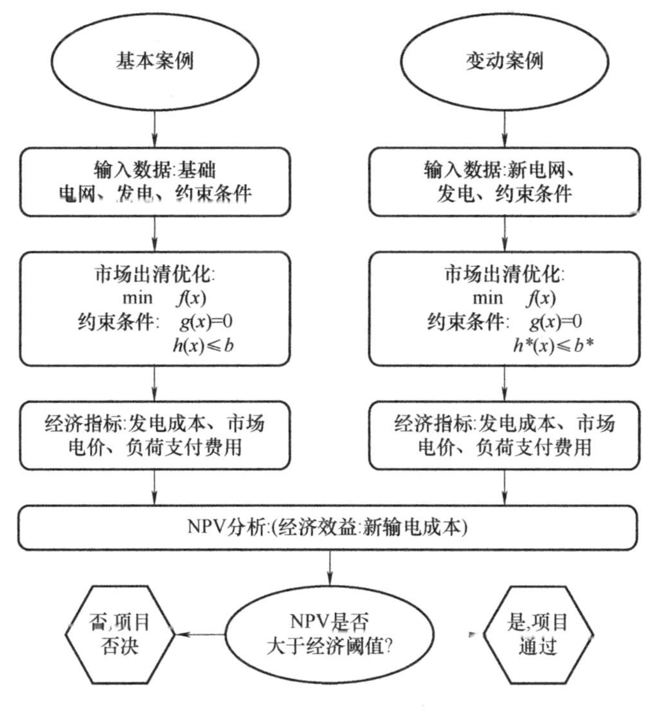

图 10-4　跨境输电规划的经济分析框架

1. 网络拓扑建模

网络拓扑模型应由两个相关系统中每个系统的最佳可用模型表示。基本案例的网络模型应代表在不包含拟建跨区域传输项目情况下两个系统的联合电网模型。变化案例的网络模型代表了在考虑拟建跨区域传输项目情况下两个系统的组合电网模型。

2. 发电数据建模

发电数据集合应能够体现两个系统的新增和退役机组。装机容量必须满足边际计划备用要求，以避免出现供应不足和应急情况。未来几年所需新增发电能力可以基于节点价格信号和燃料类型按比例增加，也可以使用其他方法确定新增发电能力。这些新增发电机组与现有机组一起构成了模型中的整个发电组合。

3. 约束建模

输电约束的建模对于任何市场出清优化框架都是至关重要的。跨区域输电规划不仅要对每个电力市场的可靠输电约束进行建模，还要对两个市场边界或附近的约束进行建模。例如，PJM 和 MISO 市场之间的这组约束被称为市场对市场（Market to Market，M2M）约束，这组 M2M 约束还包括位于每个市场内但靠近边界的输电约束，这是由于这些约束会对跨区域输电能力产生影响，有时影响会很大。在选择这组 M2M 约束时，可以使用基于历史市场结算金额（PJM 和 MISO 之间的特殊安排）的筛选方法或基于历史阻塞金额的筛选方法或两者组合作为筛选标准。一旦被选中，这组约束就与其他约束组合在一起，形成用于市场出优化的全套约束。

4. 市场出清优化

市场出清问题的目标函数 $\{f(x)\}$ 是在等式约束 $\{g(x)=0\}$ 和不等式约束 $\{h(x)\leqslant b\}$ 下最小化组合市场基于报价的生产成本。等式约束代表发电与负荷的平衡，以保证电力系统的可靠运行。不等式约束对输电网约束和发电机运行约束进行了显式建模，目标是确保电网的模拟潮流和发电机输出在指定限额内。这种市场出清优化的关键输出包括每个系统或组合系统的生产成本、每个电气节点的市场价格、阻塞价格以及其他相关输出，如发电机收入和负荷支出费用。

5. 经济标准

基于市场出清优化的输出数据，下一步是评估增加一条跨区域输电线路的经济效益。10.4 节介绍了通过模拟确定每种可能方案经济效益的方法。该方法也可用于评估为两个相邻系统增加一条跨区域传输的经济效益。一旦对增加联络线的经济效益进行了预估，就能使用适当的折现率和净现值分析方法进一步计算项目的效益/成本比，来查看该项目是否达到或超过预期收益。这种经济标准可以为选择跨区域输电方案的独特目的而制定。跨区域输电项目经济效益评估也可以利用其他方法，例如要求拟建输电项目既要符合两个市场的联合经济标准，又要符合每个市场特有的经济标准。

虽然以上方法是在美国节点电力市场背景下提出的，但也适用于其他电力市场，如欧洲电力市场。但可能有必要在假设和建模方面做一些修改，以确保方法的适用性。事实上，该方法也适用于任何其他有跨区域输电建设需求的电力市场输电体制。

此外，跨区域输电规划还可以开发其他方法，例如将优化问题公式化，并且使用混合整数规划（Mixed Integer Programming，MIP）算法来寻找两个市场问题的最优解，即将其作为单一市场问题来处理。最优的解决方案可用于解决这一独特的跨区域输电规划问题。

10.6　竞争性输电规划

将市场体制下的输电规划纳入竞争是一个较新的发展方向，这最初是由美国联邦监管机构最近的一项命令推动的。尽管输电规划的竞争性流程不是强制性的，但一些 ISP 已经在开发竞争性投标流程，以便向任何符合条件的实体征集竞争性输电解决方案。这一过程将为增量输电开发商创造大量机会，与存量输电所有者争夺建造、拥有和运营输电设施的权利。因此，在不久的将来可能会开发出更具创新性的输电解决方案。

10.6.1　管制输电业务

输电网是一种公共产品，因为每一个接入电网的电力消费者都能从中受益。输电网作用类似于高速公路和桥梁，是国家基础设施的一部分。目前输电业务被视为受监管业务，因为它具有自然垄断特性。在垄断体制中，只有一家公司时系统整体的效率最高。换句话说，存在两家不同的输电公司试图通过建设两个并行电网来服务于相同负荷的概率极低。因此，只有一套输电网络用于为特定区域负荷提供输电服务从经济角度是合理的，该输电网络可能归一家公用事业公司所有。输电网络也是一项基于区域或公用事业规划的基础设施投资，按规定费率收回成本。

在传统公用事业环境下，从项目提案、建设、财务责任和所有权到输电设施的运营和控制，整个输电业务都是由受监管的公用事业公司（自然垄断）完成的。在市场环境中，所有大容量输电设施的运行控制权归 ISO 所有。然而，输电公用事业公司继续负责项目提案、建设、财务责任和所有权。这些公用事业公司还负责对其传输设施进行适当的维护。

对于未开展市场化改革地区的输电规划，受监管的公用事业公司完全负责规划其运营区域内的输电系统。而对于市场化地区的输电规划，ISP 与公用事业公司联合协调负责规划输电系统。该输电规划过程的主要步骤如下：

1）确定输电需求的相关问题和驱动因素；

2）提出可能解决这些问题的多种输电解决方案；

3）根据需要进行可靠性、经济性和其他分析；

4）选择并批准最终的输电解决方案；

5）建设已批准的输电项目。

虽然该过程是透明的，并公开征求利益相关者的反馈，但受监管的公用事业公司通常也拥有建造此类经批准的输电项目的权利。市场环境下，增量输电开发商获得修建新输电线路权利的机会相当渺茫。

10.6.2 FERC1000 号法令

为了纠正以上相关问题，美国联邦监管机构于 2011 年 7 月 21 日发布了一项法令，即 FERC1000 号法令。虽然 FERC 法令内容还包括其他诸如成本分摊和区域间改革等关键问题，但本节重点是该法令如何为增量输电开发商参与输电规划的竞争过程铺平道路，特别是在 ISP 运营的地区。

在 FERC1000 号法令中，有与增量输电开发商相关的具体要求，其中关键的三条法令包括：

1）促进区域输电规划过程中的竞争，以支持高效和有成本效益的输电网发展。

2）要求为输电项目的提交、评估和选择制定一个没有过度歧视的区域程序。

3）取消任何联邦的优先取舍权，该优先取舍权涉及委员会批准的、关于在地区输电规划中选择用于成本分摊目的的新输电设施的关税和协议。但必须受四个限制：①不适用于没有在地区输电规划中选择用于成本分摊目的的输电设施；②不适用于输电设施改造；③允许但不强制要求使用竞争性投标来招揽输电项目或项目开发商；④这一要求不影响各州有关输电设施建设的法律或法规，包括但不限于输电设施选址或许可的权力。

FERC1000 号法令实质上挑战了行业中输电业务的垄断性质，因为它试图取消关于在区域输电规划中选择用于成本分摊目的的新输电设施的优先取舍权。FERC1000 号法令设想了一个公平的竞争环境，在这个环境中，增量输电开发商可以与存量输电公用事业公司竞争建造新传输线的权利。联邦委员会表示，“联邦政府的优先取舍权导致现有地区输电规划过程中对增量输电开发商的不正当歧视和优惠待遇。”FERC 还认为，“扩大提供潜在解决方案的输电开发商范围，可以识别和评估更有效或更具成本效益的地区需求的潜在解决方案。”不受区域规划或成本分摊限制的地方项目、现有输电设施的改造升级以及目前已规划的输电项目不受本规定限制。FERC 给予区域输电组织通过竞争性招标程序为输电网改造征集赞助商的灵活性，但没有强制要求这种方法。

10.6.3 竞争性投标流程

尽管 FERC1000 号法令不要求在 ISP 运营的区域内使用竞争性投标过程来招揽输电项目，但不同的 ISO 在实施各种形式竞争过程时发挥了不同的作用。

例如，PJM 已经开始开发被称为竞争性输电规划的相关流程。这一新的竞争过程为增量输电开发商提供了与存量输电公司平等的机会，通过提案窗口提交项目方案，并考虑项目建设、所有权、运营和财务责任。在每个窗口期间，ISP 都会寻求输电提案，以满足一个或多个确定的需求，例如可靠性、市场效率、运营绩效和公共政策。一旦窗口关闭，ISP 将继续对各提案进行分析和可施工性评估，并向董事会提出解决方案建议。图 10-5 显示了从存量和增量输电开发商征集输电项目的这一新竞争过程的流程图。

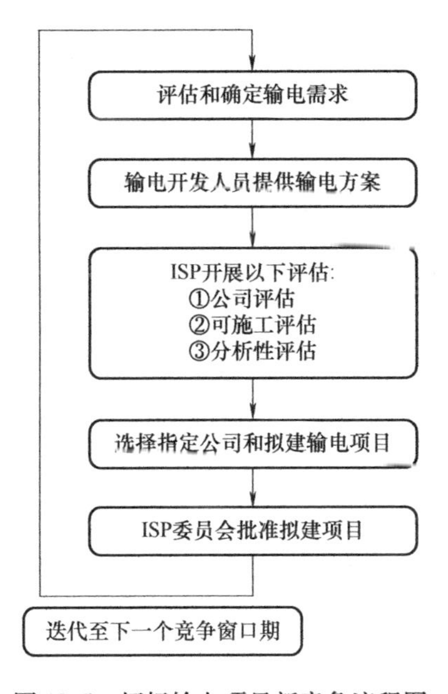

图 10-5　招标输电项目新竞争流程图

这一过程的关键步骤概述如下：

1）ISP 创建提案窗口（30～120 天），在此期间输电开发商（包括存量和增量）准备和提交项目包。需要提交的项目信息包括详细的项目计划、项目成本和完成项目的时间表。

2）一旦提案窗口关闭，ISP 进行三种评估：①公司评估，评估各实体建造、拥有、运营、维护和资助特定项目的能力；②可施工性评估，从成本、进度、选址、许可、通行权、土地征用、项目复杂性和协调风险进行评估；③分析性评估，根据特定的、确定的需求评估建议书的绩效。

3）在整个评价过程中，向利益相关方通报评价情况，并寻求他们的反馈。

4）评估完成后，选定最终实体（输电开发商）和对应的输电项目并获得 ISP 董事会批准。

有了这一新的竞争过程，任何存量输电公司都可以在另一家存量输电公司的运营区域建造和拥有输电设施，增量输电开发商也将有同样的机会。由于这一新的发展，美国涌现出一批独立的输电开发公司。与开发商必须支付投资成本的商业输电项目不同，在这一竞争过程中，新提出的项目一旦获得批准，其投资成本将由监管费率承担。因此，这类输电项目的投资回报与其他受监管的输电业务一样能够保障其收益。这种受监管输电投资的保证回报率一定会刺激增量与存量输电开发商开展更多活动。同时，可以开发更具创新性、成本效益和效率的输电解决方案。

10.7 欧洲输电规划

欧洲所有输电系统运营商（TSO）都对内部能源市场的优化、气候变化以及可再生能源在欧洲能源系统中的高渗透率等问题表示担忧。此外，系统运营商希望开发一种更以需求侧为中心的方法和更灵活的能源交易机制，以提高能源市场的竞争水平。2009 年，根据第 714/2009 号条例，欧洲电力网络传输系统运营商（ENTSO-E）成立，它包括了来自 35 个不同欧洲国家的 42 个 TSO。这个组织最初的目标如下：

（1）可持续性　最近，包括欧洲本土两端在内的整个欧洲可再生能源发电规模大幅增加，大量电力流经整个欧洲。因此，促进这些资源在整个欧洲输电系统中的整合是非常重要的。

（2）市场一体化　因为欧洲输电网由多个子系统组成，所以整合具有不同市场规则的市场具有挑战性。

（3）市场竞争力　市场竞争力推动市场主体分散化，通过合理的激励措施来激励他们参与交易，同时减少他们对灵活性、容量削减或价格波动等问题的影响。

（4）可靠性　需要改进预测工具，以便对需求侧和可再生能源发电出力进行可靠计算。

（5）减排　主要目标之一是大幅减少二氧化碳排放，或简称碳减排。

结合最初的目标来看，ENTSO-E 主要任务如下：

1）欧洲输电网络的管理和协调。

2）电网法令：建立一套适用于能源部门各领域的规则，包括发电机、阻塞管理、需求、运行安全、负载频率、电力平衡和高压直流连接。

3）公共信息模型（Common Information Model，CIM）：为了在所有参与者之间实现主体网络数据的共享，所有 TSO 生成一致和协调的数据非常重要。这就是他们采用 IEC CIM 来交换数据进行研究的原因。每年都会进行互操作性测试，以验证其 CIM 标准和 IEC 标准的互操作性。此外，ENTSO-E 支持网格模型和市场交换的 CIM 开发。

目前的开发工作集中在四个主要领域，即储能设备整合、新的监控技术、更好的控制系统和需求侧响应整合。

10.8　进一步讨论

有许多新出现的问题会影响当前输电规划过程。

至少在北美，天气影响已经变得越来越严重和极端，即使发生的可能性很小。超级风暴、飓风、龙卷风和极端寒冷天气等恶劣天气事件会对包括电网在内的能源基础设施造成重大破坏。可能的后果包括发电机停运、电力供应中断和变电站水灾，所有这些都会导致部分地区停电。因此，系统规划者有必要评估他们的电力系统，找出电网中最薄弱区域并对其加强，其目标是使电网更具弹性，以抵御未来此类极端事件造成的影响。一些受到过这些事件严重打击的电力公用事业公司已经计划花费数百万甚至数十亿美元来加固他们的电力系统，特别是输电和配电系统。

最近发生的极端寒冷天气事件揭示了以燃气机组为主体的电力系统中天然气输送和电力供应之间的紧密联系。一个系统的故障会对另一个系统产生重大影响。供气系统中断可能会使一些燃气机组无法发电，进而导致电力短缺、价格飙升，威胁到电力系统的可靠性。系统规划者必须认真考虑规划一个能够承受这种电力供应中断的弹性输电系统。一个需要改进的领域是，在输电规划时需要对天然气供应系统由于任何原因产生中断进行建模。

另一种新产生的问题是在不久的将来，大规模可再生能源接入电网。这种趋势将需要输电系统规划者不断地评估、再评估输电系统对不断增长的可再生能源的适应程度，还需要采取有效的措施应对来应对此问题。

直到目前，输电规划对有关未来系统状况不确定性的应对方法还很有限。输电规划过程中使用的测试可以合理地确定未来在何时可能出现可靠性问题。系统规划商可以通过标记出现可靠性问题的预计时期来规划新的输电设施，以将日期波动的风险降至最低。这种情况在许多方面都发生了变化。单一的基线和市场假设不足以考虑所有新兴的运营、经济和监管趋势。与各种分析假设相关的不确定性水平的增加将要求系统规划商进行越来越多情景类型的分析，以更好地预测未来的系统趋势。根据这些情景的结果，必须相应地规划输电系统。管理这些新兴的、有时会出现扩散的趋势将是一项挑战。

章节问题

10.1　假设当前日期是 2016 年 10 月。在例行系统可靠性分析中发现，如果 230kV 变电站附近的一条 345kV 输电线路在 2018 年夏季停运，则该变电站将出现低电压情况。现计划在 230kV 变电站安装一些电容器组，以满足规划标准中的电压要求。这次改造能否视为基线可靠性项目？

10.2 假设当前时间是2016年10月。一家发电企业提议2020年1月在138kV变电站安装一台新发电机。你在例行发电机并网研究中发现，这台新发电机的接入会违反可靠性要求。为避免违规，你建议在连接点附近进行输电线路改造。此次改造能否视为基线可靠性项目？

10.3 找出一组来自特定规划机构的电压标准。为什么某些电压水平要求的电压限制不同？

10.4 竞争性输电规划流程旨在为存量输电公司和增量输电开发商提供一个公平竞争的环境，让他们有机会提议、建造、拥有和运营新的输电设施。尽管做出了这些努力，但与增量开发商相比，存量输电公司仍有竞争优势。你能找出至少三个这样的优势吗？并解释原因。

10.5 在电力市场中，两个邻近节点A和节点B之间出现长期阻塞的情况。负责该市场地区输电规划的独立系统运营商（ISP）现正对三项拟建输电规划进行评估，以缓解该阻塞情况。ISP进行了大量市场模拟，得出了表10-1所示项目前十年的系统收益情况（为简单起见，假设收益/成本仅考虑十年）。假设折现率为7%；固定账面费率为15%；项目X成本=2000万美元；项目Y成本=3000万美元；项目Z成本=1500万美元。

a. 按照效益成本比的净现值顺序对拟建项目进行排序。

b. 如果效益成本比门槛为1.25，那么ISP应该选择哪个项目？

c. 如果多个拟建项目超过最低要求的经济标准，那么应如何选择最终项目？为什么？

d. 假设贴现率为5%，重新求解子问题a、b、c。

表10-1 拟建项目前十年的系统效益（百万美元）

项目	第1年	第2年	第3年	第4年	第5年	第6年	第7年	第8年	第9年	第10年
项目X	2.8	2.9	2.9	2.4	2.6	2.5	2.5	3.0	2.6	2.8
项目Y	6.3	6.0	6.8	5.8	5.7	6.1	5.6	6.6	6.7	6.4
项目Z	3.0	2.8	2.6	2.7	2.7	2.8	3.2	3.1	3.2	3.0

拓展阅读

1. Li W. *Probabilistic Transmission System Planning*. Hoboken, NJ: Wiley-IEEE Press; 2011.
2. Chow JH, Wu FF, Momoh JA, editors. *Applied Mathematics for Restructured Electric Power Systems: Optimization, Control, and Computational Intelligence*. Springer; 2005.
3. *Manual 14B: PJM Regional Transmission Planning Process*. PJM Interconnection. Available online at http://pjm.com/
4. Lin J. Market-based transmission planning model in PJM electricity market. In: Proceedings of the 6th International Conference on the European Energy Market (EEM09), May 2009, pp. 1–6.
5. Lin J. Modeling and simulation of PJM and Northeastern RTOs for interregional planning. In: Proceedings of IEEE Power Engineering Society General Meeting, July 2013, pp. 1–6.
6. Lin J. Cross-border transmission planning in two adjacent electricity market systems. In: Proceedings of the 12th International Conference on the European Energy Market (EEM15), May 2015, pp. 1–6.
7. *Transmission planning and cost allocation by transmission owning and operating public utilities, Order No. 1000*. U.S. Federal Energy Regulatory Commission Final Rule, 2011.
8. The European Network of Transmission System Operators, ENTSO-E. [Online]. https://www.entsoe.eu/

第 11 章 未来电网下的电力市场

近年来，随着电力工业不断发展，电力系统发生了很多值得关注的变化。随着可再生能源技术不断普及，智能电网不断发展，越来越多的分布式能源（Distributed Energy Resources，DER）接入配电系统，成为电网的新兴业态。一些电力市场已经处理或正在处理这些新兴问题，本章将探讨这些问题及其对当前电力市场的潜在影响。显然，电网的新兴发展是非常热门的研究领域，因此本章还将对未来的电网发展做出一些适当推测。

11.1 可再生能源技术

温室气体（Greenhouse Gas，GHG）的排放导致气候变化加剧，迫使许多国家开始寻找更清洁的能源。清洁能源技术不断进步，成本下降，使得此类技术的需求和应用激增。大多数清洁能源技术为可再生能源技术。根据美国能源信息署（Energy Information Administration，EIA）的最新报告，近年来，非水力可再生能源（如风能、太阳能、生物质能、地热）的发电量逐年增长。据EIA 的短期能源预测，公用事业规模的可再生能源发电厂发电量的增长大部分将来自新安装的风力和太阳能发电厂以及不断增加的水力发电。可再生发电装机容量和发电量受到联邦、州和地方政策的影响。根据国际能源署（International Energy Agency，IEA）的报告，可再生能源的发电量预计将在世界许多地区有所增长。

11.1.1 可再生能源的类型

一般来说，可再生能源包括太阳能、风能、水能、地热能、海洋能和潮汐能等。也存在其他类型的可再生能源，包括可再生能源产生的废热，用于生产电力，或者零售电力客户设施中有用且可测量的热能，以及可再生能源产生的氢气。现有的可再生能源中，当前电源结构中的大部分电力主要来自水能、风能和太阳能，其余小部分电力由其他类型的可再生能源构成。

1. 水能

水力发电的原理是将水流下落的动能转化为机械能，再由发电机将机械能转化为电能。这种技术是经过验证的、成熟的、可预测的、且具有成本竞争力的。水力发电主要有三种类型，即径流式、堤坝式和抽水蓄能式。径流式发电厂库存较小，所以没有储存能力。而堤坝式水电站则有一个水库，可承担基础负荷、高峰负荷和提供储能。此外，这些发电站可为其他电源提供调节功能。

抽水蓄能电厂主要在用电高峰时期发电。电价较低的非用电高峰时期，发电厂将低处的水抽回高处的水库，在一天的不同时间充当发电厂和负荷。水电厂响应速度快，适合提供调节服务。目前它们被认为是一种容量最大的电网侧储能。

2. 风能

风力发电被认为是继水力发电之后最具成本效益的可再生能源技术。风力发电是指利用风力产生机械动力或电力。风力发电机将风产生的动能转化为机械能，通过发电机将机械能转换成电能，为终端用户提供电力。多个风力发电机聚集发电，称为风电场，并与输电网连接。

风速是决定风力发电机输出功率的最重要因素。风速极低的情况下，风力的扭矩不足，涡轮叶片无法旋转。随着速度的增加，风力发电机开始旋转并产生电力。风力发电机第一次开始旋转并产生电力的最小速度被称为切入速度，通常在3~4m/s。当风速超过额定输出风速时，风力发电机受力增大，到达某个点时，风轮就存在损坏的风险，此时，制动系统自动工作，风轮停止转动。制动系统起动时风轮的速度称为切出速度，通常在25m/s左右。风力发电机在遇到恶劣天气时很容易出现物理损伤。

随着风力发电技术的完善和成熟，陆上风电价格低廉，成本上比火力发电更具竞争力；海上风电发电能力更大，但建设和维护成本较高。然而，风电并网技术尚未完全成熟。近年来，风力发电装机容量增加，投资成本逐年下降，风力发电成本在过去几年中显著降低。

3. 太阳能

太阳能发电包括两种技术，即太阳能光伏（Photovoltaic，PV）和太阳能光热（Concentrating Solor Power，CSP）技术。嵌入式相互连接的电池中，某些材料具有电子特性，光伏发电机利用这些电子特性直接从太阳光中产生电能。光伏发电机的发电量直接取决于可用阳光的强度（也就是太阳辐照度）、太阳能光伏电池的朝向角度，以及周围环境的温度。最初，光伏发电技术的投资成本相当高，但近年来其平均价格大幅度下降，光伏发电也更具成本竞争力。

光热技术利用阳光聚焦。光热发电厂用镜子集中太阳能并将其转化为高温热能来发电，热量通过一个装有锅炉的塔输送出去，锅炉集中的热量产生水蒸气，转动涡轮机，从而驱动发电机发电。太阳能光热发电在功能上基本可以替代火力发电。另外，所有光热发电厂都需要大面积的土地来收集太阳辐射。

4. 其他可再生资源

其他较小规模的可再生能源中，有两种资源值得一提，即生物质能和地热能。

生物质能源包括两种利用方式：①直接燃烧来自植物的物质产生的生物质能源；②燃烧有机物分解释放的气体产生的生物质能源。生物质能源包括粮食作物、农业废物、动物废物、木材废物、工业废物、任何有机成分、废制浆液、可燃残留物、可燃液体、可燃气体、能源作物或填埋甲烷。虽然目前已经存在多种利用生物质生产能源的技术，但使用最广泛的方法还是直接燃烧。生物质能发电的原理与火力发电非常相似，有很多商业化的发电技术可以使用生物质材料作为燃料输入。生物质可以作为一种单独的燃料使用，也可以通过联合循环发电机与其他燃料结合使用。

地热能来自于地球内部，这些热能储存在岩石、水蒸气或液态水中。热能产生的蒸汽驱动涡轮发电机旋转发电。地热能产生的电力既可用作基荷电力，也可用作峰荷电力。生物质能和地热能的可用能量通常小于水力、风力和太阳能。

11.1.2　可再生能源的增长驱动力

激励可再生能源发电利用的两个关键驱动因素为补贴和碳定价。目前，对可再生能源发电企业的补贴是支持再生能源发展的主要形式，包括固定上网电价和可再生能源配额制。

1. 固定上网电价政策

固定上网电价政策旨在鼓励开发和安装更多可再生能源发电厂。该政策为可再生能源生产商提供长期购电协议，其价格基于机组发电成本，不同发电机组类型有所不同。最初，这一计划于 1978 年在美国实施，其依据为国会法律《公共事业监管政策法》，主要动机是促进可再生能源的开发利用。自那以后，多国采用这种补贴政策来提高可再生能源发电占比。固定上网电价政策以发电成本为参考确定购电价格，建立长期购电协议的机制，能够确保电源接入电网。不同可再生能源发电机组根据其发电量，获得基于其固定成本加合理收益的补偿。

2. 可再生能源配额制

美国可再生能源配额制是各州实施的公共政策目标，旨在提高可再生发电利用率。美国各州一直在积极采用或增加可再生能源配额制，目前已有 29 个州采用该标准。第 10 章的图 10-2 阐释了美国的可再生能源配额制政策。可再生能源配额制要求电力公司的电力中有一定比例或数量来自于可再生能源。可再生能源电力配额制只适用于私有公用电力公司，但许多州也将市政当局和电力合作社纳入配额制承担主体，要求其承担同等或者更低的配额指标。

可再生能源政策推动了美国价值360亿美元的风能、太阳能和其他可再生能源市场的发展。这些政策对于许多州实现能源结构多样化、促进经济发展和减少排放是不可或缺的。截至目前，已有29个州、华盛顿特区和三个地区采用了可再生能源配额制，八个州和一个地区制定了可再生能源目标。其中爱荷华州最先建立可再生能源配额制，夏威夷的可再生能源配额制最为严格。许多州的标准是以售电量占比来衡量的。但爱荷华州和得克萨斯州要求的是可再生能源电量而非百分比，堪萨斯州要求的是峰值需求的百分比。

可再生能源配额制和固定上网电价政策的主要区别在于，前者并不保证实际购买的可再生能源电力的数量，其目标之一是允许不同类型的可再生能源之间以及特定的可再生能源组合项目之间进行更多的价格竞争。

3. 碳定价

为了解决气候变化问题，人们应该减少氧化硫、氧化氮和二氧化碳等有害污染物的排放，鼓励对清洁能源的投资。碳定价是实现该目标的有效途径之一，同时，碳定价能体现碳排放的外部成本（即公众以其他方式支付的费用）。二氧化碳的排放会导致庄稼受损、高温干旱，洪涝水灾、海平面上升等问题，由此将产生高额的医疗费用和财产损失，通过碳价格可以将上述费用与其导致费用产生的来源联系起来。

碳定价有助于将环境破坏的负担转移到那些应该为此负责并能够减少污染的主体身上。碳价格并不是为了规定谁应该在哪里减少，或如何减少排放，而是给污染者一个经济信号，让他们自己决定是停止污染活动减少排放，还是继续污染并为此买单。这样，就能以对社会来说最灵活、成本最低的方式实现整个环保目标。碳价格还间接刺激清洁技术和市场创新的应用，为经济增长提供新的低碳动力。

碳定价主要有两种类型，即排放交易系统（Emissions Trading System，ETS）和碳税。

排放交易系统有时也被称为限额与交易系统，它限制了温室气体排放的总水平，并允许那些低排放的行业将其额外的配额出售给其他高排放的行业。通过创造排放配额的供求关系，排放交易系统确立了温室气体排放的市场价格。配额有助于确保实现所需的减排，使碳排放量总和保持在预先分配的碳预算之内。

作为碳定价的另一种形式，碳税通过两种方式直接为碳定价：一是定义温室气体排放税率，二是定义化石燃料的碳含量税率。它与排放交易系统的不同之处在于，碳税的减排结果不是预先确定的，但碳价格是预先确定的。碳税越高，减少的碳排放量就越大。

选择执行何种政策工具取决于国家及其经济情况。还有其他间接方法可以更准确地为碳定价，比如燃油税、取消化石燃料补贴。温室气体排放也可以通过支付减排费用来定价。私营企业或主权国家可以购买减排，以补偿其自身的排放（所谓抵消）或通过基于成果的融资来支持缓解气候变化的活动。

11.1.3　可再生能源对电力市场的影响

本节中，“可再生能源”一词主要指风能和太阳能。在不同的时间范围内，风能和太阳能的发电出力会有相当大的波动，因为它们的出力取决于不同的天气条件。事实上，这类电源的出力波动也增加了系统净负荷的波动性，例如，风电出力取决于当前风速，太阳能发电出力取决于太阳辐照度。它们还增加了净负荷的不确定性，因为在制订发电计划期间，人们很难准确预测来自风电和太阳能发电的出力。由于准确预测它们最大可用电力存在困难，所以市场结果和价格的计算也会受到影响。此外，风能、太阳能和净负荷的预测不确定性需要额外备用容量，以便在净负荷预测计算中调整数值。这也影响到对额外辅助服务的需求，可能需要重新设计现有的辅助服务市场。

目前，可再生能源发电技术的固定成本相对较高，但发电成本为零或接近于零。此外，一些市场中可再生能源发电可以得到补贴，因此可再生能源的可变成本可能变为负值。负的可变成本意味着市场将首先调用这些资源，以减少其他边际机组发电量，这将导致市场价格降低。显然，供应曲线中加入具有零或接近零可变成本的供应，会让供应曲线右移，从而在相同需求下发电成本更低。由于可再生能源出力的波动性，可再生能源发电商的主要任务是调整他们的合同，来匹配他们每个时段发电量。可再生能源供应商也可以在可再生能源发电量高、负荷低的时段或输电阻塞时段决定市场价格，使能源价格为零或为负值。由于可再生资源的发电具有高度波动性，因此系统在制订发电计划时，需要随机工具参与调度过程。

造成可再生能源价格可能波动的原因有两个：一是可再生能源地域特性差异大，二是需求弹性低。由于风能等可再生能源的机组高能量输出时期可能与高负荷时期不一致，所以无法像传统核电站一样作为电力系统的可靠性电力支持，而是更适合作为电量提供主体。因此，有必要对确定这些可再生能源的容量贡献度进行某些调整，来满足系统容量充裕性的要求。

可再生能源发电的容量系数

最初，部分市场通过为间歇性发电资源建立置信容量的监管标准，来鼓励其与传统发电厂竞争。这些置信值是根据发电机的容量计算的，容量计算存在几种替代方法。例如，由于可再生能源发电的不确定性，一些市场对成熟和不成熟的机组进行了区分。这是因为运行超过三年的发电机组拥有历史概况，更容易规划。成熟机组容量可以根据过去三年关键时期发电机组发电量的平均值进行计算，这段时间设定在下午 3 点到 6 点之间。而不成熟的发电机组需要采用容量因子衡量，这个因子是根据每年夏天的实测容量计算出来的。该因子相当于机组额定功率的 20% 。

机组全年容量因子为两个量的比值

$$\mathrm{CF_T} = \frac{\sum_{t=1}^{T} P_{\mathrm{st}}}{\sum_{t=1}^{T} (P_{\mathrm{st}} + \mathrm{CN}_t)} \tag{11-1}$$

式中，P_{st}为近三年各夏季高峰时段的每小时功率；CN_t为各夏季高峰时段的净容量；$\mathrm{CF_T}$为 T 年的容量因子。

当前容量为过去三年容量因子的平均值。这种计算方法以过去三年的关键时期的历史数据为基础，应用于美国 PJM 市场。

然而，中部地区电力库（Mid-Continent Area Power Pool，MAPP）采用了不同的方法，它基于月容量值。该方法中的容量是根据其高峰负荷期间的交割时间来计算的。如果可以，则可使用多达十年的风力发电和负荷的历史数据。选取月度峰值前后 4 小时的风力发电量，然后进行排序，并计算中值，这个中值被设置为当月的风力容量值。对所有需要的年份进行相同的计算，最终计算结果用于电力库的运营规划。

ERCOT 市场中，高峰期是夏季 7 月至 8 月的下午 4 点至 6 点。可再生能源的平均出力是根据这一时期的历史数据计算的。此外，还考虑了一个用于解释出力波动性的因子。所有这些方法中，风能和太阳能的标称容量都在一定程度上打折扣，但同时也要考虑它们对系统的容量支持。上述方法中，需要考虑容量在负荷尖峰时期的价值。

现已有多种基于有效负荷承载能力（Effective Load Carring Capability，ELCC）的可再生能源容量计算方法。有效承载能力是一个百分比因子，用于描述电源满足可靠性要求的程度，或任何与可靠性相关的问题，如突发停电事故。考虑到资源的波动性和紧急停电事件这两个因素，该方法主要用于说明电源是否能够提供与负荷增量相对应的容量。有效承载能力方法由加维尔于 1966 年在论文中提出，该文研究了负荷损失概率（Loss of Load Probability，LOLP）在有效承载能力计算中的应用。随着可再生能源发电占比不断提高，有效承载能力方法逐渐引起人们的重视。通过将负荷损失概率测量值在特定的模拟时间段内累积，例如一年或一个月，将得到负荷预期损失（Loss of Load Expectation，LOLE）。一旦确定了负荷预期损失，就可以确定特定类型发电机组的有效承载能力。为了考虑某一特定可再生发电的可靠性效应，应当在有效承载能力计算中单独计算该类型发电机组。

经有效承载能力计算后，可再生资源容量计算如下：

$$CF_T = ELCC(\%) \times P_{max}(MW) \tag{11-2}$$

所有这些统计方法都可以用蒙特·卡洛模拟法来实现。

11.2　智能电网

近年来，智能电网得到了广泛的关注。智能电网以通过更可靠、更高效、更负责任和更可持续的方式改善电力供应为目标，旨在从集中式系统迁移到更分散且面向用户的系统。如果实施得当，那么智能电网可以减少对输电网等基础设施的需求，同时保持可靠和负担得起的电力供应。从电力市场的角度来看，智能电网为新技术的发展提供了平台基础，也为用户提供了价格信号激励。

智能电网为更详细地监测市场需求创造了可能性，并建立更好的需求响应策略。这种动态控制是通过在用户侧应用电表（Smart Meters，SM）实现的。该技术的主要目标是提升能效，从而减少高峰需求，降低能源成本。智能电网为生产者和用户的自主双边交易提供了平台，但也需要系统运营商的监管和运营。

未来电力市场中，用户可以有更多的选择，如用户的舒适度和技术偏好，因此需求响应的参与会越来越多。这些选择和发展将影响用户对市场价格信号的反应。然而，需求管理的灵活性受到了电力负荷性质的限制，如电器的占空比、电器的同时率或用户用电行为。所有这些代表电力消费模式的特征都被描述为基于用户价格弹性的两种控制方案：第一种控制方案表示为电价会影响用户的用电行为；第二种控制方案考虑技术约束特性对用户用电需求的影响。智能电网的概念相当广泛，包括许多其他发展领域，下文将进一步介绍。

11.2.1　微电网

微电网可以是独立于较大电网的任何小型自主电网，也可以是较大电网中的较小部分，微电网可以在其运行区域内使用自己的发电来满足自己的负荷。微电网在最坏的情况下可以从邻近区域输入电力来满足其内部负荷。微电网必须有能力平衡其区域内的负荷和发电，以保持所需的电压和频率的可靠性。

从概念上讲，微电网的运行方式包括并网和孤网。并网模式下，微电网与主电网（通常较大）相连，这是系统运行的常规方式。微电网和主电网之间的连接是可强可弱的，也可为最小。孤网模式下，微电网与主电网的运行是相互独立的。微电网的双向操作方式给市场运作带来了有趣的挑战。

图 11-1 和图 11-2 描述了微电网与主电网连接或断开的两种运行模式，其中有功率平衡方程（供需平衡）和期望频率。

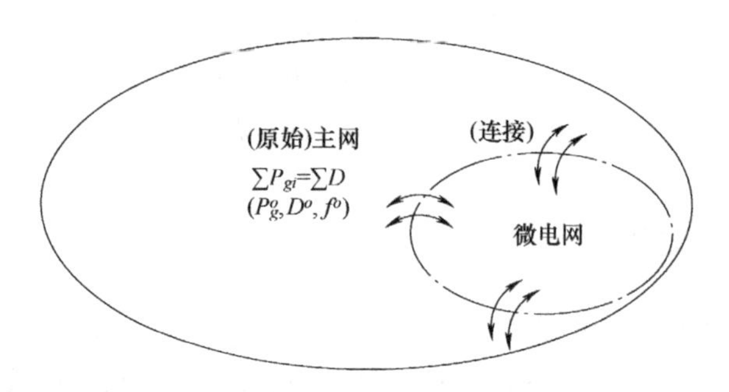

图 11-1　并网模式下的微电网

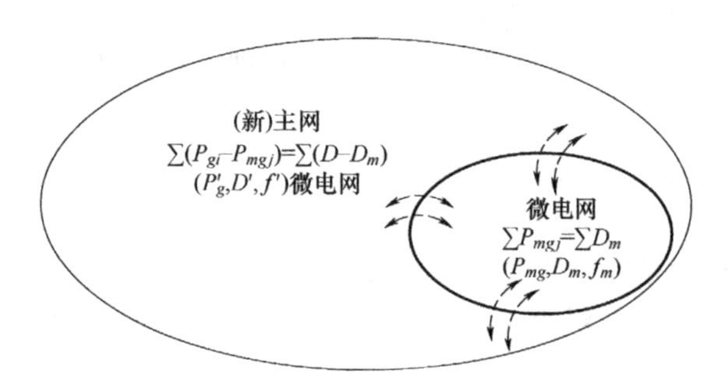

图 11-2　孤网模式下的微电网

微电网至少应包含以下特征：

1）在其区域内保持足够的发电量以满足其自身的负荷；

2）需要必要的发电机爬坡和其他能力，如无功功率支持，以保持所需的电压和频率；

3）可行的情况下，建立市场化机制。

如上所述，主电网有电力市场的情况下，对于微电网是否要作为主电网一部分的问题，其实就是在问微电网应当以何种市场模式运行，以及在离网情况下微电网是否会成为一个新的市场。如果微电网仍属于主电网（并网模式），则该模式下的电力市场运行与之前的常规市场运行相同。但如果微电网以孤网模式运行，则需要一个新的微电网区域市场。这种情况下，需要具备以下条件：

1）原有电力市场在去除微电网区域后仍然能够继续运行。

2）为了反应新型网络结构（新的主电网和微电网），必须重新配置或更新电网拓扑、发电和需求。

3）必须建立明确的市场规则，来确定市场参与者（如物理发电机）可以参与哪个市场。

4）两个市场将以同步或异步模式运行，视新市场为应急市场。

5）新形成的微电网边界可能需要运行新市场，无论是否连通和依赖剩余主电网。

文献中对微电网有多种定义和描述。如果读者感兴趣，可以探索这些模型。不久的将来，不同类型的微电网也有可能会出现。

11.2.2　主动需求响应

由于电能存储成本高，所以必须实时满足电力供需平衡。而需求又随时间变化，所以市场出清价格也会发生变化。到目前为止，大多数连接到配电系统的终端用户支付的是代表平均年服务成本的固定电价，因此尽管批发市场的电力成本随时间而变化，但大多数电力用户支付的固定费用并不反映用电时的批发价格。由此可见，建立有效需求侧管理机制并非易事。为了解决这个问题，未来电网中应该支持主动需求响应（Active Demand Response，ADR），通过提供基本的基础设施，允许用户、配电商和市场主体之间的电能双向流动和通信。

如第 10 章所定义的，需求响应（Demand Response，DR）可以是在任何给定时间能够改变或减少电力负荷的任何资源。负荷的改变方式可以是瞬时的，也可以是预先计划的。需求响应资源的关键参与者是电力用户而不是电力供应商，通常包括住宅、商业和工业用户。如果电价随时间变化而变化，则这种需求称为价格响应需求（Price Responsive Demand，PRD）。一些研究提出了应用于实现用户需求管理的不同模型和技术。

为了激励电力用户积极参与需求响应市场，这里提出几种电价方案。例如，一些著名的需求响应定价方案，包括实时定价（Real-Time Pricing，RTP）、日前定价（Day-Ahead Pricing，DAP）、分时时间（Time-of-Use，TOU）、尖峰定价（Critical Peak Pricing，CPP）和倾斜块率（Inclining Block Rates，IBR）。所有这些定价机制的主要目标就是让零售价格反映批发价格的波动。由于用户在一天中的不同时间支付不同的电价，这将鼓励他们将家用电器的使用转向高峰期间以外的时间以降低电力成本。这种需求转移也有助于降低尖峰负荷与平均负荷的比值，即峰均比，从而让负荷曲线趋平。可变电价机制的主要目的是让用户在电价较高时能够降低电力消耗，并相应地降低电费。此外，可变电价机制可以减少高峰需求（调峰），增加非高峰需求（填谷），提高非高峰发电的容量利用率。可变电价机制的宗旨是通过允许电力用户积极参与来增加需求的价格弹性。

目前，北美各地区均采用时变电价机制。例如，伊利诺伊州电力公司（Illinois Power）采用的是按小时收费的日前电价机制，而安大略水电公司（Ontario Hydro）采用的是分时电价机制（TOU scheme），分时电价有三种水平（高峰、中峰、非高峰）。自 20 世纪 80 年代以来，IBR 方案在分销公司中被广泛采用。例如，阿根廷的 EPEC、南加州爱迪生公司（Southern California Edison)、圣地亚哥燃气电力公司（San Diego Gas & Electric）以及英属哥伦比亚水电和太平洋燃气电力公司（British Columbia Hydro and Pacific Gas & Electric）均采用两级电价结构，根据电力公司的不同，第二级的边际电价会比第一级高出40%或更多。

11.2.3 主动需求响应的影响

目前，大多数需求响应研究都集中在系统管理的分析上，要么是发电层面，要么是与市场绩效相关的层面。然而，随着智能电网带来的变化，主动需求响应的主要效益将取决于未来在用户中部署需求响应的可行性研究领域。因此，在发电、配电和用户三个不同领域谈论需求响应尤为重要。

（1）发电侧　关于需求响应的研究主要有两种不同的方法。第一种方法是考虑市场均衡模型中的弹性曲线，引入需求响应管理。第二种方法是将需求响应视为外生形式，包含基于负荷减少的需求变化。最近的研究还提出了考虑主要变量随机性的随机方法。

（2）配电侧　根据需求响应对电价和对应时间范围的影响，FERC将需求响应进行分类，主要是基于响应激励和基于特定时间。基于激励的方案分为经典方案和基于市场的方案。经典方案进一步定义了两种不同的方法：第一种方法是可中断需求计划，参与者提前获得奖励或折扣。这个项目中，参与者被要求降低他们的负荷值，否则将面临处罚；第二种方法是直接控制程序，其中一些参与设备，如空调和热水器由电力公司或系统操作员远程关闭。

另一种类型的激励计划为基于市场的计划。这个计划中有几个子类，即需求供给、应急服务和辅助服务市场。需求供给中，用户指定可以减少的特定负荷。低于市场价格的投标将被接受，否则用户将不会使用负荷。在应急服务中，向用户支付补偿是一种紧急情况期间减少负荷的激励形式。辅助服务市场中，减少负荷用于缓解阻塞，同时提供辅助储备。虽然这些机制现在已经存在一段时间了，但是它们没有利用智能电网提供的与双向通信相关的功能。这个新功能可以在优化系统的同时保持家庭用户的舒适。基于动态定价的新定价机制可以有效地利用这一发展趋势。

（3）用户侧　用户对价格信号反应的研究大多局限于技术舒适和用户偏好的领域。新定价机制的发展将取决于用户对节约成本的认识，以及对环境影响相关问题的敏感性。此外，电力负荷特性的变化也会影响需求响应管理。这种效果可以通过控制需求价格弹性的两个主要变量表现出来：一是客户是否可以根据价格波动改变其消费，二是与阻止或促进这种变化的技术限制有关。实际的挑战与需求波动、社会因素和舒适度敏感性有关。

11.2.4　储能系统

随着光伏发电、风电等可再生能源发电占比不断提升，一天中会有一段时间的可再生能源发电量大于需求，可以将这些时段里的能量储存起来，并在其他需要时段使用，比如负荷高峰或电价较高时期。这类分析可以在电力公司或用户侧进行。如果用户能在非高峰时段储存多余电能，就能在高峰时段将多余电能卖回给电力公司或其他用户。这种想法推动了储能（Energy Storage，ES）系统的研究、发展和并网。储能设备将在智能电网框架中发挥至关重要的作用。除了上文所述的削峰和成本节约问题外，储能还有其他相关的重要特性。如果储能设备安装在用户侧，那么可用于提供电压支撑或减少阻塞。此外，由于电动汽车等特定类型的储能设备可以安装在不同的位置，所以可以将其视为移动网络补偿器。

储能设备的技术参数包括电量、功率、充放电周期、效率和响应时间。根据技术参数不同，储能设备可分为很多类型。最常见的储能类型是抽水蓄能（Pumped Hydro Storage，PHS）、压缩空气储能（Compressed Air Energy Storage，CAES）和飞轮储能（Flywheel Energy Storage，FES），它们多用于大容量电力系统。配电系统和智能电网系统中，可以考虑使用化学电池或氢电池。此外，双层电容器（Double-Layer Capacitor，DLC）和超导磁储能（Superconducting Magnetic Energy Storage，SMES）也是储能设备。

11.2.5　电动汽车

市场上所有的电动汽车（Electric Vehicles，EV）至少都是部分依靠电力运行的。与传统汽车依赖汽油或柴油发动机不同，电动汽车和卡车使用的电动机由电池或燃料电池提供电力。并非所有电动汽车的工作方式都是一样的，插电式混合动力汽车（Plug-in Hybrid Electric Vehicles，PHEV）既含有汽油或柴油发动机，也含有由电池供电的电动机，其中电池通过插入电源进行充电。

其他电动汽车则完全放弃了液体燃料，全部靠电力驱动。插电式电动汽车（Plug-in Electric Vehicles，PEV）是一种完全依靠电池驱动的电动汽车。耗尽的电池可以通过墙上的插座或专用的充电装置充电。由于不使用汽油或柴油而是完全由电力驱动，所以插电式电动汽车或纯电动汽车被认为是“全电动”汽车。燃料电池电动汽车（Fuel Cell Electric Vehicles，FCEV）通过将氢气转化为电能为电动机和电池提供动力。虽然燃料电池汽车是乘用车中相对较新的技术，但与其他全电动汽车相比，它在减少碳排放方面发挥着更重要的作用。一般来说，电动汽车可以集成到家庭能源系统以及电网中。大规模电动汽车的使用可以促进交通系统的电气化。

除了作为交通工具外，电动汽车还可以在非高峰时段、晚上和周末使用电力进行充电，存储过剩发电量，然后在其他时间向电网放电。此过程中，车辆还可以根据需要为电网提供调频服务。这个概念也被称为车辆到电网（Vehicle-to-Grid，V2G）。

电动汽车也可以看作是一种储能设备。最初，人们提倡减少以内燃机为基础的车辆的排放。现在的电动汽车技术使用的是高性能电池，如镍镉电池、镍氢电池、锂离子电池等，电动汽车电池需要通过接入电网充电。作为一种储能设备，电动汽车可以连接到房屋和/或任何其他可再生能源发电联合使用，以作为电源或负荷。

将电动汽车纳入电力市场中面临着许多挑战，主要有以下原因：第一，从批发市场角度来看，系统中必须有足够数量的电动汽车，才能对负荷和发电产生影响。第二，为了提供调频服务，这些车辆必须在任何时候或在某些特定时间有足够的容量。第三，必须区分容量和实际性能。现有电力市场中，容量与性能不一致的问题普遍存在。

对电动汽车而言，足够的数量保证是很重要的。由于每辆电动汽车的充放电容量通常较小（kW 范围内），所以需要通过聚集的方式才能有效参与电力批发市场。例如，基于汽车的电池容量，800～1000 辆电动汽车才能实现 1MW 的充放电容量。由于这些车辆是可移动的，所以它们相当于是在时间/空间维度和量级上都发生了变化的移动负荷/移动发电。车主/司机的行为对市场运营和仿真是一个重大挑战。基本问题是如何在日前市场和/或实时市场中反映以此类车辆为代表的移动负荷和移动发电，从而准确体现其在市场运行中独特的物理和经济特征。

电动汽车以固定价格或变动（动态）价格、固定充放电时间或变动充放电时间参与电力市场，也会给市场运营带来一些挑战。预测它们的潜在负荷/发电模式需要更复杂的预测工具和方法，这与预测风力发电所面临的挑战类似。这一挑战的重要性和巨大程度也与系统中电动汽车的数量和类型成正比。

到目前为止，电动汽车市场还不成熟，因为基础设施建设尚不完善，无法提供足够的投资吸引力。然而，这种情况在未来可能会得到改变。电动汽车目前的经济优势在于其削峰或填谷能力带来的成本节约。

11.2.6 智能电表

为了灵活高效配置智能电网，在设备和用户之间有一个良好和可靠的通信或接口系统是至关重要的。智能电表（SM）将在这方面发挥关键作用。从市场的角度来看，对用户和电力公司来说，获得与电力潮流和价格有关的实时数据都是必要的。如果没有智能电表，那么客户就无法实时了解自己的用电情况，或者只能按月甚至按双月记录用电情况。由于用电信息也缺乏具体细节并且滞后，所以客户很难根据这些信息做出关于电能成本或节约的智能决策。这就是人们对先进智能电表的开发和实施越来越感兴趣的关键原因之一。

未来，智能电表应当拥有可视化的收费和价格机制架构，实现用电读数从手动到自动的转变、快速远程通信、更好的用电评估、远程控制断电或再通电过程，或为市场流程审查提供更好的信息。安装智能电表并不是新鲜事，美国于 20 世纪 80 至 90 年代已经开始安装智能电表。随着智能电网的发展，近年来智能电表安装数量显著增加。一些国家甚至制定法律来规范智能电表的安装。预计智能电表将成为电力市场提供重要信息的关键工具。

11.2.7　配电系统的电力市场

到目前为止，电力市场的各个方面，如设计、运行和定价方法，已经在各个章节中介绍和讨论过。整本书中提到的电力市场都是在批发水平上运行的市场。批发电力交易可能还会跨越非常大的地理区域，有时还会跨越许多州或国家边界。促进这些批发交易的主要是输电系统。

与电力批发市场相比，美国许多州或许多其他国家存在的零售电力市场是在配电系统层面运行的，局限于较小的区域。美国的电力零售市场由州一级监管，国家管理部门管理配电设施成本和回报，以及配电系统的使用、维护和规划。零售市场是电力供应链的最后一环，零售商在电力批发市场购买电力，通过配电服务整合，然后卖给用户。这些零售服务范围从大型制造企业到小型企业和个人家庭。这通常是电力行业与家庭和小企业等用户之间的主要接口。因此，终端用户的电力供应是通过开放、竞争的电力批发市场，或从电力公司基于费率的发电，以及两者结合的方式获得的。

在提供全面零售竞争（通常被称为零售选择）的州，用户可以在现有电力供应商和一系列有竞争力的供应商之间进行选择，而不是成为单一供应商的用户。有竞争力的零售供应商可以提供各种服务计划，从而提升用户和企业购买电力的灵活性。此外，它们还可能提供更多选项对冲价格波动、提供多种发电类型的电量以及最新的能效项目等，这些机会使用户和企业能够选择他们最需要的服务。在放开零售竞争的大多数州，那些没有选择非现有竞争供应商的用户，将由其现有的电力公司通过最后供应商（Provider of Last Resort，POLR）或标准报价服务（Standard Offer Service，SOS）进行服务。最后供应商或标准报价服务供应商将必须通过竞争性招标过程在批发市场上获得所需电力。

到目前为止，分布式发电、需求响应（DR）、分布式储能系统（Distributed Energy Storage System，DESS）和能效（Energy Efficiency，EE）与配电系

统规划的融合仍然有限。这是因为电力系统规划者通常是比较保守的，倾向于只考虑现有成熟资源，并依赖这些资源来满足预计系统需求。一些分布式能源技术还没有完全成熟，通过分布式发电满足系统可靠性尚不成熟。但是未来，这些资源将会迎来蓬勃发展，输配电系统中各种规模的分布式发电、终端用户可再生能源发电规模，以及通过电气化增加的负荷将呈爆发式增长。目前这类资源在电力系统中电量占比较小。尽管小规模光伏发电系统持续增加对现有电网影响较小，但最近大量屋顶太阳能发电已经开始对配电系统运营和经济运行产生影响。如果光伏发电高度集中在特定地区，则会对当地配电网产生重大影响。插电式电动汽车也有同样影响，虽然总体影响较小，但如果集中在小区域内就会面临重大挑战。

配电系统面临的挑战日益增加，也将影响到与电力批发市场关联的输电系统。电力批发市场的电压水平位于输电或二次侧输电系统边缘，而低压配电系统运行是当地电力公司或配电运营商的责任，如何高效应对配电网发展成为电力批发市场面临的一个挑战。从整个电力系统角度来看，也越来越需要提升输电和配电系统协同运营。随着大规模分布式发电并网，配电系统可能需要重新设计，以确保充分反映分布式发电的价值和实现分布式发电高效利用。新型配电系统运营商（Distribution System Operator，DSO）需要承担维持配电层面供需平衡以及连接批发和零售市场代理的责任。这种新的电网设计还应该包括一种配电层面的市场机制，实现将可用、经济的分布式能源纳入配电系统规划。这些市场设计应该给那些可靠性高的分布式能源创造机会，让其能与更多传统资源在同一公平环境中竞争。规划人员必须更加全面地了解分布式能源系统的功能、应用场景和成本，只有这样才能推动用新方法解决配电系统规划和运行中出现的问题。

11.2.8 智能电网政策与方案

新的能源生产和分配模式下，为了提高能源效率，必须设计新的电力市场。首先，需要通过出台新政策和计划来制定规则，鼓励节能和高效用电。各个国家会采用不同类型的政策工具，如补贴、税收激励和市场交易，实现鼓励可再生能源利用、减少化石燃料使用的目的。根据覆盖区域，这些政策工具可分为跨国政策、国家政策、州政策和城市政策。多国政策着重解决两个主要问题：

1）向所有人提供可靠和持续的电力，并在尽可能短的时间内实现电力普惠。据了解，地球上有超过 10 亿人无法使用电力，另有 10 亿人无法使用可靠电网。

2）减少严重的环境问题。以下七个环境问题均与发电相关，即污染、全球变暖、自然资源耗竭、水处理、水污染、酸雨和臭氧层耗竭。

为了促进与电力市场相关的行动，讨论建立相关政策和法规是十分必要的。通过制定相关政策法规，实现协调各类发电资源和激励市场参与者。第一个方案是由国际能源署建立的“一瓦特倡议”，该方案由迈耶于 1998 年提出，旨在通过制定政策法规来减少电器和电子设备在待机状态下的能耗，将待机功率降低到 1W 以下。这项倡议的主要目标包括：

1）设备制造商应将待机功率减少到 1W 或更少；

2）所有电器的电能消耗减少 50% 以上；

3）制定标准的测试程序和定义。

通过采取一系列国际行动，国际能源署持续推动减少设备待机的电力浪费。这些行动包括：

1）测量漏电；

2）评估国际、国家和区域各级的倡议；

3）制订行动计划。

尽管这些方案最初是自愿的，但澳大利亚和韩国等几个国家建立并实施了强制性方案，例如 e-Standby 计划和能效标签计划。在美国，这些计划最初都是自愿性计划，比如“能源之星”计划，用来测量和监控电视和显示器的网络待机模式。在欧盟，《宽带设备能源效率行为准则》已经出台，相关法规和条款目前正在修订，以确保联网项目均拥有电力管理功能，以及联网待机电力消耗得到有效降低。

如今，智能家居设备发展正面临新的挑战，越来越多家庭与互联网高度相连，电能消耗将会显著增加。为使这些设备能够接收和发送数据，它们需要始终连接到互联网，不能处于断开或待机模式。例如，电视设备可以下载电影、电视剧等，冰箱需要联网传送和订购食品杂货。这种新的情况将使得“一瓦特倡议”可能不适用，因为到时将没有设备处于待机模式。据估计，与互联网通信技术相关的电能消耗占总消耗的 5% 以上。预计未来二十年，这一比例将增加两倍。这些新概念和发展将迫使政策制定者和监管机构开始实施与智能电网应用相关的新政策。如今，许多国家都通过了相关法律和法规，有些规定是强制性的，有些是自愿的。此外，世界各地已经实施了几个试点项目来研究这些规则和条例的有效性。

近期的活动主要涉及与先进计量基础设施（Advanced Metering Infrastructure，AMI）、需求响应、网络计量和分布式发电相关的立法和法规。

11.2.9　电力市场实施

智能电网背景下的电力市场将在很大程度上取决于需求响应和节能项目。市场营销的方法根据所要实现的特定目标而有所不同，这些目标中主要包括：

1）为用户提供价格信号，反映市场响应情况和电能成本；
2）降低用户电能支付价格；
3）提升用户市场参与度；
4）影响用户响应和习惯；
5）增加用户对不同方案、电能服务和电价方案的知识。

实施智能电网市场的第一个任务是用户教育。针对用户参与市场回报的相关教育应当予以实施，以激励用户参与市场的积极性。教育项目应先于任何其他市场计划优先实施。实施消费者教育计划的方法包括账单中加入说明、面对面说明、培训、广告及促销。

考虑到基于价格信号的变化都会影响整个电力市场，在实施教育之后还可以继续采用其他一系列方法，包括分时电价、非高峰定价、季节性、促销或一些奖励，如回扣、积分或现金奖励，通过为对高效发电和用电提供奖励来激励用户参与。此外，为智能电网市场实施相关的服务、产品和成本提供透明和有效的信息也十分必要。

11.3 最终思考

没有人能确切地预测未来，我们只能对未来进行推测，电力系统和电力市场的未来也不例外。虽然很难清楚地看到十年或二十年后的实际情况，但可以看出新兴的发展正在映入大家眼帘，包括越来越多的可再生能源、分布式能源、智能电网、微电网等。一些电力系统制定了具有雄心的目标，即以100%分布式能源来满足系统负荷。虽然这样的目标对小型电力系统来说是可能的，但对大型电力系统来说，这是一个极其困难的目标。相关研究和分析指出了几个特定系统可能存在的可再生能源饱和点，即特定系统在不改变其运行或规划协议的情况下可再生能源发电装机最大占比。换句话说，如果可再生能源发电规模超过饱和点，那么电力系统就必须修改其运行规则和流程。

在配电系统也将看到一些变化，越来越多的分布式能源将在电力供应中占据更大的份额。这些资源离负荷用户更近，一旦被动负荷用户能够主动将其分布式发电回馈电网，系统潮流模式就可能会发生巨大变化。为适应这种变化，需要在配电系统上进行创新的市场设计。配电系统的变化也将导致电力批发市场设计发生变化。

无论电力系统和电力市场发生什么变化，未来都将充满惊喜和不可预见的事情，这是值得关注的。一位经济学家曾警告我们，市场有其自身的规律：如有不妥，它们可能会消失。

拓展阅读

1. Kaltschmitt M, Streicher W, Wiese A, editors. *Renewable Energy: Technology, Economics and Environment*. Berlin, Heidelberg: Springer-Verlag; 2007.
2. Morales JM, Conejo AJ, Madsen H, Pinson P, Zugno M. *Integrating Renewables in Electricity Markets: Operational Problems*. New York: Springer US; 2014.
3. Milligan M, Porter K. Determining the capacity value of wind: a survey of methods and implementation. In: Proceedings of WINDPOWER 2005, May 2005.
4. Ackermann T, editor. *Wind Power in Power Systems*, 2nd edition. UK: John Wiley & Sons; 2012.
5. Mendonca M, Jacobs D, Sovacool BK. *Powering the Green Economy: The Feed-in Tariff Handbook*. Routledge; 2009.
6. Kim SG, Hur SI, Chae YJ. Smart grid and its implications for electricity market design. *Journal of Electrical Engineering and Technology* 2010;5(1):1–7.
7. Kumar R, Ray PD, Reed C. Smart grid: an electricity market perspective. In: Proceedings of Innovative Smart Grid Technologies (ISGT), 2011 IEEE PES, January 2011.
8. Ozturk Y, Senthilkumar D, Kumar S, Lee G. An intelligent home energy management system to improve demand response. *IEEE Transactions on Smart Grid* 2013;4(2):694–701.
9. Li S, Zhang D, Roget AB, O'Neill Z. Integrating home energy simulation and dynamic electricity price for demand response study. *IEEE Transactions on Smart Grid* 2014;5(2):779–788.
10. Vivekananthan C, Mishra Y, Ledwich G, Li F. Demand response for residential appliances via customer reward scheme. *IEEE Transactions on Smart Grid* 2014;5(2):809–820.
11. Yoon JH, Baldick R, Novoselac A. Dynamic demand response controller based on real-time retail price for residential buildings. *IEEE Transactions on Smart Grid* 2014;5(1):121–129.
12. Roozbehani M, Dahleh MA, Mitter SK. Volatility of power grids under real-time pricing. *IEEE Transactions on Power Systems* 2012;27(4):1926–1940.
13. Qian LP, Zhang YJA, Huang J, Wu Y. Demand response management via real-time electricity price control in smart grids. *IEEE Journal on Selected Areas in Communications* 2013;31(7):1268–1280.
14. Weranga KSK, Kumarawadu S, Chandima DP. *Smart Metering Design and Applications*. Singapore: Springer; 2014.
15. Gil HA, Lin J. Wind power and electricity prices at the PJM market. *IEEE Transactions on Power Systems* 2013;28(4):3945–3953.
16. Hoeven MVD. Energy efficiency simply makes sense. *The Journal of the International Energy Agency, Visualising the "Hidden" Fuel of Energy Efficiency* 2013;4:2.
17. Garver L. Effective load carrying capability of generating units. *IEEE Transactions on Power Apparatus and Systems* 1966;PAS-85(8):910–919.